# A PARTE
# DIVINA
# DO CÉREBRO

MATTHEW ALPER

# A PARTE DIVINA DO CÉREBRO

Tradução
Vera Martins

BestSeller

CIP-BRASIL. CATALOGAÇÃO-NA-FONTE
SINDICATO NACIONAL DOS EDITORES DE LIVROS, RJ.

Alper, Matthew-
A461p A parte divina do cérebro / Matthew Alper; tradução de Vera Martins
– Rio de Janeiro: Best*Seller*, 2008.

Tradução de: The "GOD" part of the brain
ISBN 978-85-7684-284-2

1. Psicologia religiosa. 2. Cérebro – Aspectos religiosos. I. Título.

CDD: 200.19
08-2253 CDU: 211.000.159

Título original
THE "GOD" PART OF THE BRAIN


Capa: Sérgio Campante
Diagramação: ô de casa



---

Impresso no Brasil

ISBN 978-85-7684-284-2

# Agradecimentos

Eu gostaria de agradecer a meus pais, Joan e Jud, e minha irmã, Elizabeth, por seu apoio incansável; aos médicos E. Fuller Torrey e Arthur Rifkin por me consertarem; a Tonya Bickerton-Watson por me dedicar seu tempo precioso; a John Stern, Art Bell, Lisa Lion, Edward O. Wilson, Helena Schwarz, Susan Rabiner, Sherry Frazier e Lisa Vasher da McNaughton & Gunn, Arnold Sadwin, William Wright, Joe Fried, Rebecca Morris, Albert Fernandez, Brandon Quest, Lori Wood, Daniella Monticello, Dominique Raccah, Hillel Black, Tara VanTimmeren, Matt Diamond, Megan Dempster, Genene Murphy e todas as incontáveis pessoas que me ajudaram ao longo do caminho.

"Grande é a verdade,
mais poderosa do que
todas as coisas."

Livros apócrifos – I Esdras, 4:41

# Sumário

# Prólogo

> "O homem toma consciência do mundo onde se encontra, ou onde foi jogado, e, na medida em que contempla esse mundo, é confrontado por ele, como se fosse um problema que exige ser resolvido."
>
> NICHOLAS BERDYAEV

> "Eu quero conhecer os pensamentos de Deus...
> O resto é apenas detalhe."
>
> ALBERT EINSTEIN

Conhecimento é poder, e é precisamente a capacidade de raciocínio de nossa espécie – ou seja, a capacidade de produzir conhecimento – que tem assegurado ao homem o título de "criatura mais poderosa da Terra". Nós, seres humanos, raciocinamos porque somos compelidos a fazê-lo. Nossa sobrevivência depende disso, pois a cada novo elemento de informação que adquirimos, seja como indivíduos ou como espécie, nos tornamos um pouco mais preparados para dominar nosso mundo e, portanto, para sobreviver.

Além dessa necessidade prática de acumular informação, nossa espécie também busca conhecimento na esperança de que isso possa nos prover de sentido e propósito. Nesse aspecto, nossa espécie distingue-se de todas as outras na medida em que, além das necessidades mais vitais, os humanos também possuem o que chamaríamos de necessidades "espirituais". Da mesma maneira que nossos corpos necessitam de alimento, nós ansiamos por entender nosso propósito no universo, nossa razão de ser.

Assim, ao longo dos séculos, nossa espécie procura adquirir informação não apenas para controlar e manipular nosso mundo, mas também para entender nosso lugar nele. Buscamos mais conhecimento na esperança de que cada nova descoberta venha contribuir com mais uma peça num tipo de quebra-cabeça cósmico que, quando completo, poderia um dia nos oferecer uma resposta definitiva sobre o porquê de estarmos aqui.

A cada dia, sob os auspícios da ciência, a humanidade revela novos mistérios do universo, levando a crer que cada nova descoberta pode acrescentar mais uma peça ao grande quebra-cabeça. Desde as partículas mais ínfimas que compõem a matéria até os mais vastos domínios do cosmo, nossa ignorância está constantemente sendo substituída pelo conhecimento.

No entanto, mesmo com todo nosso conhecimento, ainda falta encontrar uma certa peça do quebra-cabeça, difusa e indefinida, aquilo que é um mistério único que paira acima de todas as ciências: o problema de Deus. Mais que qualquer outro, esse parece ser o desafio definitivo para a humanidade, uma questão que – se um dia vier a ser mesmo respondida – pode nos prover o entendimento maior e completo que temos procurado com tanta dificuldade e empenho. Sob o problema da existência de Deus pode residir a razão da existência do homem.

## II

Antes de abordar o problema de Deus, devemos, em primeiro lugar, como Sócrates nos ensinou, definir nossos termos. A quem ou a que exatamente estamos nos referindo quando falamos em Deus? Seriam os deuses gregos, egípcios, escandinavos, iorubás, astecas, Buda, Jeová, Brahma, Krishna, Jesus, Amon-Rá, Alá? Como é possível abordar a questão da existência de Deus se a palavra pode ter tantos significados distintos para tantas pessoas diferentes?

Embora os vários deuses que têm sido ou já foram adorados pela humanidade possam parecer únicos, eles compartilham diversas similaridades evidentes entre si. Conseqüentemente, se ignorássemos seus atributos mais particulares para apenas considerar as características fundamentais que são comuns a todos esses deuses, poderíamos identificar uma única entidade e caracterizá-la como um "Deus universal".

E quais deveriam ser alguns desses atributos universais? O que é o Deus universal? Como poderíamos defini-lo? Considerando-se a multidão de divindades que já emergiram da imaginação humana, observa-se que, acima de tudo, todas as culturas sempre tiveram a percepção de seus deuses como "seres espirituais". Isto coincide com o fato de que todas as culturas do mundo, desde o alvorecer de nossa espécie, não importando o quão isolada, têm mantido uma interpretação dualista da realidade. Em outras palavras, todas as culturas humanas sempre conceberam que a realidade se constitui de duas substâncias ou domínios distintos: o físico e o espiritual.

De acordo com essa percepção universal, objetos que pertencem ao domínio do físico são tangíveis, corpóreos, consistem daquilo que pode ser empiricamente experimentado ou validado, isto é, podem ser vistos, sentidos, provados, cheirados ou ouvidos. Objetos que existem como parte desse domínio estão sujeitos às forças físicas da mudança, da morte, da deterioração e são, por conseqüência, percebidos em estado de constante fluxo, são efêmeros e fugazes.

Por outro lado, todas as culturas mantêm a crença em alguma forma de realidade espiritual. Uma vez que o domínio do espiritual transcende o do físico, seus elementos são imunes às leis da natureza física, às forças da mudança, da morte e da deterioração. Assim, são percebidos como indestrutíveis, eternos e duradouros.

Sendo que todas as culturas percebem seus deuses como a representação de tudo aquilo que é espiritual, poderíamos afirmar que o Deus universal representa a essência de todos os espíritos. Conseqüentemente, se aquilo que é associado ao espiritual é indestrutível, eterno e duradouro, o Deus universal, sendo a essência do espírito, deve também possuir esses atributos.

Antes do Deus universal não havia nada. Ele* é percebido em todas as culturas como sendo a causa primeira de tudo que existe, o criador autocriado. A grande manifestação da matéria, desde os átomos e plane-

*Não que eu queira endossar uma visão paternalista, mas um grande número de culturas, e, portanto, de leitores, refere-se a Deus no masculino. Então, por ser mais conveniente, farei o mesmo.

tas até as diversas formas de vida, todos constituem algumas das diversas maneiras pelas quais o Deus universal optou para Se manifestar. Uma vez que o Deus universal permeia todas as coisas, ele é, ao mesmo tempo, onipresente e onisciente.

O Deus universal representa a existência em toda sua perfeição, o ser supremo e absoluto. Como disse Eurípides, "se Deus é realmente Deus, Ele é perfeito, não lhe falta nada". Qualquer coisa menos que isso, mesmo o mais leve comprometimento dessa condição, necessitaria ser atribuída a algo distinto de Deus, inferior a Ele. Não pode haver estados intermediários: ou Deus existe como a força definitiva do universo ou não existe.

## III

Mas por que eu deveria me preocupar com tais questões etéreas? Por que o problema da existência de Deus deveria ter quaisquer conseqüências sobre mim? Bem, suponha por um momento que Deus existe. Como isso me afeta pessoalmente?

De acordo com a definição que estabeleci, se tudo o que há existe como extensão de Deus, então eu também devo existir como tal extensão. Conseqüentemente, se existo como extensão de Deus, que é percebido como espírito, então também eu devo ser percebido, ao menos parcialmente, como espírito. Eu também devo possuir o infinito e o eterno dentro de mim em alguma medida. Portanto, se Deus existe, é muito mais provável que eu seja imortal, eternamente livre da ameaça da morte iminente e da não-existência.

Além disso, se Deus existe, minha vida torna-se repleta de significado. Se Deus existe como ser absoluto, Sua vontade e Suas leis devem representar verdades absolutas. Torna-se, então, a missão de minha vida entender as leis de Deus para que eu possa viver de acordo com elas. Ademais, sendo eu uma extensão de Deus, apenas entendendo-O posso realmente aprender a entender meu "verdadeiro" eu. Ganhar conhecimento e entendimento sobre a natureza do meu criador passa então a ser o propósito intrínseco de minha vida. Com Deus, minha existência tem significado.

E se Deus não existir? Então não sou mais a extensão de alguma força ou ser transcendental, não sou mais um ser ligado ao domínio do espiritual, não sou mais infinito ou eterno. Em resumo: se não há Deus, eu sou mortal. E se eu sou mortal? Então a morte é o fim decisivo de minha existência. Esses poucos anos fugazes de vida serão os únicos que conhecerei. E quando eles terminarem, "adeus". Essa pessoa que chamo de "eu", todo o somatório de minha experiência consciente, será perdida para sempre. Sem Deus, não há o domínio do transcendental. Em vez disso, sou abandonado às forças de um universo material, friamente mecânico e indiferente, uma peça dispensável em uma máquina sem alma. Hoje, aqui; amanhã, desaparecido, um evento aleatório em um universo arbitrário, não mais importante que um grão de poeira cósmica. Conseqüentemente, sem Deus a vida deixa de ter um propósito intrínseco ou um significado.

Além disso, sem Deus não há absolutos. Todas as nossas pretensas leis eternas e verdades maiores tornam-se inúteis, criações humanas, tão falhas e imperfeitas quanto os humanos que as conceberam. O bem e o mal tornam-se termos relativos, sem qualquer significado verdadeiro ou absoluto. Sem Deus não há ordem moral absoluta no universo. Tornamo-nos órfãos existenciais, sem propósito, para sempre perdidos num grande vazio sem significado.

Assim, ou Deus existe e eu sou imortal, ou Deus não existe, caso no qual esta estadia na Terra, breve e sem propósito, é tudo o que conhecerei. Com Deus, tudo está salvo. Sem Ele, tudo está perdido, inclusive a esperança. Entre a existência ou a não-existência de Deus, não existe condição intermediária. Não há meio-termo. Nada se encontra entre o infinito e o finito, entre o eterno e o temporário, entre o propósito definitivo e a ausência de significado, entre a imortalidade e a morte. Então, quando o homem toma consciência do mundo onde se encontra e o contempla, é o problema da existência de Deus que exige solução, mais do que qualquer outro.

Desde o momento em que essas questões alarmantes me ocorreram pela primeira vez, em algum ponto de minha adolescência, que, segundo escreveu Wordsworth, são os anos que "trazem à tona a mente filosófica", percebi que o objetivo primário de minha vida deveria ser o de buscar um entendimento claro e distinto de Deus – caso isso fosse realmente possível. Há um Deus ou não? Aliás, como eu poderia proceder de outra maneira? Afinal, não era essa, literalmente, uma questão de vida ou morte? Mais ainda, de vida eterna ou morte eterna? O que poderia ser de maior interesse para mim que minha própria mortalidade? Se havia qualquer coisa que eu pudesse afirmar que sabia com certeza, seria que um dia eu morreria. A questão, então, se tornara esta: seria a morte o fim definitivo de minha existência ou seria apenas um recomeço?

Ali estava eu em um momento crítico de minha vida, intimado a tomar sérias decisões, tais como a escolha da carreira que deveria seguir. Mas como poderia me concentrar em tais trivialidades se o problema de minha própria mortalidade ainda não tinha resposta? Como poderia demonstrar qualquer interesse no amanhã enquanto ignorasse a questão maior: qual seria meu destino na eternidade?

Além disso, se Deus é supostamente todo-poderoso e infinitamente benevolente, por que há tanta dor e sofrimento no mundo? Por que um Deus todo-poderoso permite que tanta miséria e injustiça prevaleçam em seu reino? Por que Ele nos teria feito tão frágeis, tão mortais? Com o tempo, percebi que seria difícil acreditar em um Deus que fosse, ao mesmo tempo, benevolente e onipotente. Em vez disso, parece que Deus, se existir realmente, é infinitamente bom, mas não muito poderoso ou – ainda mais inquietante – é todo-poderoso, mas não muito benevolente.

Sem respostas para tais questões tão importantes, meu futuro encontrava-se diante de mim como uma parede metafísica de tijolos. O universo começara a tomar as proporções de um vazio incomensurável, o qual passei a sentir que acabaria por me consumir se não fosse preenchido pelo conhecimento da existência de Deus. Eu precisava de respostas. Eu precisava saber. Seria este um mundo de magia e milagres ou não? Eu queria tentar encontrar dados tangíveis, verificáveis, que pudessem comprovar ou refutar a existência de Deus de uma vez por todas.

Então, como um cavaleiro da távola de Arthur em busca de seu Santo Graal, eu disse adeus ao mundo convencional e passei a cavalgar pela vasta e escura floresta da existência em busca de uma resposta para a questão definitiva: Deus existe? Eu passei muitos anos perdido nessa floresta aparentemente impenetrável, muitas vezes desanimado ou desesperado, imaginando que poderia um dia morrer sem ter resolvido nada.

Mas, por fim, retornei... trazendo aquilo que acredito ser a resposta.

LIVRO I

# Evolução da teoria

"Questionar tudo; nunca evadir-se de nenhuma dificuldade; não aceitar qualquer doutrina, seja de nossa parte ou da parte de outros, sem rígido escrutínio por meio do senso crítico; não deixar qualquer falácia, incoerência ou raciocínio confuso passar despercebido; acima de tudo, insistir em ter o significado da palavra clara e precisamente entendido antes de aplicá-la, bem como o significado de qualquer proposição antes de aceitá-la; essas são as lições que aprendemos dos antigos dialéticos."

JOHN STUART MILL

"De acordo com a doutrina das probabilidades, devemos impor a nós mesmos a busca pela verdade; se morrermos sem adorar a Causa Verdadeira, estaremos perdidos."

PASCAL

"A vida que não é examinada não é digna de ser vivida."

SÓCRATES

# 1

# Atirando pedras em Deus

> "A Lagarta e Alice olharam uma para a outra em silêncio por algum tempo. Então, finalmente, a Lagarta tirou o narguilé da boca e dirigiu-se a Alice com voz lânguida, sonolenta:
>
> – Quem é você? – perguntou.
>
> Alice respondeu, um tanto tímida:
>
> – Eu... até agora não sei ao certo, senhor. Ao menos eu sabia quem era, quando me levantei esta manhã, mas acho que isso mudou diversas vezes desde então."
>
> LEWIS CARROLL

Quando cheguei aos 21 anos, minha busca pela compreensão de Deus tomara diversos rumos inesperados. Até aquele ponto, eu já havia pesquisado toda a miríade de religiões do mundo apenas para me frustrar pela gama de falhas e inconsistências lógicas que observei. Investigara os vários fenômenos paranormais apenas para encontrar uma trilha de falsas afirmações e charlatanismo. Experimentara os efeitos de alteração mental causados pelas drogas psicodélicas, assim como pela meditação transcendental, apenas para passar por uma série de experiências de distorção dos sentidos, sem que nenhuma delas me deixasse mais próximo de adquirir qualquer conhecimento verificável sobre a realidade espiritual de Deus. Na verdade, se tais experiências tiveram algum efeito, foi o de me afastar ainda mais desse objetivo. Isso se deve ao fato de que, enquanto explorava os efeitos do LSD, sofri uma experiência negativa, uma *bad trip* que me levou a uma séria depressão clínica associada a uma desordem dissociativa, de ansiedade e de despersonalização. Por um ano e meio sofri esse estado de infortúnio, até que, finalmente, com a ajuda de medicamentos, retornei a minha condição original, relativamente saudável.

No entanto, embora a um preço bastante alto, consegui reunir algumas informações extremamente valiosas dessa experiência – que seria apenas uma experiência infeliz –, informações relativas à natureza da minha alma humana, supostamente imortal.

De acordo com os vários sistemas de crença – religiões – que eu até então encontrara, supunha-se que a alma humana fosse espiritual em sua natureza, um agente fixo e permanente, inalterável e duradouro. Uma vez após outra, foi-me dito que, quando eu morresse, embora meu corpo físico fosse perecer, "eu" – o somatório de toda minha experiência consciente, a essência de meus pensamentos e sentimentos, aquilo que era percebido como sendo minha mente ou espírito – persistiria por toda a eternidade. No entanto, o fato de minha consciência poder ser tão drasticamente alterada me convenceu de que não havia qualquer essência fixa ou eterna em mim.

Por duas vezes, dentro de um período de um ano e meio, passei por transformações completas do meu supostamente eterno "eu". Primeiro, minha personalidade consciente foi transformada pela ação de drogas psicodélicas. Então, um ano e meio mais tarde, minha condição original foi restaurada, dessa vez por uma droga inibidora de monoamina-oxidase. Mas, até aquele momento, eu achava que a consciência era supostamente concebida de forma espiritual – fixa, eterna e imune a influências de natureza física. Se isso fosse verdade, como poderia o núcleo de minha experiência consciente ter sido alterado, por duas vezes, pela ingestão de substâncias químicas? Como poderia uma combinação de moléculas – ou seja, matéria – afetar algo etéreo como minha consciência, que supostamente representaria minha alma transcendental imutável? Acreditar que aquela substância material pudesse afetar meu espírito, que pudesse causar tamanho impacto sobre minha alma, me parecia ser o equivalente a acreditar que alguém poderia jogar pedras em Deus. Se o espírito e a alma realmente existiam, me parecia que deviam ser imunes à influência material.

O fato de meu "eu" consciente, minha alma supostamente imortal, ser suscetível aos efeitos de substâncias químicas – físicas – me convenceu de que a consciência humana deveria ser uma entidade física, governada por processos estritamente físicos. Se isso fosse verdade, então, para conseguir um entendimento mais profundo da natureza da consciência – aquilo que eu antes acreditava constituir uma alma – eu deveria conduzir uma investigação da natureza das ciências físicas.

Até aquele ponto, eu sempre tivera grande respeito pelas ciências físicas – ou naturais. Sempre me impressionara sua capacidade de explicar quase todos os fenômenos, assim como de conduzir à criação de ferramentas e tecnologias que servem para tornar nossas vidas mais fáceis. Enquanto no passado eu havia admirado essas ciências, agora as reverenciava. A ciência salvara minha vida, eu tinha um débito com ela. Deus não me salvou. Eu não me salvei por mim mesmo. A ciência, a ferramenta da razão, havia me salvado. Eu era minha própria prova viva de que a ciência funcionava. E, então, a mesma fé que muitos dedicavam a um deus ou a uma religião, eu agora dedicava à ciência. Era, simplesmente, um paradigma que trouxera resultados verificáveis. Não que eu não tivesse fé na ciência antes disso. Por exemplo, toda vez que eu acionava um interruptor de luz, pode-se dizer que eu tinha fé em que as luzes se acenderiam. A diferença era que, enquanto antes minha fé me passava despercebida, agora eu me tornara um fiel fervoroso.

Do meu ponto de vista, a ciência havia resolvido a charada da alma humana. A ciência provou que podia fornecer fórmulas químicas capazes de manipular a cognição, as emoções e as percepções de uma pessoa, de quase todas as maneiras possíveis. Ela podia estimular eletricamente ou quimicamente determinadas partes do cérebro de uma pessoa e torná-la passiva ou agressiva, tranqüila ou maníaca, alegre ou triste. Em resumo, a ciência podia alterar e manipular os estados cognitivos e emocionais de uma pessoa como se estivesse puxando os cordões de uma marionete.

Como resultado dessas observações, eu estava convencido de que a mente, que antes acreditava constituir minha alma transcendental, representava, em vez disso, a expressão de um de meus órgãos físicos, o cérebro. Não havia alma. Não havia um fantasma dentro da máquina. Meus pensamentos – a consciência humana – não eram a manifestação de alguma força etérea, mas sim a conseqüência de transmissões sinápticas, sinais elétricos e químicos registrados por todo meu cérebro, gerando todo um conjunto de sensações, percepções, emoções e cognições – pura neuromecânica. Conseqüentemente, no que me dizia respeito, a charada da alma humana estava resolvida. A partir de então, eu interpretaria a origem de toda percepção, sensação, emoção e cognição de um ponto de vista estritamente neurofisiológico, isto é, científico.

Apesar de estar seguro de que não existia algo como uma alma transcendental, eu ainda era atormentado pelo problema mais essencial da existência de Deus. Uma vez que Deus representava a reunião de todas as coisas espirituais, enquanto eu não tivesse alguma explicação racional por intermédio da qual pudesse resolver o problema de Sua existência, não teria certeza absoluta de que não havia algo como uma realidade transcendental/espiritual. Enquanto a existência de Deus fosse uma possibilidade, possuir uma alma transcendental também seria. Conseqüentemente, antes que pudesse tomar partido de qualquer posição, eu precisava resolver o problema maior e universal da existência de Deus.

Uma vez que as ciências físicas me ajudaram a interpretar racionalmente a natureza subjacente à consciência, eu agora me perguntava se seria possível aplicar a mesma ferramenta racional para resolver o persistente problema de Deus. Poderiam as ciências físicas resolver também essa questão? Até o momento, elas não haviam nem chegado perto disso. De biólogos a astrofísicos e físicos quânticos, ninguém apresentara nada que se assemelhasse a uma interpretação científica de Deus. Mas por que isso? Deus realmente existiria apenas além de nosso alcance, além dos limites da compreensão humana? Haveria uma solução física para o problema que ninguém descobrira ainda?

Como novo seguidor dos métodos da ciência, senti que devia haver uma explicação racional para tudo. Como idealista científico, senti-me inclinado a acreditar que nada estava fora de nosso alcance. Se algo podia ser sonhado, podia também ser raciocinado.

Meu rumo estava agora definido. Eu me tornaria um cientista. Reuniria todo o conhecimento científico que pudesse e, então, assim que conseguisse essa síntese, assim que estivesse familiarizado com todas as disciplinas, eu poderia recomeçar minha busca pela compreensão de Deus.

Mas espere! E se a própria ciência fosse apenas mais uma forma de doutrinação psicológica, uma nova religião para um mundo novo? Certo, os frutos da ciência tinham me ajudado a sair de uma obscura depressão, mas, e se foi apenas minha fé na ciência que me curou, como resultado de algum tipo de "efeito placebo", nem mais nem menos válido do que a cura dos males de alguém pela fé religiosa? E se, na verdade, a ciência não tivesse mais fundamento do que qualquer das outras crenças que exaltam a si mesmas com as quais eu deparara até então? Talvez os cientistas fossem apenas os altos sacerdotes de uma nova fé que, em vez de se referir a deuses, referia-se a partículas tão incompreensíveis e fugidias quanto qualquer divindade. Talvez a ciência fosse apenas mais um falso paradigma, uma nova mitologia para a era moderna. No entanto, novamente, talvez não fosse. Talvez a ciência fosse mesmo uma ferramenta genuína, pela qual os seres humanos podiam alcançar uma percepção mais profunda da natureza subjacente à realidade. Então, em quem eu deveria acreditar? Como poderia provar que os fatos científicos eram mais confiáveis que os religiosos? Era o momento de definir meus termos, a hora de investigar o investigador. Antes de depositar cegamente minha confiança no processo científico, antes de me lançar à busca de uma interpretação científica de Deus, teria, primeiro, de investigar a natureza da minha nova fé. Teria de perguntar: "O que é a ciência? Como ela funciona?"

# 2

# O que é ciência?

---

"Ciência é a tentativa de fazer a diversidade caótica de nossa experiência sensorial corresponder a um sistema de pensamento logicamente uniforme."

EINSTEIN

"Certeza absoluta não existe, mas há certeza suficiente para a vida humana."

JOHN STUART MILL

Para justificar minha busca por uma explicação científica de Deus, em primeiro lugar eu teria de conduzir uma investigação sobre a natureza da própria ciência. O que encontrei foi o que relatarei neste capítulo.

O que é ciência? Uma vez que essa é uma questão bastante ampla, farei o possível para explicá-la nos termos mais conceituais que puder. No entanto, antes de começar, gostaria de afirmar que, por mais que uma pessoa deposite fé na ciência, ela deve perceber que em nenhum momento a ciência deve representar mais do que apenas outro sistema de crença, apenas mais uma maneira que os homens podem escolher para interpretar a realidade. Digo isso não por falta de convicção, mas apenas porque nem a ciência pode garantir qualquer coisa com certeza absoluta. Nada pode! Por exemplo, quem poderia afirmar, com toda certeza, que as experiências que vivencia não são apenas uma ilusão ou um sonho? Como foi escrito há mais de 2 mil anos: "Certa vez, eu, Chang-Tzu, sonhei que era uma borboleta que se agitava para cá e para lá, quando subitamente fui acordado. Agora, eu já não sabia mais se era um homem sonhando que era uma borboleta ou uma borboleta sonhando que era um homem." Nada é certo! Não surpreende que um dos homens mais sábios que já caminharam sobre a Terra, Sócrates, tenha vivido pelo princípio de que tudo o que ele sabia era que nada sabia.

No entanto, pondo de lado essa observação necessária, vamos presumir por um momento que essa experiência que chamamos de vida não é um sonho. Por enquanto, vamos supor que nós existimos mais ou menos da forma como imaginamos, e que nossas experiências são, em sua maioria, "reais". Ainda assim, é impossível para nós ter certeza absoluta de qualquer coisa. Deixe-me me aprofundar nesse assunto.

Como seres humanos, os únicos meios que temos para interpretar a realidade são as informações obtidas por intermédio dos nossos órgãos sensoriais físicos. Pelos olhos, absorvemos fótons de luz: vemos o mundo. Pelos ouvidos, absorvemos vibrações: ouvimos o mundo. Pelas terminações nervosas que recobrem nossa pele, experimentamos diferenças na pressão e na temperatura: sentimos o mundo. Pelo nariz e pela língua, absorvemos substâncias químicas: cheiramos e provamos o mundo. Antes de adquirirmos qualquer conhecimento sobre nosso mundo, toda informação deve, primeiro, passar por nossos órgãos sensoriais. Conseqüentemente, esses órgãos têm um papel essencial na determinação da maneira como percebemos a realidade. Uma vez que as distintas espécies possuem seu próprio conjunto de órgãos sensoriais, cada uma deve, então, experimentar e, portanto, interpretar a realidade de seu próprio ponto de vista, único e relativo.

Moscas domésticas comuns, por exemplo, têm um mecanismo de absorção de luz diferente do nosso – possuem um conjunto de órgãos diferente daquilo que chamaríamos de "olhos". Uma vez que as moscas sentem o mundo de uma forma diferente da nossa, é provável que o interpretem de maneira diferente. Da mesma forma que uma mosca vê o mundo de seu próprio ponto de vista único de mosca, nós também vemos o mundo de um ponto de vista unicamente humano. Enquanto as moscas possuem conhecimento de mosca, humanos têm conhecimento humano. E assim como uma mosca pode obter apenas conhecimento de mosca, e nada mais, também um ser humano pode obter apenas conhecimento humano, e nenhum outro. Devemos, pois, aceitar que nossa interpretação da realidade não é "melhor" nem mais "real" do que a de uma mosca: é simplesmente diferente.

Além disso, não é somente a forma pela qual nossos órgãos sensoriais absorvem informações que determina nossa perspectiva da realidade, mas também, com a mesma importância, a maneira pela qual nossos cérebros processam essas informações. Por exemplo, o que significa a afirmação de que "vemos" uma maçã? Primeiro, fótons de luz refletidos pela maçã são capturados pela retina, que converte essa informação em sinais elétricos que são, então, processados pelo cérebro. Por conseqüência, tudo o que percebemos como "real" nada mais é do que um conjunto de sinais elétricos interpretados por nosso órgão, o cérebro. Quando comemos uma maçã, "sentimos" sua textura, "cheiramos" seu aroma, "provamos" seu sabor. Mas, quando integramos todas essas impressões sensoriais, nossa experiência é transformada na percepção coerente da maçã como um todo. Sem um processador interno pelo qual pudéssemos coordenar essa mistura de impressões sensoriais que recebemos constantemente, seria impossível extrair qualquer sentido de nossas experiências.

Nos organismos menos sofisticados, tais processadores internos são constituídos de um único caminho neural. À medida que a vida foi evoluindo, esse caminho simples tornou-se uma rede neural que converge para um ponto central, o gânglio. Chamamos de "cérebro" uma versão mais sofisticada do gânglio. O cérebro humano é o processador mais sofisticado de todos. Uma vez que cada organismo possui seu próprio mecanismo de processamento, seu próprio sistema nervoso central ou cérebro, cada organismo deve interpretar a realidade de um ponto de vista único e relativo.

Além disso, não são apenas as diferentes espécies que interpretam a realidade a partir de suas próprias perspectivas, mas também cada um dos indivíduos pertencentes a cada espécie. Entre aqueles de nossa espécie, cada indivíduo possui sua própria combinação de órgãos sensoriais – seu conjunto único de ouvidos, olhos, nariz, boca e pele. Em outras palavras, não há dois seres humanos que tenham conjuntos de órgãos sensoriais idênticos. Por exemplo, a mecânica dos meus olhos é ligeiramente diferente da dos olhos do meu vizinho, portanto percebo a cor vermelha de uma forma ligeiramente diferente da dele. Em um exemplo ainda mais extremo, alguém totalmente daltônico, com os receptores cônicos do sistema ocular danificados, e que por isso não é capaz de perceber cores, enxergará aquilo que vejo como vermelho-vivo como incolor ou cinzento. Uma vez que cada indivíduo percebe o mundo de uma maneira própria e única, cada um de nós deve manter sua própria e única interpretação da realidade.

Assim como os órgãos sensoriais apresentam variações entre os indivíduos, também variam as características do processador, ou cérebro, de cada indivíduo. Da mesma forma que duas pessoas não possuem exatamente os mesmos olhos, não há duas pessoas que possuam exatamente o mesmo cérebro. Assim, não apenas cada indivíduo recebe dados sensoriais de forma distinta, como também cada um de nós processa e, portanto, interpreta os mesmos dados à sua própria maneira única.

Além desses fatores, devemos também levar em consideração o fato de que cada indivíduo vivencia um conjunto único e particular de experiências em sua vida. Uma vez que esse fator influencia o desenvolvimento cognitivo de um indivíduo, também afeta a maneira como ele interpreta a realidade.

Portanto, há três variáveis que determinam a maneira pela qual cada espécie – assim como cada indivíduo que a constitui – interpreta a realidade: a natureza física do seu sistema de órgãos sensoriais, a natureza física de seu processador – cérebro – e o conteúdo de suas experiências de vida.

Com essas três variáveis em mente, vamos imaginar que duas amebas, duas moscas, dois chimpanzés e dois seres humanos estão vendo o mesmo nascer do sol. Como cada uma dessas entidades individuais absorve e processa a energia luminosa irradiada pelo sol de uma forma própria e única, quem poderia afirmar qual de suas experiências é a mais autêntica ou "real"? Qual organismo ousaria dizer que vê a "real" alvorada? Qual organismo poderia afirmar que sua percepção da cor vermelha do nascer do sol é a mais genuína? O conceito de "vermelho" é uma criação humana que não mantém nenhuma relação com o verdadeiro universo físico nem com a realidade, como interpretada por outras espécies. Embora possamos interpretar o nascer do sol como sendo vermelho, o fenômeno *em si* não é vermelho. Essa é apenas a forma como nossa espécie, em média, percebe um comprimento de onda particular da luz – 600 nanômetros –, quando ela atinge nossas retinas. Em resumo, devemos reconhecer que podemos perceber a realidade apenas na medida em que nossa biologia nos permite.

Visto que percebemos o mundo de nosso próprio ponto de vista único e, portanto, relativo, todo conhecimento deve também ser relativo. Nas palavras de Immanuel Kant, é impossível conhecer "as coisas em si", mas apenas "as coisas como as percebemos". Por conseqüência, é impossível sabermos qualquer coisa com absoluta certeza. Podemos apenas saber as coisas com certeza relativa. Mas se isso é verdade, alguém pode pertinentemente perguntar: afinal, por que tentar entender as coisas?

A resposta é simples. Por mais que nossas perspectivas sejam relativas, possuímos a capacidade de obter uma aproximação da realidade que é suficientemente comum a todos, comum o bastante para nos prover informações práticas sobre nosso mundo. Por exemplo, é por isso que, se numa sala cheia de pessoas, com todas olhando para a mesma pedra, perguntarmos a elas sobre o que viram, comumente a maioria concordaria que o objeto em questão era realmente uma pedra, embora cada indivíduo possa interpretar a pedra de sua própria perspectiva. Se algumas pessoas na sala afirmassem ver um sapato, uma banana ou um cachorro, estaríamos com problemas. Para nossa espécie, esse não é o caso, felizmente. Nossos órgãos sensoriais são suficientemente consistentes para que, colocando-se uma pedra diante de um grupo de pessoas, a maioria concorde que é uma pedra o que elas observam. Embora nunca venhamos a compreender qualquer "coisa em si", ou a ter certeza absoluta sobre seja lá o que for, nossos órgãos sensoriais e mecanismos internos de processamento nos oferecem uma experiência da realidade que é suficientemente consistente para nos prover dados práticos e confiáveis. De fato, nossos órgãos de percepção já nos deram tantas informações práticas e confiáveis que fomos capazes de desenvolver disciplinas científicas inteiras a partir delas. Essas disciplinas nos ajudaram a cultivar tecnologias práticas e confiáveis, tais como a luz elétrica, fornos de microondas, energia nuclear, órgãos artificiais, espaçonaves, antibióticos, microscópios eletrônicos e computadores, apenas para citar algumas.

Então, qual é o segredo da ciência? Como ela permite que transformemos nossa percepção das coisas em luz elétrica ou fornos de microondas? Que forma de aplicação de conhecimento é essa que nos ofereceu uma riqueza tão vasta em tecnologias para melhorar nossas vidas? Ou seja, em termos simples: como funciona a ciência?

A ciência se baseia em um processo bastante rigoroso conhecido como método científico, um processo cujos princípios foram originalmente estabelecidos por dois filósofos contemporâneos, Sir Francis Bacon (1561-1626), em seu livro *Novum organum*, e René Descartes (1596-1650) em seu *Discurso sobre o método de conduzir bem a razão e procurar pela verdade nas ciências*. Descartes sugeriu que, para buscar aquilo a que ele se referia como "entendimento claro e distinto" das coisas, é necessário aplicar um conjunto rigoroso de regras ao modo como as observações são conduzidas. Descartes chamava esse conjunto de regras de método científico. E o que é esse método científico? Sem prover uma explicação detalhada dos princípios do próprio Descartes, vou tentar apresentar uma interpretação mais conceitual.

O processo científico opera em duas fases: a empírica e a estatística. Na primeira fase, o cientista procura padrões no universo, baseado na observação empírica – dados recebidos pelos sentidos físicos. Por exemplo, baseado em informações recebidas através dos olhos, um humano primitivo percebe que o sol está se levantando ao leste. Na manhã seguinte, ele observa que a mesma coisa acontece novamente. Depois de diversas outras observações, esse novo cientista começa a reconhecer um padrão. Baseado em suas observações iniciais, ele pode conjecturar que talvez o sol, via de regra, levante-se sempre do leste. Visto que ele ainda tem de confirmar essa "teoria", suas afirmações são, por enquanto, puramente hipotéticas. Afinal, algumas poucas observações simples não provêem base suficiente para que se tenha fé incondicional em alguma coisa.

É nesse momento, a segunda fase do método científico, que nosso cientista deverá realizar uma série de testes que servirão para verificar ou refutar sua hipótese original. Por exemplo, ele pode optar por observar o nascer do sol por vários anos seguidos, fazendo com que a observação de cada manhã represente mais uma prova para confirmar sua teoria. É aqui que a fase estatística começa.

Assim que nosso cientista se sentir confiante de ter obtido provas estatísticas suficientes para apoiar sua teoria, ele apresentará suas descobertas àqueles ao seu redor, mais especificamente para o restante da comunidade científica mundial. A partir daí, é dever da comunidade científica revisar as hipóteses adotadas, realizando sua própria série de testes. Este processo é necessário, uma vez que as conclusões de um único observador nunca devem ser aceitas como prova de qualquer coisa. E se, por exemplo, nosso cientista estivesse inventando os resultados apenas para chamar atenção, ou se, talvez, fosse simplesmente ignorante demais para saber a diferença entre leste e oeste?

A partir desse ponto, outros cientistas realizarão seus próprios testes com a intenção de confirmar ou invalidar as descobertas do primeiro cientista. Talvez alguns desses cientistas reproduzam os experimentos para verificarem se chegam aos mesmos resultados. Enquanto isso, outros podem elaborar maneiras totalmente novas de testar a teoria. Um deles, por exemplo, pode desejar verificar se obterá ou não os mesmos dados de outras partes do mundo. Talvez na África ou na Ásia o sol se levante no oeste.

À medida que esse processo continua, nossa sempre cética comunidade científica conduzirá, um a um, quantos testes conseguirem elaborar, antes de aceitar a teoria. Apenas depois que uma quantidade suficiente de dados estatísticos for obtida poderá a comunidade científica dar crédito a uma teoria – nesse caso, de que o sol realmente se levanta a leste.

Deve-se ter em mente que estatísticas não refletem certezas. Embora o sol possa ter consistentemente se levantado a leste em todo e qualquer registro do fenômeno já feito pela humanidade até hoje, ainda assim a suposição de que o sol se levanta a leste é apenas uma teoria. O fato de que o sol tenha sempre se levantado a leste todos os dias até o presente não significa necessariamente que fará o mesmo amanhã. Por exemplo, como podemos saber, com absoluta certeza, que o sol não explodirá esta noite por razões além do nosso conhecimento? Não podemos. Tudo o que nós sabemos é que o sol tem se levantado a leste há tanto tempo, de modo tão consistente, que muito provavelmente ele fará o mesmo amanhã – não com certeza, mas muito provavelmente. Até Einstein reconheceu que, embora nenhum experimento jamais possa vir a provar a validade de qualquer teoria, basta apenas um experimento com resultado contrário para provar que uma teoria está errada. Por exemplo, se o sol se levantar no oeste uma única vez, lá se vai toda a teoria. Assim, os cientistas não afirmam que são capazes de "ver" o futuro, mas apenas de prever – com certo grau de acerto, baseados em probabilidades – o que pode ou não vir a ocorrer.

Mas, se a ciência é baseada em meras probabilidades em vez de certezas, por que deveríamos depositar tanta fé nela? Por que praticar a ciência com tamanha convicção? A razão para isso é que, embora seja toda baseada em probabilidades, a ciência ainda representa uma fonte de informações mais precisas e confiáveis do que as oferecidas por qualquer método, sistema ou paradigma existente. Embora nosso meteorologista local possa, às vezes, nos fornecer previsões imprecisas, com que freqüência optamos por consultar nosso padre, xamã ou vidente para sabermos como estará o tempo amanhã? Embora o método científico seja baseado em probabilidades, portanto imperfeito, tem freqüentemente provado ser a fonte de informações mais confiável e precisa a nossa disposição.

Quando o cientista tiver uma causa provável para dar crédito a uma teoria, quando acreditar que o padrão reconhecido por ele ocorre com suficiente grau de consistência, usará essa informação recém-descoberta para produzir ainda mais conhecimento. Um "fato" que foi deduzido pode ser utilizado para que ele deduza o próximo. Assim que nosso cientista aceita que o sol levanta-se a leste, está munido de mais um fato que o ajudará a decifrar seu universo, terá mais uma peça do quebra-cabeças, por meio do qual procura entender a imagem como um todo. Em sua busca por respostas, o cientista utilizará suas descobertas para desvendar padrões ainda mais sutis. Dessa maneira, a ciência está constantemente construindo a si mesma.

Um dos princípios fundamentais da ciência é o de que toda ação produz um efeito. Isso, por sua vez, sugere que todo efeito tem causa. Assim que uma teoria foi verificada, um cientista pode querer descobrir por que isso ocorre dessa forma. Uma vez que aceita, por exemplo, que o sol se levanta no leste, ele pode querer aprofundar-se no mistério desse fenômeno, perguntando-se por que o sol se levanta daquela maneira. Será porque um deus do sol está puxando-o para cima, a partir do leste, por um cordão mágico, ou talvez porque a Terra gira daquela direção, ao redor de um sol fixo? Presumindo que o sol se levanta no leste, o cientista pode agora buscar um entendimento ainda mais profundo do fenômeno.

Com a ajuda de diversos instrumentos que podem ser usados para ampliar nossos poderes de observação empírica – por exemplo, um telescópio para ampliar nossa visão –, um cientista pode aprofundar-se perpetuamente nos mistérios do universo físico, adquirindo um pouco de informação de cada vez, até ter adquirido tanto conhecimento quanto for humanamente possível.

Agora, existem aqueles que refutam o método científico, aqueles que negam sua capacidade de interpretar nosso mundo de forma confiável, aqueles que o consideram um blefe, um artifício, uma fraude. Eles se referem à ciência como uma brincadeira do diabo, uma conspiração desenvolvida para contradizer suas próprias crenças religiosas. Como exemplo, há aqueles que defendem a interpretação judaico-cristã da origem da Terra, também conhecida como criacionismo. Os criacionistas rejeitam a teoria da evolução do homem a partir dos primatas. Rejeitam a idéia de que a Terra – assim como a vida – tenha alguns bilhões de anos de idade. Não importa que suas crenças – por exemplo, de que o mundo fora criado em seis dias, há aproximadamente 6 mil anos – contradigam bibliotecas inteiras cheias de dados científicos cuidadosamente registrados, dados esses adquiridos exatamente pela mesma metodologia que nos deu a luz elétrica e o automóvel; eles insistem em que seu ponto de vista é o correto. Como podem essas pessoas refutar tais dados tão bem estabelecidos e, ainda, num mesmo momento, ligar seus ventiladores quando estão com calor ou tomar antibióticos quando estão doentes? Como podem essas pessoas rejeitar as ciências num dia e, então, alegremente partilhar de seus frutos no dia seguinte? Como justificam o fato de aceitarem tecnologias médicas, tais como terapias genéticas ou clonagem, quando continuam a negar os mesmos princípios evolucionários sobre os quais esses avanços se fundamentam? Não pode haver meio-termo. Uma pessoa deve aceitar as doutrinas da ciência – da razão – ou rejeitar completamente seus princípios. Confiamos no método científico ou não.

Um problema que muitas religiões têm com a ciência é que esta representa uma fonte constante de contradição. Por exemplo, antigamente, quando o solo estava seco, os homens rezavam pela chuva. Como não entendiam a causa física do fenômeno, acreditavam que a queda da chuva era determinada pela ação daqueles que viviam além das nuvens, pela vontade dos deuses. De que outra maneira os homens poderiam explicar tais coisas? Não havia outra. Foram necessários milhares de anos de descobertas científicas e pesquisas antes que entendêssemos a natureza da evaporação e da condensação das moléculas de água, isto é, da chuva. Mas precisávamos de algum tipo de explicação. O que mais poderíamos fazer? Aceitar que a chuva caía sem absolutamente razão nenhuma? Isso seria muito difícil, uma vez que é da natureza humana buscar a causa e a natureza na base de todas as coisas.

Hoje não precisamos mais atribuir a chuva aos caprichos dos deuses. Hoje sabemos que a chuva ocorre devido a uma série de causas e efeitos físicos. Dessa maneira, a ciência enfraqueceu os antigos deuses. Eliminou seus poderes e atribuiu-os a uma fonte inteiramente neutra, indiferente aos interesses dos homens, e à qual os cientistas se referem como "as forças da natureza".

Agora consigo entender por que os humanos desejavam acreditar em um deus, em uma força que se importa conosco, que nos trata como suas criaturas favoritas. Acreditar em um deus nos dá um senso de propósito. Concede-nos a vida eterna. Mas devemos acreditar em tais coisas, em detrimento de tudo o que corresponde à razão?

Assim, aos 21 anos, decidi depositar minha fé na ciência. E por que não? Até aquele ponto, eu tivera todas as razões para acreditar na lógica do universo físico, e nem uma única para acreditar na realidade espiritual. Até prova em contrário, eu continuaria a pesquisar todas as coisas, inclusive a natureza da existência de Deus, de uma perspectiva estritamente física, isto é, científica.

Mas como usar a ciência para encontrar Deus? Para qual constelação apontar o telescópio? Que lâmina colocar sob o microscópio?

E, assim, minha busca continuou.

# 3

# Uma breve história do tempo ou Tudo o que você sempre quis saber sobre o universo mas nunca teve coragem de perguntar

"Para dominar qualquer ramo de conhecimento, você deve dominar aqueles ramos que lhe são próximos; portanto, para entender qualquer coisa, deve entender todas."

OLIVER WENDELL HOLMES

"E apliquei o meu coração a inquirir e investigar com sabedoria a respeito de tudo quanto se faz debaixo do céu."

O VELHO TESTAMENTO, ECLESIASTES, 1:13

"Poderás descobrir as coisas profundas de Deus?"

O VELHO TESTAMENTO, LIVRO DE JÓ

E assim me lancei para a frente a toda velocidade, procurando, em inúmeros volumes científicos, encontrar... Deus. Havia física, química, biologia, fisiologia, psicologia, geologia, astronomia e cosmologia, para nomear algumas das ciências, cada uma delas uma escola em si mesma.

No entanto, quanto mais eu estudava as diversas ciências, mais percebia o quanto todas elas eram integralmente interligadas. Era como se os cientistas tivessem, de alguma forma, cometido o engano de separar a história unificada de todo o universo físico em épocas separadas, ou categorias, sem reconhecer que todas elas eram ligadas umas às outras da forma mais essencial. E, assim, quanto mais eu estudava, mais percebia que a ciência era simplesmente o estudo da história de todo o universo físico desde o alvorecer dos tempos.

À medida que eu embarcava em minha recém-descoberta busca por uma interpretação científica de Deus, decidi começar pela física, visto que essa parecia abordar os princípios mais fundamentais da natureza. Com a física, aprendi como o universo emergira há aproximadamente 14 bilhões de anos, um momento em que toda a matéria do universo encontrava-se condensada em um único e solitário ponto de energia pura. A pressão interna desse ponto era aparentemente tão grande que irrompeu em uma enorme explosão que, por sua vez, expeliu toda a energia do universo por sobre vastos espaços, um evento ao qual os cientistas se referem como o *big bang*.

Como Einstein nos ensinou, energia e massa – matéria – são intercambiáveis: $E = MC^2$. Energia é igual à massa vezes a velocidade da luz – aproximadamente 300 mil quilômetros por segundo – ao quadrado. Essencialmente, isso significa que, se a massa – matéria – for acelerada a uma velocidade suficientemente alta, ela se tornará energia. Inversamente, se a energia fosse desacelerada, se acomodaria na forma de matéria. Então, dentro de um milionésimo de segundo após a grande explosão, a energia começou a tranformar-se nas primeiras partículas de matéria. Um décimo de milésimo de segundo após esse *big bang*, forças inerentes a essas primeiras partículas infinitesimais levaram-nas a ligar-se umas às outras, formando partículas infinitesimais maiores. Três minutos depois da formação dessas primeiras partículas "subatômicas", elas se arranjaram como os primeiros objetos materiais estáveis, conhecidos como "átomos". Átomos de lítio, deutério e hidrogênio, para ser mais exato.

Pelos primeiros 400 milhões de anos após a ocorrência dessa explosão inicial, o universo existiu na forma de uma nuvem em expansão, predominantemente composta de átomos de hidrogênio, os quais, devido à força inicial do *big bang*, estavam sendo propelidos a distâncias ainda maiores, ocupando vastos espaços.

A lei da gravidade estabelece que todos os elementos de matéria se atraem mutuamente. Foi essa força inerente aos átomos de hidrogênio que os levou a gravitarem uns em direção aos outros, fazendo-os se agrupar em vastas nuvens gasosas.

Nesse momento havia duas forças atuando sobre os átomos de hidrogênio ao mesmo tempo: uma que os propelia para longe do ponto original, para o espaço; e outra, que os levava a gravitar lateralmente, dirigindo-se uns aos outros. Essa segunda força continuou a atuar sobre os átomos de hidrogênio até que eles se juntassem em gigantescas nuvens. Uma vez que a força da gravidade sempre se direciona ao centro de um objeto, o peso de todo esse hidrogênio desabando sobre si mesmo criou níveis de pressão tremendamente elevados dentro dos núcleos dessas nuvens. Quando a pressão nesses núcleos tornou-se maior do que os átomos de hidrogênio podiam resistir, eles começaram a fundir-se. Como resultado desse processo de fusão, cada quatro átomos de hidrogênio são comprimidos ou "fundidos" para formar um único átomo mais pesado chamado hélio, que foi a próxima forma estável de matéria ou "elemento" a existir no universo. Quando os quatro átomos de hidrogênio são fundidos para criar um de hélio, nem toda sua massa é retida no novo átomo. Em vez disso, parte da massa de hidrogênio é perdida como energia irradiada na forma de luz e calor. A partir do momento em que uma dessas nuvens de hidrogênio começa esse processo de fusão, nos referimos a ela como estrela, sendo nosso próprio sol um perfeito exemplo.

Milhões de anos após o nascimento de uma estrela típica, depois que a maioria de seus átomos de hidrogênio já foi fundida, a estrela começa a fundir seu elemento mais pesado, o hélio. Quando os átomos de hélio fundem-se, eles se transformam no elemento carbono, ainda mais pesado. À medida que esse processo continua, novos átomos mais pesados, ou elementos, são criados dentro do núcleo da estrela. Depois que a maior parte de sua matéria sujeita à fusão é exaurida, a estrela torna-se instável, o que freqüentemente faz com que ela irrompa em uma tremenda explosão, a chamada supernova. Como resultado de uma supernova, todos os novos elementos da estrela espalham-se pelo universo, que se expande continuamente.

Foi nesse ponto que percebi que meus textos de física estavam terminando, e que meus livros de química estavam apenas começando. Parecia que, no momento em que esses elementos recém-formados começaram a interagir entre si, a história do universo dividiu-se em um campo de estudo inteiramente novo, quase como se houvesse sido arbitrariamente dividida em capítulos distintos. Ao terminar a "física", eu apenas terminara o primeiro capítulo de um seriado cósmico. Era o momento de passar para o próximo episódio na história do universo, o segundo capítulo: química.

A física delineara as forças essenciais da natureza, forças inerentes a toda matéria. Ao lidar com a maneira pela qual essas forças afetavam as menores partículas da matéria, essa ciência era chamada de física atômica, quântica ou de partículas. Quando tratava da maneira como essas forças afetavam a interação entre objetos muito maiores, como planetas e estrelas, era chamada de astronomia. Lidando com o conjunto de toda energia e matéria existentes no universo físico, chamava-se cosmologia.

Depois que a física me dera uma explicação das várias forças atômicas, assim como sobre a formação dos vários elementos, a físico-química explicava a dinâmica envolvida nas interações que ocorriam entre esses diversos átomos. Uma vez que cada um dos novos elementos criados dentro dessas furiosas estrelas consistia em um número diferente de elétrons – partículas subatômicas levando carga elétrica negativa –, cada átomo carregava uma carga elétrica ligeiramente diferente de todos os outros. Baseados em suas cargas relativas, alguns desses átomos distintos começaram a ligar-se uns aos outros para formar partículas mais estáveis, conhecidas como compostos ou moléculas. A química buscava interpretar o conjunto único de propriedades que cada uma dessas novas combinações atômicas possuía, assim como a forma pela qual essas combinações reagiam entre si. Um átomo de sódio e um átomo de cloro, por exemplo, possuem a propensão de se ligar um ao outro, formando um composto que chamamos de cloreto de sódio, mais conhecido como sal. Com essa nova diversidade de átomos sendo distribuídos pelo universo, uma abundância de novas combinações moleculares começou a surgir. A partir de suas humildes origens, quando era consistido quase que inteiramente de hidrogênio, o universo evoluíra para uma complexa matriz de composições físicas.

Dependendo de variáveis físicas como pressão e temperatura, todo composto existe em uma de três formas – sólida, líquida ou gasosa. Muitos dos compostos existentes em forma sólida foram chamados de minerais. Como resultado da natureza atrativa das forças eletromagnéticas e gravitacionais, esse minerais começaram a aglomerar-se em formações cada vez maiores.

Um rápido desvio para a astronomia: há cerca de cinco bilhões de anos, aproximadamente nove bilhões de anos após o *big bang* inicial, nosso sol foi formado a partir de uma enorme nuvem de gás. Embora a maior parte da massa dessa nuvem em rotação fosse composta de hidrogênio, também estavam presentes vários outros elementos mais pesados. À medida que o núcleo dessa massa de gases consolidava-se para se tornar uma estrela, alguns dos elementos mais pesados, dispersos ao redor da periferia da nuvem, começaram a se amalgamar em grandes aglomerados minerais.

Quando, em sua trajetória, um desses aglomerados minerais periféricos aproxima-se demasiadamente de uma estrela, é puxado por seu forte campo gravitacional, sendo absorvido por ela. Se a quantidade de movimento do aglomerado exceder determinado limite, vencendo a gravidade da estrela, ele se perderá no espaço. Na rara situação em que a quantidade de movimento do aglomerado entra em equilíbrio com a atração gravitacional da estrela, aquele corpo fica preso ao campo gravitacional da estrela, que o faz viajar em uma trajetória elíptica ao redor de si. Referimo-nos a tal trajetória como uma órbita. Quando o aglomerado na órbita da estrela é grande o suficiente, nós o chamamos de planeta. Vivemos na Terra, o terceiro planeta a partir de nossa estrela, o sol.

Algumas vezes, formações minerais menores ficam presas ao campo gravitacional de um planeta, fazendo-o entrar em órbita ao redor dele. Chamamos de lua um aglomerado mineral que orbita ao redor de um planeta. Ao conjunto de uma estrela e todos os planetas que a orbitam chamamos de sistema solar. Nosso sistema solar é constituído de uma estrela – o sol – e nove planetas: Mercúrio, Vênus, Terra, Marte, Júpiter, Saturno, Urano, Netuno e Plutão,* que orbitam ao seu redor. De um ponto de vista ainda mais amplo, um aglomerado de sistemas solares é chamado de galáxia. Todas as galáxias, distribuídas na amplidão do espaço, constituem o universo.

Enquanto isso, voltemos ao nosso próprio satélite, girando ao redor de nossa estrela: o planeta Terra. Entra em cena a ciência conhecida como geologia. Há aproximadamente 4,6 bilhões de anos, a Terra foi formada. Naquele tempo, nosso planeta era pouco mais do que uma enorme bola de rocha derretida. Ainda sem possuir uma atmosfera para protegê-la de detritos celestiais, a Terra era constantemente bombardeada por aglomerados minerais perdidos conhecidos como meteoritos. À medida que esses meteoritos continuavam a "chover" sobre a Terra, o planeta aumentava em massa e dimensões.

Além disso, quando esses meteoritos atingiam a Terra, enormes quantidades de energia na forma de calor eram liberadas a cada grande impacto, reduzindo aqueles corpos à forma líquida. Como resultado, gases que antes se encontravam presos no interior dos meteoritos eram liberados na incipiente atmosfera da Terra.

Uma vez que gases são leves e voláteis, eles têm a tendência de flutuar para longe do planeta e dissipar-se no espaço. Um planeta como Mercúrio, por exemplo, é tão pequeno que não possui atração gravitacional suficiente

---

*Em 24 de agosto de 2006, a comunidade científica decidiu excluir Plutão como um planeta do sistema solar, definindo-o como "planeta-anão". Portanto, o número de planetas que orbitam ao redor do sol foi reduzido a oito. (*N. do E.*)

para reter essas partículas e, portanto, não possui atmosfera. Outros planetas, como Júpiter, são tão grandes que seus campos gravitacionais intensos fazem seus elementos gasosos ficarem firmemente retidos na superfície do planeta, a ponto de os gases se condensarem em depósitos líquidos, de modo que esses planetas também carecem de uma atmosfera viável.

A Terra, no entanto, não era nem tão pequena que não conseguisse reter suas partículas gasosas, nem tão grande que pudesse comprimi-las contra sua superfície. Ela não estava nem tão próxima do sol – cujo calor afeta a volatilidade dos gases – que seus gases fossem dispersos para o espaço, nem tão distante que eles se congelassem em forma sólida. As condições na Terra eram tais que quaisquer gases liberados eram retidos na vizinhança da superfície, suficientemente próximos para formar uma casca gasosa ao redor do planeta. Nós chamamos essa casca de atmosfera. Uma vez formada a atmosfera, um meteorito captado pelo campo gravitacional da Terra sofria a fricção causada pelo atrito com as partículas gasosas, fazendo com que se queimasse e se desfizesse antes de alcançar a superfície do planeta. Não mais vulnerável ao calor gerado pelas colisões com meteoritos em queda, a Terra começou a se esfriar.

Dois dos gases mais freqüentemente encontrados no interior daqueles meteoritos eram o hidrogênio e o oxigênio. Conseqüentemente, uma enorme quantidade daqueles dois elementos começou a preencher a atmosfera terrestre. Devido a suas valências elétricas favoráveis, átomos de oxigênio e hidrogênio começaram a ligar-se entre si para formar moléculas de uma substância conhecida como água. À medida que essas moléculas de água agora começavam a se acumular na atmosfera da Terra, começaram a se agregar em um vapor denso que eventualmente sucumbiu à atração gravitacional do planeta, fazendo-a retornar à superfície da Terra em forma de gotículas, fenômeno que chamamos de chuva. Quando as primeiras chuvas caíram sobre a Terra, fizeram com que a superfície derretida do planeta se resfriasse ainda mais, e isso fazia com que mais gases fossem liberados em forma de vapor. Mais vapor de água aumentou ainda mais as chuvas, que resfriaram ainda mais o planeta.

Esse processo continuou por cerca de um bilhão de anos, depois dos quais aproximadamente dois terços da Terra ficaram cobertos de água, com um terço expondo uma casca mineral endurecida. Dentro desses oceanos, mesclava-se um caldo consistente de amônia, metano, água, dióxido de enxofre e hidrogênio.

Em 1953, um pesquisador chamado Stanley Miller utilizou essa informação ao realizar um experimento muito importante:

> Miller preparou um aparato hermético, no qual os quatro gases [originais primordiais] circulavam por intermédio de descargas elétricas emitidas por eletrodos de tungstênio [representando as tempestades elétricas da Terra primordial]. Ele manteve os gases circulando continuamente por uma semana e, então, analisou o conteúdo de seu aparato. Descobriu que uma impressionante quantidade de vários compostos orgânicos havia sido sintetizada. Entre esses, havia alguns dos aminoácidos biologicamente mais importantes, além de substâncias como uréia, cianeto de hidrogênio e ácidos acético e láctico.[1]

No confinamento de seu laboratório, Miller simulara a evolução química da Terra. Ele sintetizara aminoácidos, os tijolos constituintes de toda matéria orgânica, a essência de toda a vida. Ao fazê-lo, Miller realizou aquilo que antes acreditava-se ser privilégio exclusivo dos deuses. Mesmo assim, ali estava a evolução orgânica sem Deus... apenas Stanley Miller com seu recipiente hermético cheio de elementos químicos, uma chama e um pouco de eletricidade.

A partir de uma composição quase completamente constituída de hidrogênio, o universo havia evoluído, quase dez bilhões de anos após sua concepção, até um ponto no qual continha cadeias complexas de macromoléculas. Macromoléculas que contêm carbono possuem propriedades tão características que meus livros de química repentinamente desviaram-se para uma ciência totalmente nova, chamada química orgânica ou bioquímica. Agora, eu teria de adquirir todo um novo conjunto de textos que lidassem exclusivamente com esses compostos complexos baseados em carbono, similares àqueles que Miller havia sintetizado em seu laboratório.

De volta à Terra: pelos próximos bilhões de anos, esses compostos orgânicos complexos – baseados em carbono – foram misturados e remexidos dentro dos mares primordiais do planeta, dos quais trilhões de combinações orgânicas diversas emergiram, cada uma possuindo um conjunto único de propriedades químicas e físicas. Muitas dessas combinações moleculares eram tão complexas que instabilidades inerentes faziam-nas, por fim, desintegrar-se novamente em partes menores.

À medida que essas moléculas maiores e mais complexas continuavam a ser produzidas nos mares da Terra, novas combinações estavam constantemente sendo forjadas, cada uma ligeiramente diferente da outra. Entre essas moléculas "orgânicas", algumas das variações surgidas possuíam a capacidade de absorver energia na forma de luz e calor irradiados da Terra e do sol. Com essa nova capacidade, moléculas que de outra forma seriam instáveis eram agora capazes de usar essas fontes externas de energia como meios para manter a estabilidade.

Mesmo com essa nova capacidade, nenhuma dessas macromoléculas absorvedoras de energia era eficiente o bastante para sobrepujar todas as suas instabilidades inerentes. A capacidade de absorver energia do sol meramente permitia que essas cadeias moleculares complexas mantivessem sua integridade estrutural por uma duração ligeiramente maior. Mesmo assim, era apenas uma questão de tempo até que essas moléculas sucumbissem a instabilidades inerentes e, com o tempo, se desintegrassem em suas partes constituintes.

Enquanto novas variações dessas macromoléculas absorvedoras de energia e baseadas em carbono continuavam a se refinar nos mares primordiais do planeta, algumas surgiram com a capacidade de produzir duplicatas de si mesmas antes de se desintegrarem. Essas novas moléculas podiam agora garantir a preservação de suas identidades físicas por meio da existência continuada de suas duplicatas. No entanto, devido aos efeitos de dissolução dos raios ultravioleta do sol, nem todas essas duplicatas saíam idênticas à molécula "mãe" da qual foram geradas. Dessas ligeiras variações que surgiam, a maioria era prejudicial à preservação da molécula "filha". Apesar disso, outras dessas variações vinham a ser ainda mais energeticamente eficientes do que as moléculas que as originaram, e, nesse caso, o novo arranjo molecular freqüentemente superava e substituía o original. À medida que esse processo continuava, surgiam novas combinações moleculares energeticamente mais eficientes.

Com o tempo, essas macromoléculas complexas com base em carbono desenvolveram outras capacidades que maximizavam seu potencial para manter a estabilidade. Algumas dessas outras capacidades incluíam ingestão – capacidade de absorver energia –, digestão – capacidade de assimilar a energia ingerida –, excreção – capacidade de se livrar de quaisquer subprodutos nocivos da digestão – e locomoção – capacidade de mover-se de um lugar ou posição para outro. À medida que essas macromoléculas autoduplicadoras e absorvedoras de energia continuavam a evoluir, percebi que meus livros de química orgânica também estavam evoluindo para uma nova ciência, chamada biologia.

Assim como todas as outras ciências, a biologia trouxe sua própria terminologia. Por exemplo, moléculas capazes de executar as funções mencionadas anteriormente eram chamadas de "vivas". Quando uma molécula fazia uma cópia de si mesma, o termo usado era "nascimento". Quando, com o tempo, uma dessas moléculas eventualmente se desintegrava, o processo era chamado de "morte".

As primeiras formas de vida existentes reproduziam-se assexuadamente, isto é, elas requeriam apenas uma célula-mãe para dividir-se em duas células-filhas. Mais uma vez, devido aos efeitos da radiação solar, muitos desses descendentes apresentavam ligeiras mutações que tornavam seus arranjos diferentes, em pequeno grau, daqueles de seu predecessor. Variações mais eficientes em termos de energia proporcionavam mais chances de sobreviver. Aqueles com mais chances de sobreviver tinham mais chances de duplicar-se e, portanto, de passar adiante suas características vantajosas. Por outro lado, as variações energeticamente menos eficientes tinham mais chances de desaparecer. Meus livros de biologia tinham um termo muito específico para esse processo de separação orgânica: seleção natural. Como resultado desse processo de seleção natural, a matéria orgânica – vida – continuou a evoluir.

Para manter um inventário dessas composições "vivas" de matéria, constantemente divergentes, os biólogos as classificaram em diversas categorias baseadas em suas características inerentes. As primeiras variedades de vida a emergirem na Terra separavam-se em dois ramos distintos. Um deles utilizava o oxigênio da Terra para estabelecer seu suprimento de energia, enquanto o outro usava o dióxido de carbono. Os biólogos dividiram essas duas primeiras formas de vida em duas classificações separadas, conhecidas como "reinos". Aquelas formas de vida que utilizavam dióxido de carbono para suplementar sua reserva de combustível foram classificadas como pertencentes ao reino vegetal, enquanto as que utilizavam o oxigênio foram categorizados como pertencentes ao reino animal. Com o passar do tempo, esses dois reinos continuaram a se diversificar, cada um produzindo uma vasta gama de formas únicas – ou espécies. Nos três bilhões de anos seguintes, essa miríade de espécies propagou-se pelo planeta, cobrindo a superfície da Terra com uma fina camada orgânica.

Três bilhões de anos após o primeiro surgimento de vida, os mares estavam repletos de uma variedade dessas formas vegetais e animais. Foi mais ou menos nessa época que um desses animais marinhos desenvolveu um cordão espinal, uma bainha protetora que recobria o sistema nervoso do organismo e ajudava a distribuir suas células nervosas ao longo do comprimento do corpo. Isso representou o início de uma nova classificação dos animais à qual os biólogos se referem como o subfilo dos vertebrados. À medida que os vertebrados continuaram a divergir em formas diversas, os biólogos os dispuseram em categorias separadas, conhecidas como "classes". A primeira classe de vertebrados a surgir foi a dos peixes.

Cerca de cem milhões de anos depois, alguns desses peixes desenvolveram a capacidade de sobreviver em terra firme, assim como na água. Esses, os biólogos classificaram como anfíbios. Cerca de cem milhões de anos depois disso, uma nova classe de vertebrados desenvolveu-se dos anfíbios, a qual vivia exclusivamente em terra. Esses foram chamados répteis.

Nos 50 milhões de anos seguintes, alguns desses répteis evoluíram de forma a ter suas escamas substituídas por penas; seus ossos tornaram-se ocos e eles desenvolveram a capacidade de voar. Esses foram os pássaros. Após 40 milhões de anos, aproximadamente, mais uma criatura terrestre derivou-se dos répteis: os mamíferos. Os mamíferos eram diferentes de seus ancestrais, os répteis, na medida em que seus embriões desenvolviam-se internamente, no corpo da mãe, em vez de dentro de um ovo incubado externamente. Mamíferos produziam leite com o qual podiam alimentar seus filhotes. Eles eram cobertos por pêlos, eram homeotérmicos, ou seja, de sangue quente, e, mais importante, desenvolveram um cérebro muito maior, que os permitia responder a seus ambientes de uma maneira muito mais sofisticada que as outras formas de vida na Terra.

Entre os mamíferos, emergiram 16 subclasses, conhecidas como ordens. Exemplos dessas ordens são os roedores – ratos, camundongos, esquilos etc. –, os carnívoros – gatos, cães, ursos etc. –, os cetáceos – golfinhos, baleias – e os artiodátilos – gado, ovinos, caprinos, cervos etc. Cerca de cem milhões de anos após o surgimento dos primeiros mamíferos, ou seja, há aproximadamente 50 milhões de anos, surgiu uma ordem particular de mamíferos conhecidos como primatas. Os primatas eram diferentes dos outros mamíferos, uma vez que desenvolveram características adaptativas, como visão estereoscópica, mobilidade melhorada dos dígitos – dedos –, complementados por um polegar opositivo e cérebro maior, em particular um córtex cerebral mais volumoso, sendo este a região do cérebro onde as lembranças são armazenadas e onde ocorre a maioria dos processos cognitivos.

Conforme o tempo passou, esses primatas continuaram a se diversificar até desenvolver uma família em particular, a dos hominídeos. Os hominídeos mantinham-se em pé, em posição ereta, diferentemente de seus ancestrais, que andavam sobre os quatro membros. Com o advento dessa nova adaptação, esses animais passaram a dispor de dois membros livres com os quais podiam segurar, carregar e manipular objetos ao mesmo tempo em que se deslocavam. Os hominídeos continuaram a evoluir até cerca de cem mil anos atrás, quando chegaram a seu ápice, com o surgimento de uma nova espécie conhecida como *Homo sapiens*, comumente conhecidos como humanos. Esse animal humano desenvolvera cordas vocais com as quais podia emitir uma variedade de sons, melhorando, portanto, sua capacidade de se comunicar com os outros. Além disso, os humanos desenvolveram certas estruturas em seus cérebros que permitiam-lhes organizar esses sons de tal forma que eram capazes de criar e pronunciar palavras – combinações de sons que simbolizavam objetos. O uso de palavras permitiu aos humanos comunicarem idéias com precisão avançada. Tais qualidades, combinadas a uma capacidade aumentada para guardar e processar informações, fez do *Homo sapiens* a criatura mais poderosa da Terra.

Antes de me aprofundar mais nas disciplinas subseqüentes, que são exclusivamente pertinentes ao animal humano, gostaria de esclarecer algumas coisas. Em questão de algumas páginas, saltei do surgimento das primeiras moléculas orgânicas para a emergência da humanidade. Mas por qual processo essa evolução ocorreu? Como seria possível, no período de 3,5 bilhões de anos, uma simples membrana celular se tornar carne, um vacúolo se transformar em um sistema digestivo completo ou um núcleo celular em um cérebro? Como as escamas de um réptil poderiam se tornar penas ou seus braços se transformarem em asas? Que tipo de alquimia orgânica ou feitiçaria molecular era essa que podia transformar uma espécie em outra? Como ilustração, tomemos o exemplo de um ser humano.

Duas células, um espermatozóide e um óvulo, encontram-se. Essas duas células tornaram-se distintas de todas as outras do corpo humano, uma vez que cada uma delas carrega apenas metade dos cromossomos de seu hospedeiro. Dentro do núcleo do espermatozóide encontra-se metade dos cromossomos do pai, e no óvulo, metade dos cromossomos da mãe. Quando essas duas células de cromossomos incompletos se encontram, quando o óvulo é fertilizado, os dois conjuntos de cromossomos se unem e se combinam para formar uma única célula, com um conjunto completo de cromossomos.

Esse conjunto completo, dentro da célula recém-fertilizada, contém todo o material necessário para criar um ser humano completamente desenvolvido. Os cromossomos em si são constituídos de seções chamadas genes. Cada gene contém informações para criar uma ou mais daquelas que virão a ser as características físicas do indivíduo. Por exemplo, enquanto um gene carrega a informação que determinará o sexo da pessoa, outro gene pode levar a informação que determinará a cor de sua pele, sua altura ou a cor de seu cabelo etc. Essa lista de características físicas segue em frente, até que toda a anatomia de uma pessoa, desde a forma de sua cabeça até a sola dos pés, tenha sido definida – tudo isso guardado no conteúdo dos genes da pessoa.

Mas o que são genes? De acordo com o biólogo William Keeton, um gene é uma "unidade de herança, um pedaço de uma molécula de DNA [ácido desoxirribonucleico]".[2] Aqui está uma descrição técnica dessa molécula por Keeton:

> A molécula tem uma estrutura similar a uma escada, com os dois elementos verticais compostos de grupos alternados de açúcares e fosfatos, e os degraus compostos de bases nitrogenadas, dispostas em pares. Cada degrau tem uma base de purina – qualquer uma de diversas bases nitrogenadas de anel duplo – e uma de pirimidina – qualquer uma de diversas bases nitrogenadas de anel simples. Quando a purina é a guanina, a pirimidina que lhe é emparelhada é sempre a citosina, e quando a purina é a adenina, a pirimidina correspondente é a timina. Adenina e timina são conectadas por duas ligações de hidrogênio; guanina e citosina, por três.[3]

Então, genes são feitos de DNA, uma macromolécula constituída por uma combinação de moléculas de açúcares, de fosfatos e de moléculas baseadas em nitrogênio, todas ordenadas em uma estrutura similar a uma escada retorcida, conhecida como hélice dupla. Em resumo, genes são feitos de moléculas. E o que são moléculas? Moléculas são arranjos de dois ou mais átomos. Por exemplo, uma molécula de açúcar, como aquelas encontradas no DNA, é feita de uma combinação de átomos de carbono, oxigênio e hidrogênio.

Átomos de carbono, oxigênio e hidrogênio, bases nitrogenadas, fosfatos, esses são os ingredientes principais requeridos na receita para se fazer um ser humano. Guardada no arranjo particular desses átomos encontra-se toda a informação necessária para criar a consistência física de uma pessoa, tudo isso previsto mesmo antes de ser um embrião, em um momento muito distante de seu nascimento. O sexo da pessoa, a cor de sua pele e de seus olhos, altura, visão, audição, propensão para certas doenças físicas e mentais, como asma, diabetes, esquizofrenia, doença de Alzheimer e alergias, além de componentes da personalidade, como tendências a timidez, agressão, curiosidade, depressão, atletismo, musicalidade, habilidade matemática, jovialidade, apenas para citar alguns exemplos; tudo isso existe dentro dessa primeira célula fertilizada – a essência da história de nossa vida física e psicológica contada desde o primeiro momento, desde nossa concepção.

Então, o espermatozóide e o óvulo encontram-se para formar uma célula muito bem informada. Guardadas dentro dessa primeira célula estão instruções para que ela se divida. Quando isso ocorre, a pessoa que está surgindo passa a existir na forma de duas células, cada uma contendo agora toda a informação necessária para a criação de um ser humano completamente desenvolvido. Essas duas células se reproduzem, e assim por diante, até que um aglomerado de células seja formado. Guardadas dentro dos cromossomos de cada uma dessas células estão informações que agora as instruirão a começar a produzir outras, ainda mais especializadas, tais como células nervosas, sangüíneas e musculares. Com o surgimento dessas células especializadas, o embrião ainda não nascido continuará a se diferenciar e a crescer no útero materno até nove meses depois, quando estará pronto para nascer.

Então, todas as nossas características são, em geral, predeterminadas desde o momento de nossa concepção. Mas o que são exatamente essas características? São aquelas que distinguem não apenas uma espécie da outra, mas também cada indivíduo dentro de uma mesma espécie. E de onde vêm essas características? Elas se originam das informações guardadas no interior dos genes de um organismo, aqueles arranjos especiais de átomos que constituem seus cromossomos.

Por exemplo, o fato de todos os peixes terem guelras sugere que em algum lugar nos cromossomos de um peixe há um gene que instrui o embrião de peixe em desenvolvimento a produzir guelras. Isso é verdade não apenas para as guelras, mas também para toda e qualquer característica física que um peixe possui. Uma vez que não há traço físico que se desenvolva por vontade própria, isso significa que, para cada característica que o peixe possui, existe um gene ou grupo de genes responsáveis por seu aparecimento. A menos que acreditemos que todos os peixes têm guelras devido a algum incrível acidente ou coincidência, devemos aceitar a explicação genética evolucionária para tal fenômeno. Se os peixes possuem guelras, devem existir genes "de guelra". Se um peixe é equipado com barbatanas, devem existir genes "de barbatana", e assim por diante, até que cada característica fisiológica do peixe seja estabelecida. Dessa maneira, o animal desenvolvido é uma combinação de características que correspondem às informações guardadas em seus genes, informações que são estabelecidas no momento em que o animal é concebido.

Uma vez que cada espécie possui seu conjunto de características próprias e únicas, também possui seu conjunto de genes próprio e singular. O fato de os peixes possuírem guelras significa que o arranjo molecular de seus genes deve ser diferente daquele de uma criatura que não possui guelras. O fato de todos os peixes possuírem guelras – excluindo-se, é claro, mutações extremas que representam exceções à regra – significa que genes de guelra devem existir no DNA de todos os peixes.

Como os indivíduos que emergem a partir de um organismo que se reproduz sexualmente são formados de uma mistura única dos cromossomos de seus pais, apresentam diferenças com relação aos outros, em certa medida. Assim, embora todos os peixes possuam genes que determinam guelras, as guelras de cada peixe serão sutilmente diferentes daquelas de outros peixes da mesma espécie.

O mesmo é válido para os humanos. Embora nós tenhamos genes que instruem nossos corpos a desenvolver dois olhos, os olhos de cada pessoa são ligeiramente diferentes. Isso é verdade para cada característica que possuímos como espécie. Não importa se nos referimos à altura de alguém, capacidade auditiva, estrutura facial ou esquelética, constituição do coração, rins ou sistema imunológico, cada parte de nós varia, de alguma forma, de um indivíduo para outro. De certa maneira, cada um de nossos componentes, desde cada célula até cada órgão, é tão próprio do indivíduo quanto suas impressões digitais, que, embora todos nós as tenhamos, não existem duas impressões exatamente iguais.

Com relação a essas variações sutis entre os indivíduos, e sua constante competição pela vida, criaturas cujas variações são mais apropriadas ou mais bem adaptadas ao seu ambiente encontram-se em considerável vantagem e, portanto, possuem maiores chances de sobreviver. Essas formas com maiores chances de sobrevivência, por sua vez, possuem maiores chances de se reproduzir. Aquelas com maiores chances de reprodução terão, conseqüentemente, maiores chances de transmitir seus genes, juntamente com suas características vantajosas, para as gerações futuras.

Da mesma forma que dois indivíduos nunca são idênticos, também não são idênticas as reservas genéticas de duas gerações de uma dada espécie. Visto que as gerações sofrem uma nova filtragem de seleção natural, cada nova geração será provavelmente mais bem adaptada a seu ambiente. Assim, a vida encontra-se em estado de constante fluxo, as espécies amadurecendo e evoluindo a cada geração.

Deixe-me oferecer um exemplo hipotético para ilustrar como esse processo de seleção natural funciona. Imagine um lugar onde o terreno é plano e coberto por uma vegetação exuberante. Perambulando por esse terreno encontra-se uma criatura fictícia, de um metro de altura e similar a um cavalo, que chamarei de nequus. Um nequus macho e uma nequus fêmea se acasalam e têm três bebês nequus. Dada a forma como os genes dos pais se combinam, é inevitável que os três filhotes sejam diferentes entre si. Considerando-se, por exemplo, a altura dos filhotes, a altura média deles muito provavelmente será igual à altura média dos pais. Desse modo, pode acontecer que um dos três venha a ser um pouco mais baixo que a altura média dos pais, outro, da altura média combinada dos pais, e o terceiro, mais alto do que ambos os pais. De volta à planície dos nequus, imagine que um evento geológico ocorra e transforme essa verdejante área em uma região árida. Entre esses novos parâmetros ambientais, muito da vida vegetal pereceu. Os nequus, que são herbívoros, repentinamente encontram-se em uma competição furiosa pelo que resta de sua reserva de alimento, agora reduzida. Infelizmente, o nequus típico, com cerca de apenas um metro de altura, só consegue alcançar os galhos inferiores das árvores de sua área, muitos dos quais já foram comidos.

Retornando aos nossos filhotes, o mais alto dos três pode alcançar as folhas dos galhos mais altos, o que a maioria dos outros de sua faminta espécie não consegue fazer, por isso tem maiores chances de sobreviver por tempo suficiente para reproduzir-se e, portanto, passar seus genes para as gerações futuras.

Agora, imaginemos que esse nequus mais alto viva o suficiente para se acasalar, digamos, com uma fêmea de altura média. Os dois, agora, produzem três filhotes. Como o macho desse novo casal é mais alto do que o pai, a altura média de seus filhotes será maior do que da ninhada em que ele nasceu. À medida que esse processo é repetido por diversas gerações, é bastante provável que a altura média do nequus passe a ser de 1,20m, isto é, maior do que de um metro de seus predecessores. Dessa maneira, cada espécie está sendo incessantemente modificada para atender de forma mais eficaz às demandas impostas por seu ambiente físico sempre flutuante. Algumas vezes, essas flutuações evolucionárias ocorrem em um processo longo e estável que transforma as espécies durante um período de tempo extenso. Outras vezes, surge uma mutação genética benéfica, tão dramaticamente diferente que uma espécie pode ser transformada em algumas poucas gerações – essa revisão do darwinismo básico foi originalmente postulada por Stephen J. Gould em uma teoria chamada *equilíbrios pontuados*, a qual propõe que a criação de novas espécies, às vezes, ocorre em pulsos rápidos, em vez de pela progressão lenta, seguidos de longos períodos de estabilidade.

No caso de nosso nequus imaginário, se a seca e a conseqüente redução de alimentos continuassem, as forças da seleção natural continuariam a eliminar os menos equipados para sobreviver, preservando os que eram melhores. Talvez, depois de um período de dez milhões de anos dessa seleção natural – que totalizariam a passagem de aproximadamente cem mil gerações –, a altura média de um nequus pudesse ter aumentado para três metros, fazendo-o parecer mais com uma girafa do que com um cavalo. Em suma, aquilo que costumava ser um nequus evoluiria e se transformaria em uma espécie diferente, com uma nova seqüência de genes. Aparentemente, a necessidade é a mãe da seleção.

Para prover um exemplo real de como a pressão do ambiente pode alterar a fisiologia das espécies, farei referência ao caso real da *Biston betularia*, mais conhecida como mariposa. Durante o século XIX, notou-se que esse inseto, antes predominantemente branco e com manchas, desenvolvera, num período de tempo muito curto, uma variedade bem mais escura. Originalmente, a variedade mais clara passava grande parte do tempo repousando em árvores, cuja coloração combinava com a pigmentação de suas asas. Isso tornava muito mais difícil que animais predadores as vissem, o que consiste num mecanismo adaptativo chamado camuflagem. Com o advento da Revolução Industrial, no entanto, resíduos de fábricas próximas recobriram as florestas de sujeira e fuligem, escurecendo a superfície das árvores. Visto que as mariposas brancas, que representavam a maioria da espécie, podiam agora ser vistas mais facilmente por predadores, elas passaram a ter mais chances de serem comidas. Por outro lado, a variedade mais escura da população de mariposas, que antes compunha uma pequena minoria, tinha agora menor probabilidade de ser vista por predadores e, conseqüentemente, menores chances de ser devorada. Uma vez que tinham menores chances de serem comidas, as mariposas mais escuras possuíam agora maiores chances de sobreviver por tempo suficiente para passar seus genes para as gerações futuras. Como resultado dessa repentina mudança ambiental, a população de mariposas rapidamente se alterava, de modo que a variedade mais escura, antes minoria, passara agora a compor a maioria. E, no período de apenas algumas gerações, toda a população de mariposas fora modificada em função de uma alteração no ambiente do animal.

Outro aspecto subjacente às forças da evolução envolve um processo chamado derivação genética. Para ilustrar esse processo, imagine que, devido ao aumento excessivo da população, certos membros de uma espécie passaram a ter que migrar para uma nova área em busca de novos suprimentos alimentares. Por exemplo, dez pintassilgos, dentre uma população de dezenas de milhares, migram para uma ilha vizinha em busca de comida. Como esses pintassilgos nunca representariam a média genética exata de sua espécie, caso eles se reproduzam estarão criando uma reserva genética inteiramente nova baseada em suas próprias estruturas genéticas particulares. De certa forma, esses "pioneiros" seriam os fundadores de uma variedade genética ligeiramente diferente, porém totalmente nova. Por causa da ligeira variância genética do grupo pioneiro com relação à média de sua população original, essa nova variedade pode, com o tempo, dar origem a uma espécie inteiramente nova. De fato, isso foi o que Charles Darwin descobriu quando foi às ilhas Galápagos para estudar as várias espécies de pintassilgos que existiam nas diversas ilhas do arquipélago. Por meio de suas observações, Darwin percebeu que os pintassilgos de cada uma das ilhas Galápagos pareciam constituir sua própria subespécie. Foi com essas observações que ele concebeu sua teoria da evolução.

Retornando ao estudo do *Homo sapiens*: com o advento dos humanos, criou-se uma nova gama de ciências especificamente humanas, sendo a antropologia a primeira delas. A antropologia lida com as questões relativas à evolução social, comportamental e física daqueles primatas avançados, os hominídeos, até cerca de 10 mil anos atrás, quando os humanos alcançaram o que é chamado de estágio neolítico de sua existência. O que separou os humanos neolíticos de seus ancestrais biologicamente idênticos foi a descoberta da agricultura. Antes do período neolítico – durante a chamada era paleolítica do homem –, esses humanos mais primitivos vagueavam pelo planeta em tribos nômades, movendo-se constantemente de um lugar para outro em busca de alimentos.

Mas os humanos possuíam um cérebro evoluído e, com o tempo, começaram a reconhecer padrões em seu mundo. Diferentemente de qualquer outro animal surgido antes deles, os humanos conseguiram perceber, por exemplo, que no lugar onde as sementes de uma planta caíam, freqüentemente, uma nova planta surgia. Quando os primeiros humanos fizeram essa conexão, cerca de 12 mil anos atrás, isso lhes permitiu imitar a natureza, plantando suas próprias lavouras. Com o advento da agricultura, o animal humano começou a se assentar em comunidades estacionárias, normalmente próximas a um rio, o qual provia um suprimento constante de água, bem como um meio de transporte. Além disso, ao observar a maneira como os outros animais se reproduziam, os humanos aprenderam a reunir esses animais em rebanhos para controlar seu suprimento de carne, que suplementava sua dieta de frutos e vegetais. A combinação desses dois eventos recebeu o nome de revolução agrícola. É chamada de revolução devido ao imenso impacto que essas descobertas tiveram sobre nossa espécie. Pela primeira vez na história, os humanos puderam controlar seu próprio abastecimento de comida. Sem precisar mais devotar todo seu tempo à busca de sua próxima refeição, os humanos puderam permitir-se algum tempo extra, ou o que chamamos de tempo de lazer. Com todo esse tempo adicional nas mãos, as sociedades humanas tinham agora a oportunidade de dirigir suas energias para a auto-expressão – artes, jogos e esportes –, assim como para buscar a sabedoria e o conhecimento – filosofia e ciência.

À medida que alguns desses assentamentos agrícolas começaram a florescer, outros povos começaram a migrar para eles na esperança de usufruir dos benefícios dessas novas instituições. Com o tempo, esses assentamentos começaram a expandir-se em tamanho e população. Foi lá, nessas primeiras cidades, que humanos de várias culturas começaram a congregar-se para trocar bens diversos, assim como idéias. Isso marcou o início de um período da história da nossa espécie conhecido como revolução urbana. À medida que essas cidades continuaram a crescer, as primeiras civilizações da humanidade começaram a emergir.

Com a passagem do tempo, civilizações ergueram-se e tombaram. Sem recitar a história de todas essas civilizações, é suficiente dizer que esse processo continuou até chegarmos aqui, hoje, no alvorecer do século XXI.

Eu não afirmo que a ciência pode explicar tudo. Claro, existem partes do universo físico que foram mais bem compreendidas que outras. Claro, houve áreas de conhecimento inteiras que eram, em diversos aspectos, ainda incipientes, e, por isso, teóricas por natureza. Claro, ainda havia erros a serem cometidos, e detalhes a serem trabalhados e revisados. No entanto, de maneira geral, a interpretação científica do universo sempre permaneceu fiel a seu método, que nos deu a energia nuclear, transplantes de órgãos, luz elétrica e antibióticos, para citar alguns meros exemplos de sua assombrosa capacidade. Ali estavam tecnologias que, eu sabia, funcionavam de fato. Essas coisas necessitaram grande quantidade de pesquisa científica para serem criadas: exatamente o mesmo tipo de pesquisa e metodologia usado para contar a história de todo o universo físico, mencionada anteriormente. Em suma, a prova estava nos resultados. Eu podia confiar no método científico para criar maravilhas tais como ônibus espaciais, terapias genéticas, energia nuclear e fornos de microondas; então, por que a mesma metodologia não seria capaz de explicar a origem e a evolução de todo o universo físico, assim como de toda a vida terrestre? De que outra forma a ciência poderia ter dominado e manipulado nosso mundo físico com tanto sucesso se não compreendesse sua natureza intrínseca?

A ciência explicara a história dos aproximadamente 14 bilhões de anos de todo o universo, desde suas origens até seu presente estado, tudo isso sem a ajuda ou assistência de qualquer entidade espiritual: *cosmologia sem Deus!* A ciência fora igualmente capaz de descrever os aproximadamente 3,5 bilhões de anos de evolução orgânica, também sem a ajuda ou assistência de qualquer força ou ser transcendental: *a origem e a evolução da vida sem Deus!* Nem a vida nem o universo eram mais dependentes da existência de alguma divindade interventora. Isso não queria dizer que Deus não existia, mas digamos apenas que lançava essa possibilidade.

Eu não teria mais de fazer perguntas como "Se não há Deus, então como se explica a origem da vida?" ou "Sem Deus, como a Terra, a lua, o sol e as estrelas vieram a existir?". Eu não teria mais de olhar para meu próprio corpo sem entender a origem, a evolução, a natureza e os mecanismos de meu próprio ser.

Tudo isso, a ciência fez por mim. Primeiro, ela me resgatara das garras da doença mental, e agora tornou o universo compreensível para mim. Ainda assim, ali estava ela, me incomodando como sempre, aquela necessidade incessante e dolorosa, não de saber *como* eu ou o resto do universo funcionava, mas sim *por quê*? Ali estava ele, ainda me assombrando, opressivo como sempre: o inexorável problema de Deus. Apenas o entendimento de Deus poderia resolver a questão suprema de minha existência. E, ainda assim, dentre todas essas gloriosas informações que a ciência me dera, como ela ainda não havia conseguido me dar uma única explicação aceitável em relação à natureza da existência de Deus? Seria Deus simplesmente incompreensível para nós? Ou haveria uma explicação científica, e apenas ninguém a descobrira ainda?

Que padrão da natureza, que observação empírica, eu me perguntava, poderia ajudar a revelar à humanidade a natureza da existência de Deus? Ainda assim, mesmo que houvesse uma solução, ela não estaria fora de nosso alcance, como um problema destinado a nos atormentar até o fim dos tempos?

Tivesse o problema uma resposta ou não, tudo o que eu sabia era que, espiritualmente falando, eu ainda não estava satisfeito. A busca teria de continuar.

# 4
# Kant

"Tudo aquilo que vivencio é psíquico. Mesmo a dor física é um evento psíquico que pertence à minha experiência. Minhas impressões sensoriais – tudo aquilo que me impõe um mundo de objetos impenetráveis que ocupam espaço – são imagens psíquicas, e apenas essas são os objetos imediatos de minha consciência. Minha própria psique inclusive transforma e falsifica a realidade, e o faz com tal intensidade que preciso recorrer a meios artificiais para determinar como são as coisas, à exceção de mim mesmo. Então, descubro que um tom é uma vibração do ar de tal e tal freqüência, ou que uma cor é um comprimento de onda de luz de tal e tal dimensão. Estamos verdadeiramente tão enclausurados em imagens psíquicas que não podemos penetrar a essência das coisas exteriores a nós mesmos. Todo nosso conhecimento é condicionado pela psique, a qual, por ser ela mesma imediata, é superlativamente real. Aí está a realidade à qual o psicólogo pode recorrer, ou seja, a realidade psíquica."

CARL JUNG

"O que é real? Como você define 'real'? Se você se refere àquilo que pode sentir, àquilo que pode degustar, àquilo que pode cheirar e ver, então 'real' significa simplesmente sinais elétricos interpretados pelo seu cérebro."

MATRIX

Até então, minha busca pelo entendimento de Deus fora direcionada para fora, para os objetos constituintes de todo o universo físico. Eu estudei a natureza física dos átomos e das moléculas, de planetas e estrelas, de composições orgânicas e inorgânicas de matéria. Ainda assim, sem importar para onde os astrônomos apontaram seus telescópios, ou quais espécimes os biólogos colocaram sob seus microscópios, ou quais partículas os físicos atômicos subdividiram, ninguém encontrou nada parecido com algum conhecimento verificável de qualquer realidade espiritual ou de Deus. Assim, para complementar minha investigação das ciências físicas, eu estava simultaneamente estudando a freqüentemente enigmática disciplina conhecida como filosofia.

Embora suas raízes gregas apontem seu significado como sendo "amor pela sabedoria", a filosofia, em meu entendimento, consistia do estudo da natureza definitiva da realidade. O que, se é que existe algo assim, pode ser chamado de real? O que, se é que existe algo assim, pode ser considerado a representação da verdade? Afinal, o que é a realidade?

Os antigos gregos, que são habitualmente reconhecidos como fundadores do pensamento filosófico ocidental, acreditavam que para entender definitivamente a natureza da realidade, em primeiro lugar era necessário entender a natureza de todas as coisas que constituíam o vasto universo físico. Por exemplo, do que são feitas as várias coisas que constituem nosso mundo? De onde elas vieram? De que maneira são similares? De que maneira são distintas? Esses eram os tipos de questões que, acreditavam os gregos, deviam ser resolvidas para que a verdadeira natureza da realidade pudesse ser vislumbrada.

De forma similar ao método grego, era assim que eu conduzia minha investigação pessoal – por meio do estudo da natureza daqueles objetos materiais que permearam a história de 14 bilhões de anos do universo físico. Aquele era o método pelo qual eu também procurava compreender a natureza em sua realidade definitiva, um problema que, eu presumia, me levaria a um conhecimento ainda mais completo do espírito e de Deus quando fosse resolvido. Como os gregos, eu estivera olhando para fora em busca de minhas respostas – isso até o momento em que deparei com o trabalho de um filósofo alemão do século XVIII, Immanuel Kant.

Desde que os gregos antigos introduziram esse método particular de investigação – de entender a natureza das coisas externas a elas –, essa fora a tendência predominante em toda ciência e filosofia humanas até o século XVIII, quando Immanuel Kant entrou em cena. Em seu livro *Crítica da razão pura*, Kant deu um dos mais revolucionários saltos na história do pensamento humano ao sugerir que, para entendermos a verdadeira natureza da realidade, devemos redirecionar o foco de nosso questionamento de fora para dentro. Kant propôs que fizéssemos isso estudando não a natureza dos objetos físicos à nossa volta, mas sim a forma como percebemos esses objetos. Em vez de olhar para fora em busca de respostas sobre a natureza definitiva da realidade, deveríamos, primeiro, olhar para dentro, para a natureza daquele que percebe, para a natureza da própria percepção.

Tomemos, por exemplo, uma maçã. Por quais meios, Kant perguntou, tomamos conhecimento de uma maçã? A resposta: pelas informações que obtemos por nossos órgãos dos sentidos. Pela absorção de fótons de luz refletidos, que caem em nossas retinas e são então processados por nossos nervos óticos, nós vemos a maçã. Pelas moléculas que a maçã libera no ar, que são então capturadas pelo sistema olfativo, nós a cheiramos. À medida que sua química se dissolve em nossas línguas, disparando correntes elétricas enviadas para o cérebro, nós a degustamos. Pela pressão dos contornos da maçã contra nossa pele, incitando sinais elétricos por nossos braços, em direção ao cérebro, nós a sentimos pelo tato. Apenas depois que nosso cérebro processa essa mistura de informações eletromecânicas é que passamos a ter conhecimento da maçã como um objeto com qualidades integradas. Portanto, na verdade, aquilo que chamamos de maçã nada mais é do que sinais elétricos interpretados pelo nosso cérebro. Seguindo esse raciocínio, não passamos a ter conhecimento da maçã em si, mas meramente da maçã *como a percebemos*, isto é, da forma como nossos cérebros a filtram e a processam. Conseqüentemente, temos a capacidade de "saber" apenas aquilo que nossos cérebros nos permitem.

Devido a essa limitação de percepção, Kant afirmou que não se encontra dentro de nossas possibilidades possuir qualquer conhecimento absoluto sobre qualquer objeto ou coisa. A tal conhecimento absoluto ou objetivo, Kant referia-se como *noumena* – o mundo inatingível das "coisas em si mesmas". Portanto, Kant afirmou, podemos apenas ter um conhecimento subjetivo das "coisas como as percebemos", às quais ele se referia como fenômenos. Desse modo, tudo aquilo que chamamos de conhecimento é relativo à maneira como percebemos e, portanto, interpretamos a realidade.

Na verdade, as idéias de Kant representaram a evolução do pensamento do filósofo inglês do século XVII John Locke. De acordo com Locke, os humanos nascem como folhas em branco, como uma tábula rasa, como ele dizia, sendo nossas mentes "placas vazias capazes de receber toda sorte de impressões, mas sem que nenhuma delas seja impressa pela natureza".

Quase cem anos depois, Kant perguntou-se como seria possível que toda a variedade de dados que incessantemente atravessam nossos órgãos sensoriais pudesse se arranjar de forma tão espontânea de modo a nos prover informações coerentes. Como é que essa grande torrente de estímulos, pelos quais somos constantemente bombardeados, vem a organizar-se de maneira tão inteligível? Segundo Locke, esse processo acontece automaticamente. Nem tanto, contestou Kant.

Segundo Kant, simplesmente não havia maneira pela qual essa variedade de impressões sensoriais pudesse se arranjar de forma tão efetiva por si só. Kant contrapôs que, aparentemente, a mente humana não nasceria como uma folha em branco, mas sim com "modos de percepção" nela embutidos, que organizariam a enorme quantidade de informações que nossos órgãos sensoriais estão constantemente nos impondo. Sem tais mecanismos de processamento instalados, experimentaríamos a realidade como um emaranhado ininteligível de impressões sensoriais. Seria necessário, Kant argumentou, que existissem estruturas inerentes à mente que atuassem para organizar a profusão de experiências sensoriais que recebemos. Portanto, a mente humana não é um órgão passivo, como Locke nos levou a crer, esperando que apenas a experiência em si nos forme e nos defina, mas sim um órgão ativo com a função de trazer ordem a toda a ampla gama de informações que recebemos.

Das muitas maneiras pelas quais Kant especulava que os humanos processariam informações, uma delas seria temporalmente, e outra, espacialmente. De acordo com Kant, os humanos são equipados com mecanismos inerentes de processamento que trabalham para prover ordem temporal e espacial a nossas experiências. Assim, espaço e tempo não seriam coisas que percebemos "realmente" – objetivamente –, mas sim representações de dois modos inatos de percepção – que Kant chamou de "categorias de compreensão" – por meio dos quais nossa espécie processa todas as informações. Portanto, nossa compreensão de tempo e de espaço não são conceitos que aprendemos por experiência, mas sim que representam duas das maneiras pelas quais inerentemente percebemos e, por conseqüência, interpretamos a realidade.

Enquanto contemplava as idéias de Kant, lembrei-me do trabalho de Jean Piaget, psicólogo de desenvolvimento. Baseado em uma série de experimentos que conduziu, Piaget concluiu que as crianças tornam-se capazes de distinguir noções de tempo e espaço apenas depois de alcançar certo estágio de desenvolvimento cognitivo, ao qual ele se refere como "o estágio das operações completas". Piaget descobriu que, antes dessa fase de desenvolvimento mental, as crianças não apenas são incapazes de distinguir proporções de tempo e espaço, como também não podem ser ensinadas a compreender tais conceitos.

Para demonstrar isso, Piaget colocou dois recipientes de vidro diante de um grupo de crianças de diversas idades. Embora um dos recipientes fosse baixo e largo e o outro fosse alto e fino, ambos eram iguais em volume. Diante da pergunta sobre qual dos dois recipientes conteria mais líquido, a tendência das crianças foi de acreditar que era o recipiente mais alto e fino. Para mostrar que os dois recipientes eram iguais em volume, Piaget encheu o recipiente mais baixo e largo de água. Em seguida, transferiu o conteúdo desse primeiro recipiente para o outro, mais alto e fino. Uma vez que os dois recipientes eram iguais em volume, à medida que o mais baixo foi esvaziado, o mais alto encheu-se completamente. Isso deveria ter demonstrado claramente que ambos os recipientes eram iguais em volume.

Após completada a demonstração, Piaget voltou a perguntar às crianças qual recipiente comportava mais líquido. Nesse segundo questionamento, as crianças com 7 anos ou mais quase que invariavelmente responderam que os dois recipientes eram iguais, enquanto os mais jovens ainda acreditavam que o recipiente alto e fino comportaria maior volume. Isso mostrou que, antes de determinada idade, as crianças não podem nem mesmo ser ensinadas a entender certas relações espaciais.

Com base nesses dados – combinados a resultados de experimentos similares relacionados ao desenvolvimento temporal –, Piaget teorizou que existiriam modos inatos de compreensão para guiar os meios pelos quais entendemos e interpretamos a realidade. O fato de Piaget haver demonstrado que nossa habilidade de distinguir relações espaciais e temporais surge em todos os humanos aproximadamente na mesma idade sugere que tais aptidões representam parte inerente do desenvolvimento cognitivo natural de nossa espécie, algo que Kant havia concebido cerca de dois séculos antes.

Então, talvez Kant estivesse certo. Talvez os humanos nasçam com "modos de percepção" específicos, uma variedade de meios pelos quais o cérebro inerentemente processa informações, formas que, em última análise, determinam a maneira pela qual interpretamos a realidade tanto como indivíduos quanto como espécie. Seria possível, eu me perguntava, que eu pudesse de alguma forma ser capaz de aplicar os princípios de Kant ao assunto da espiritualidade humana, ou seja, à minha própria busca pessoal pela compreensão de Deus?

Teria eu desperdiçado minhas energias tentando vislumbrar a natureza de Deus pelo estudo dos objetos que constituem o vasto universo físico enquanto deveria estar estudando a natureza da percepção? Seria possível que a maneira pela qual compreendemos Deus estivesse ligada a um dos modos de percepção inerentes a nossa espécie? Talvez eu precisasse, como fez Kant, inverter a natureza de minha procura, buscando de fora para dentro. Talvez a solução para o problema de Deus não estivesse "lá fora", mas sim em algum lugar dentro dos mecanismos de minha mente ou, como ensinavam meus livros de biopsicologia, nos mecanismos de meu órgão, o cérebro.

# 5
# Deus como palavra

> "No princípio era o Verbo, e o Verbo estava com Deus, e o Verbo era Deus."
>
> O NOVO TESTAMENTO – JOÃO 1:1

Eu estava agora com 31 anos, e aproximadamente dez haviam se passado desde que eu iniciara minha exploração formal das ciências naturais na esperança de conseguir um pouco de conhecimento a respeito do espírito de Deus. Durante esse tempo, aprendi sobre a história de 13 bilhões de anos e sobre a evolução do universo físico. Aprendi como o universo nasceu e como se expandiu; como a força da gravidade dominaria um dia o impulso de expansão do universo, fazendo com que toda sua matéria desabasse mais uma vez sobre si mesma reunindo assim toda a matéria e toda a energia em um único ponto condensado – o mesmo que no momento anterior ao último *big bang*. Aprendi como, nessa época, mais uma explosão ocorreria e faria com que todo o processo recomeçasse; como esse processo de expansão, equilíbrio e contração se repetiria infinitas vezes, como um grande pulso no espaço que bateria até o final dos tempos.

A ciência me explicara a origem da matéria, dos átomos, das estrelas, dos planetas, da Terra, da vida, da humanidade e minha própria origem. Descobri que a ciência já lidara com cada um dos fenômenos que eu procurava entender. E mesmo assim, com todo seu conhecimento, sua paixão e investigação, a ciência não podia me dar o mínimo esclarecimento sobre Deus. O que era essa entidade que conseguia esquivar-se de homens de determinação e gênio, homens que nos trouxeram raios laser, naves espaciais, transplantes cardíacos e energia nuclear?

Alguém, algum dia, decifraria esse enigma? Onde estava Deus? Onde se escondia? Todos nós sabíamos quem Ele era, falávamos sobre Ele, que desempenhava um papel tão importante em nossas vidas e, no entanto, não tínhamos a mínima idéia de seu paradeiro. Como podia ser? Que ser malvado era esse que nos criara para acreditar nele e depois nos atormentava, mantendo-se fora de nosso alcance? Por que simplesmente não se revelava a nós? Qual era, afinal, o grande segredo?

Desse modo, lá estava eu, anos depois, na mesma situação, sem entender a razão ou o propósito da minha existência. A única diferença era que eu ao menos estava armado com um arsenal de informações científicas, nenhuma das quais, para meu desânimo, me dera o mais vago conhecimento de Deus. O que ainda faltava? Colocar todos os dados recém-descobertos numa perspectiva correta? Ou seria simplesmente, como eu suspeitara, que Deus existia além do âmbito das ciências físicas, além do âmbito da compreensão e do raciocínio humanos? Fosse o que fosse, finalmente decidi aplicar o método científico à minha busca pelo conhecimento de Deus. Recuaria um pouco e examinaria a questão de modo organizado e metódico. De modo científico.

E assim comecei minha nova análise. Com tudo o que até então aprendera na vida, o que eu podia dizer que sabia sobre a existência de Deus? Alguma vez vira Deus, ou testemunhara algo que pudesse provar que Ele existia? Não! Já ouvira falar de alguém que testemunhara o divino? Claro. O tempo todo havia pessoas alegando que viram o corpo de algum santo sangrando, ou que assistiram a um acontecimento miraculoso que tomaram como prova do divino. Mas quando tal relato foi validado, autenticado ou provado pelo método científico? Nunca. Nem uma vez alguém documentou um único milagre por meios confiáveis. Imaginem a cobertura que a divisão das águas do mar Vermelho teria se acontecesse hoje.

Por que o passado era tão repleto de intervenções divinas e o presente não apresenta nenhuma? Quando foi a última vez que a Igreja sancionou ou endossou um milagre? Que eu soubesse, isso não acontecera pelo menos nos últimos séculos. Por quê? Por que todos os milagres famosos e celebrados haviam ocorrido no tempo antigo ou na era medieval? Por que não ocorriam nos dias de hoje? Deus nos abandonara? Ou isso se relacionaria com o começo da revolução científica, com o fato de que, assim que o método científico se firmou, tais alegações de milagres foram colocadas sob o escrutínio estrito e indesviável da ciência?

Com o advento da cultura científica, se uma pessoa declarasse que testemunhara um milagre, ela teria de ser capaz de apresentar provas disso. Nenhum bêbado, charlatão ou esquizofrênico poderia alegar que assistira a um milagre de Deus sem ter de explicar-se diante de investigadores científicos, todos com suas baterias de perguntas, cruzando respostas, procurando provas físicas, conduzindo experimentos, submetendo-o a eletroencefalografias e assim por diante. Com o advento da cultura científica, alguém que alegasse testemunhar uma ação divina correria o risco de ser ridicularizado, ou até de ser obrigado a tratar-se com torazine ou algum outro antipsicótico.

Voltando ao meu dilema pessoal, a situação era simples. A menos que me fosse apresentada uma evidência tangível da existência de Deus, de modo algum eu acreditaria que Ele, ou Ela, de fato existisse. Mas por quê? Por que essa necessidade de conduzir tal pesquisa? Por que continuar a me submeter a essa investigação frustrante, seguindo uma pista falsa após outra? Não seria o mesmo que passar o resto de minha vida procurando um unicórnio ou outra criatura imaginária qualquer? Por que restringir minha busca sem rumo a esse fantástico ser em particular? Por que essa obsessão pela entidade a que damos o nome de Deus? Era como se a necessidade de compreender um ser absoluto fora instilada em mim. Da mesma forma que era compelido a procurar alimento, abrigo, segurança e amor, eu era compelido a ter uma certeza espiritual, a procurar o conhecimento de Deus. Mas por quê? Devia haver alguma razão para essa compulsão. Nada surge do nada. Como a ciência me ensinara, tudo o que ocorre no universo físico tem causas físicas. Tinha de haver uma razão, algo que explicasse por que essa minha obsessão era tão persistente.

Talvez eu fosse louco. De que outra maneira poderia explicar essa compulsão abstrata? Só que, se eu fosse louco, loucas eram quase todas as outras pessoas deste planeta, porque essa não era uma idiossincrasia apenas minha, mas uma que eu compartilhava com quase todos os indivíduos de todas as culturas que eu conhecia, ou que ouvira falar, ou das quais lera a respeito, tão antiga que remontava à origem de minha espécie. Que tipo de coincidência bizarra era essa? Claro, cada pessoa tem suas próprias idiossincrasias, mas por que todos nós compartilhávamos esta em particular?

Há quem explique o comportamento humano como a soma de todas as experiências da vida de uma pessoa. Mas, embora cada ser humano tenha uma vida única, diferente de todas as outras, como poderiam todas as culturas manter a mesma crença em uma força ou um ser espiritual/transcendental, um deus? Não era estranho que eu pudesse conversar com uma pessoa de qualquer cultura, raça, idade, sexo ou classe, desde, é claro, que falássemos a mesma língua, a respeito da natureza de Deus ou de deuses, o conceito de alma e a possibilidade de vida após a morte? Talvez isso, por si mesmo, fosse prova de que Deus existia. O que mais poderia explicar o fato de bilhões de pessoas de todas as gerações e culturas, mesmo as mais isoladas, terem, todas elas, refletido sobre essas mesmas noções? A menos que isso fosse o resultado de alguma vasta e incrível coincidência, alguma força interna ou instinto devia ser responsável por esse fenômeno humano tão peculiar.

Assim, digitei a seguinte pergunta em meu computador: "O que posso dizer que sei, quase com certeza, sobre Deus?" Enquanto refletia sobre essa pergunta, abanando a cabeça com a usual frustração, a idéia me veio, num momento radiante e arquimediano. Tão visível quanto o nariz em meu rosto, lá estava o pequeno mas exato fato que eu buscava. Lá estava, escrito na tela do computador à minha frente. Deus era simplesmente uma palavra! Por mais insignificante que isso pudesse parecer, essa palavra representava a primeira coisa empiricamente verificável que eu podia dizer que sabia, de fato, a respeito de Deus. Eu podia ler a palavra, escrevê-la, ouvi-la, pronunciá-la. Em braille, eu até podia tocá-la. Nenhuma dúvida sobre isso: Deus, eu podia dizer com empírica certeza, era uma palavra.

Caso eu duvidasse de minha sanidade mental, procuraria a palavra "Deus" em qualquer dicionário e a encontraria. Se isso não bastasse, eu poderia ir a qualquer lugar do mundo e perguntar às pessoas à minha volta se elas conheciam o conceito de um ser espiritual supremo, um deus. Quem poderia negar que, em algum momento da vida, não considerou a existência de algum elemento espiritual do universo? Que adulto funcional nunca contemplou o conceito de uma força ou de um ser transcendental? Nem mesmo um ateu poderia fazer tal afirmação.

Então, Deus era uma palavra, uma palavra que representava o conceito de uma força ou um ser transcendental. Além disso, esse era um conceito para o qual todas as culturas, desde o início de nossa espécie, mesmo as mais isoladas, tinham um símbolo ou uma palavra.

E o que a ciência tinha, exatamente, a dizer sobre palavras? Por exemplo, qual era sua origem? A mente humana. Mas "mente" parecia um termo ambíguo. Em quase todos os textos religiosos e filosóficos, eu sempre encontrara alusões a uma dicotomia mente/corpo, com a implicação de que os dois eram entidades separadas, dois agentes distintos. A mente sugeria que a consciência possuía certa qualidade transcendental. Permitia a existência, em nós, de um componente espiritual. Como a ciência nunca confirmara a existência de tal componente, eu simplesmente usaria a palavra "cérebro". A ciência não podia verificar a mente, mas podia verificar o cérebro. Do mesmo modo que fazíamos com um coração ou um rim, víamos o cérebro como cem por cento isento de espírito, puramente físico, orgânico e mecânico por natureza.

Então, Deus era uma palavra que, como todas as palavras, tinha sua origem no funcionamento do cérebro humano. Quando não existiam humanos, não existiam palavras. Ora, se o cérebro era, por natureza, estritamente biológico, e a palavra "Deus" tivera nele sua origem, então, talvez, o conceito de Deus estivesse, de alguma maneira, também intrinsecamente ligado a nossa natureza biológica. Seria o conceito de Deus um produto do processamento cognitivo inerente a nossa espécie, a manifestação de um modo "inerente" de percepção? Seria possível que a solução do problema da existência de Deus não estivesse "lá fora", mas, ao contrário, enterrada em algum lugar nos recessos do cérebro humano?

A única coisa que eu podia dizer agora, com certeza empírica, era que Deus era uma palavra que, como todas as outras, tinha sua origem no cérebro humano. Isso significava que o único fato que eu tinha a respeito da natureza da existência de Deus vinha não de algo de "fora" que eu percebera, mas de algo gerado dentro, mais especificamente do funcionamento de um órgão físico, o cérebro e não apenas do meu cérebro, mas do cérebro de quase todas as pessoas de todas as culturas, desde o surgimento de minha espécie.

Tentando decidir que rumo dar a essa noção, lembrei-me da posição mantida pela ciência de que, se um comportamento é universal para uma dada espécie – ou, no caso dos humanos, para todas as culturas –, ele muito provavelmente representa uma característica inerente a essa espécie, isto é, uma característica geneticamente herdada. E, tão certo quanto todas as culturas humanas falam um idioma ou se reproduzem sexualmente, todas elas praticam a religião em conjunção com uma crença em alguma forma de realidade espiritual. Isso, então, significaria que nossa percepção de um reino espiritual – de um Deus – também representa a conseqüência de uma característica geneticamente herdada? Se fosse isso, como eu poderia provar?

# 6

# Padrões universais de comportamento

"É universalmente reconhecido que há uma grande uniformidade entre as ações dos homens, em todas as nações e épocas, e que a natureza humana permanece ainda a mesma em seus princípios e operações. Os mesmos motivos sempre produzem as mesmas ações."

DAVID HUME

"Analisarei as ações e os apetites dos homens como se fosse uma questão de linhas, planos e sólidos."

BARUCH SPINOZA

"Precisamos olhar bem de perto para estudar os homens, mas, para estudar o homem, devemos olhar de longe."

JEAN-JACQUES ROUSSEAU

Qualquer característica física que seja universalmente compartilhada por todos os indivíduos de uma determinada espécie muito provavelmente representa uma característica geneticamente herdada. Por exemplo, o fato de todas as borboletas-monarca terem exatamente o mesmo padrão de cores nas asas sugere que essa coloração e o desenho devem estar "escritos" na planta genética da espécie – em seus genes. De que outra forma explicaríamos a uniformidade das asas de uma monarca? É possível acreditar que todas as borboletas-monarca têm o mesmo padrão intrincado por alguma vasta coincidência, como se elas pudessem nascer com qualquer combinação de cor e desenho em suas asas, mas que, por puro acaso, sempre são todas iguais? Dificilmente! Assim como não é por coincidência que todos os peixes têm guelras e todos os gatos têm bigodes, também não é por coincidência que as borboletas-monarca têm o mesmo desenho elaborado e o mesmo padrão de cor nas asas. Essas características únicas das monarcas existem como resultado de informações codificadas nos genes da espécie.

Isso pode ser dito de todas as características universais apresentadas por qualquer espécie. Seja falando das asas de uma borboleta, da cauda de um rato ou do cérebro de um humano, podemos dizer que cada uma dessas características físicas emerge como resultado das informações armazenadas nos genes da espécie. Assim, podemos dizer que, como regra, para cada característica física comum nos membros de uma determinada espécie existem genes responsáveis pelo seu aparecimento.

Essa regra não se aplica apenas a características físicas, como também a funções universais. Por exemplo, todos os humanos têm cabelos. O fato de o crescimento de cabelos representar uma característica universal de nossa espécie sugere que isso represente uma característica geneticamente herdada. Como o crescimento de cabelos é uma função, isso implica que nossa espécie possui um conjunto determinado de genes que instruem nossos corpos em desenvolvimento a criar alguns pontos fisiológicos específicos, num mecanismo pelo qual é gerado o crescimento de cabelos. Neste caso em particular, esses pontos são representados por nossos folículos capilares. A menos que acreditemos que os cabelos brotam de nossa pele num passe de mágica, veremos que é necessário existir algum mecanismo fisiológico responsável pela produção de cabelos.

Isso sugere que, para cada função universal – seja a capacidade de um organismo de sentir cheiros, ouvir, ver, respirar, ingerir, digerir, reproduzir-se etc. –, duas hipóteses precisam ser verdadeiras: a primeira é que, para cada função herdada, deve existir algum ponto fisiológico específico ou um conjunto de pontos que geram essa função; e a segunda é que deve existir algum gene ou um conjunto de genes responsáveis pelo aparecimento desses pontos fisiológicos que desempenham a função.

De acordo com a ciência da sociobiologia, o princípio acima também pode ser aplicado a comportamentos universais. Tomemos como exemplo os movimentos da planária, uma criatura pertencente ao filo dos vermes de corpo achatado, os platielmintes. As planárias não têm cérebro, mas vários cordões nervosos longitudinais que correm por toda a extensão de seus corpos minúsculos até uma cabeça para onde esses nervos convergem. Essa aglomeração de nervos não é chamada de cérebro, mas de gânglio cefálico, constituindo um sistema nervoso central relativamente simples.

As planárias têm uma distinta tendência de mover o corpo de uma maneira que a cabeça sempre se volta na direção de uma fonte de luz, um fenômeno chamado fototaxia. Como todas as planárias têm esse específico comportamento fototático, isso significa que essa é uma característica universal da espécie.

Há três possíveis razões pelas quais as planárias reagem à luz desse modo específico. A primeira é que todas as planárias viram-se para a luz porque outros membros de sua espécie as ensinaram a fazer isso. Em outras palavras, talvez a fototaxia seja um comportamento aprendido. O problema com essa explicação é que, se separarmos uma planária das outras no momento de seu nascimento, permitirmos que ela chegue à idade adulta e depois a colocarmos num espaço com uma fonte de luz num canto, ela se virará naquela direção. Isso deixa claro que a espécie não precisa aprender o comportamento fototático.

A segunda possível razão de as planárias voltarem-se para a luz é fazer isso porque querem – é algo que fazem por livre-arbítrio. Como não sabemos o que uma planária está "pensando", não podemos saber se esse é o caso ou não. De qualquer maneira, se as planárias tivessem a capacidade de tomar decisões livres e voluntárias, quais são as chances de todas elas, sem exceção, sempre optarem por esse mesmo comportamento, e, mais importante, o tempo todo? Não seria razoável presumir que algumas poderiam optar por virar-se na direção contrária à luz, mesmo que apenas de vez em quando? Podemos acreditar que todas as planárias têm essa mesma propensão por uma vasta coincidência, como se cada indivíduo da espécie tivesse livre-arbítrio, podendo, certo dia, mudar de idéia e começar a virar a cabeça na direção contrária à luz? Mais uma vez, altamente improvável. O fato de todas as planárias sempre se virarem para a luz leva-me a acreditar que não se trata de um caso de livre-arbítrio nem de coincidência.

A terceira possível razão de todas as planárias apresentarem essa reação fototática é que em seu gânglio existem conexões neurais geneticamente herdadas que compelem cada membro da espécie a reagir à luz dessa maneira particular, o que significa que o comportamento fototático representa um reflexo herdado.

Então, em qual dessas três possibilidades devemos acreditar? Por mais incríveis que as duas primeiras possam parecer, não podemos basear uma teoria estritamente no processo de eliminação. Para afirmarmos que as planárias se viram para a luz porque estão geneticamente programadas para fazer isso precisamos de uma confirmação positiva.

As planárias fazem essa proeza fototática movendo o corpo continuamente, até que os dois receptores de luz – que chamamos de olhos – situados na região cefálica, ou cabeça, sejam igualmente estimulados. Nos experimentos feitos com essa espécie, descobriu-se que "se duas luzes igualmente brilhantes, separadas por um pequeno espaço, são colocadas perto de uma planária, o animal se orientará na direção de um ponto entre os dois focos de luz, conseguindo assim estímulo igual para os dois olhos".[4] O fato de os movimentos de uma planária poderem ser manipulados de tal maneira e com tanta consistência atesta que sua fototaxia representa a conseqüência de um reflexo gerado fisiologicamente, não por sua vontade ou por coincidência.

Mais uma prova que apóia a explicação neurobiológica da fototaxia das planárias é que, de acordo com o artigo "Rhodopsin like proteins in planarian eye and auricle: detection and function analysis", publicado no *Journal of Experimental Biology*, quando retirou-se uma proteína específica do tipo rodopsina do gânglio cefálico da planária, o animal deixou de reagir à luz. Ainda mais revelador: alguns dias mais tarde, quando essa proteína se regenerou, o reflexo fototático da criatura foi restaurado. Com base nessa observação, concluiu-se que "proteínas do tipo rodopsina nos olhos funcionam como fotorreceptores para o comportamento fototático".[5]

O fato de que o comportamento da planária pode ser reduzido a processos químicos confirma que esse organismo reage à luz não por vontade própria, nem porque aprendeu a comportar-se assim, mas como resultado de uma reação fisiológica a um estímulo específico, completamente involuntária, ou seja, um reflexo. Assim como podemos acionar eletricamente um dispositivo mecânico para virá-lo para a luz, a natureza* aciona as planárias com essa mesma propensão. Isso indica que comportamentos universais representam características geneticamente herdadas. Assim como as borboletas-monarca herdam o desenho único de suas asas, as planárias herdam seu reflexo fototático.

E se aplicássemos esse mesmo princípio a espécies mais evoluídas? Vejamos, com outro exemplo, que todas as colônias de abelhas constroem seus favos de mel no mesmo padrão hexagonal, sem importar se já tiveram contato com outra colônia ou não. Quando larvas são removidas de suas colônias e criadas em condições artificiais, ainda assim, ao tornarem-se adultas, criam seus favos na mesma forma hexagonal. Se aplicarmos às abelhas o mesmo princípio que usamos para as planárias, isso implicaria

*Quero deixar claro que, quando me refiro à natureza como uma força de mudança evolucionária, não pretendo dar a isso nenhuma conotação de consciência, vontade, inteligência, percepção ou intenção. Só uso a palavra como uma metáfora para as leis da termodinâmica, para os princípios físicos aos quais toda matéria e energia estão inexoravelmente ligadas e que, assim, determinam tudo o que existe no universo físico desde o momento de sua concepção. Embora os defensores do design inteligente acreditem que o universo é complexo demais para ser resultado de uma série de acidentes físicos e que deve haver uma entidade consciente que supervisiona tudo e interfere em todos os acontecimentos, eu não compartilho dessa idéia baseada puramente na fé e que não tem nenhuma base na ciência.

em que as abelhas constroem suas colméias juntando hexágonos como resultado de um reflexo geneticamente herdado.

Subindo a escada filogenética, o que diríamos a respeito do fato de todos os peixes esgana-gato executarem a mesma dança em ziguezague, específica da espécie, como parte de seu ritual de namoro e reprodução? Para confirmar a natureza inata desse comportamento, o etólogo R. A. Hinde conduziu uma série de experimentos nos quais esgana-gatos recém-nascidos foram criados em completo isolamento, sem nenhum contato com outros membros de sua espécie. Antes de construir um ninho para sua futura companheira, o esgana-gato macho livra a área de toda potencial competição, enxotando todos os outros machos, que são identificados pela barriga vermelha. Hinde descobriu que "os esgana-gatos machos, criados no isolamento, atacam um modelo feito de madeira, com a barriga pintada de vermelho, embora nunca tenham visto um esgana-gato macho antes".[6]

Como outro exemplo de reflexo embutido, podemos citar o caso da gaivota-argêntea. Uma gaivota-argêntea regurgita instintivamente o alimento que tem no papo quando o filhote pede, bicando seu bico, para ser alimentado. A fim de estudar a natureza inerente desse comportamento, o vencedor de prêmio Nobel, etólogo Niko Tinbergen, mostrou a alguns filhotes de gaivota recém-nascidos cabeças de gaivota feitas de papelão, para ver qual delas provocava a maior reação. Observou que, de todos os modelos, o mais picado pelos filhotes era o que apresentava o bico mais longo, fino e vermelho, característico de uma gaivota-argêntea adulta. O que tornou isso particularmente revelador foi o fato de que os filhotes nunca viram uma gaivota adulta, confirmando que eles traziam geneticamente a informação que os capacitava a reconhecer um membro adulto de sua espécie, algo semelhante ao que acontece com um bebê humano, que tem a capacidade inata de reconhecer e sugar o seio materno. Isso sugere que em algum lugar do cérebro de um filhote de gaivota-argêntea existem conexões neurais que o compelem a exibir esse comportamento. Poderíamos dizer que as gaivotas-argênteas têm no cérebro uma parte "que bica". Se essas conexões forem cortadas, é improvável que elas sejam capazes de usar esse reflexo.

Indo um pouco mais acima na escada filogenética, o que dizer sobre todos os gatos miarem? Um gatinho afastado de sua mãe e criado em isolamento ainda assim miará, sugerindo que miar é um reflexo herdado. Isso pressupõe que os gatos têm no cérebro uma parte "que mia". Desativada essa série de conexões neurais, provavelmente o gato perderá a capacidade de miar. Isso sugere que os gatos devem possuir genes "de miar" que são responsáveis pelo aparecimento dessas conexões neurais que formam a parte "de miar" de seu cérebro.

Chegando aos primatas, o que deduzir sobre o fato de todos os gorilas da montanha terem os mesmos comportamentos específicos de sua espécie nas brincadeiras e nos rituais de acasalamento e reprodução, nas técnicas de procurar alimento e de criar os filhos, na exibição de ameaça ou submissão, isso para falar de apenas algumas de suas tendências universais? Como é possível que todos aqueles bandos pertencentes a essa espécie – quer tenham sido expostos uns aos outros ou não – entreguem-se aos mesmos comportamentos? Vamos acreditar que essa espécie tenha poderes paranormais e que seus membros comuniquem telepaticamente seus comportamentos a outros bandos pelas planícies? Ou acreditaremos que, sendo todos os gorilas da montanha da mesma espécie, possuem os mesmos genes e, assim, são compelidos a comportar-se da mesma maneira? Assim como todas as planárias voltam-se para a luz, todos os gorilas apresentam os mesmos comportamentos característicos de sua espécie quando brincam, se acasalam ou buscam comida. Isso significa que o comportamento dos primatas, de modo similar ao das planárias, das abelhas, das gaivotas-argênteas e dos gatos, resume-se como conseqüência de uma série de reflexos herdados? Como diz William Keeton:

> Devemos, então, considerar os reflexos como unidades comportamentais fundamentais? Em certo sentido, sim, e é verda-

> deiro que não existe diferença entre simples reflexos e reações mais complexas. Entre o mais simples dos reflexos e o mais complicado caminho neural existem todos os estágios intermediários concebíveis. É possível olhar o mais complexo comportamento como resultado de uma intrincada interação entre muitos reflexos enormemente complexos.[7]

Suponhamos que subimos a escada filogenética até chegar ao *Homo sapiens*. Os mesmos princípios biológicos que se aplicam a qualquer outra forma de vida não devem se aplicar também ao animal humano? Bem, a ciência os aplica e tem notado um grande número de padrões de comportamentos universais em nós, humanos, que nesse caso são chamados de padrões gerais de comportamentos culturais, comportamentos que são exibidos de alguma forma por todas as culturas desde o surgimento de nossa espécie. Ralph Linton expressou essa noção com grande eloqüência:

> A unanimidade essencial, pela qual o padrão cultural universal é aceito, sugere que isso não é mero artefato de classificação artificial, mas que repousa sobre base sólida. Essa base não pode ser buscada na história, na geografia, na raça ou em nenhum outro fator porque o padrão universal vincula todas as culturas conhecidas, simples e complexas, antigas e modernas. Pode, então, ser buscada apenas na natureza biológica fundamental do homem e nas condições universais da existência humana.[8]

Se todas as planárias viram-se para a luz, elas devem ser geneticamente programadas para fazer isso. Se todos os gorilas da montanha executam os rituais de acasalamento específicos de sua espécie, eles também devem ser programados geneticamente para se comportar assim. Queiramos acreditar ou não, nós, os humanos, também somos animais. Desse modo, qualquer lógica que se aplique a todas as outras criaturas da Terra deve aplicar-se a nós também. Se um comportamento é universalmente exibido em todas as culturas humanas, é provável que constitua um instinto geneticamente herdado.

Observemos, por exemplo, que os humanos de qualquer cultura expressam as emoções de sofrimento, medo, agressão e alegria com as mesmas expressões faciais.* Para exprimir um sentimento de alegria, todos os humanos mostram uma expressão facial a que nos referimos como sorriso. Até mesmo os cegos de nascença, que nunca viram outra pessoa, sorriem quando alegres, confirmando assim a natureza reflexiva dessa fundamental expressão humana. O fato de todos os humanos exprimirem alegria exatamente da mesma maneira sugere que, assim como as planárias, que procuram a luz, todos os humanos expressam seu estado emocional por reflexos involuntários, geneticamente herdados.

Com isso em mente, vamos investigar alguns outros padrões gerais de comportamentos culturais mais complexos, evidentes no animal humano, e que existem na sociedade humana desde o surgimento de nossa espécie. Alguns desses padrões incluem o arranjo em grupos afins; a aplicação de restrições sexuais; rituais de nascimento, puberdade, casamento e morte; atos de comemoração, luto e namoro; tabu do incesto; regras sobre herança; desmama; educação dos filhos; higiene; obstetrícia; diferenças de status; divisão e colaboração de trabalho; organização comunitária; desenvolvimento de códigos legais e sanções penais; fabricação de ferramentas; comércio; culinária; o costume de dar presentes; pilhérias; uso de nomes pessoais; jogos e esportes; dança; canto; adoração religiosa; criação de instrumentos musicais; adornos para o corpo; o uso de calendários; cálculo; crença em magia e no sobrenatural; medicina; governo; linguagem.

Isso significa que nossa espécie é geneticamente predisposta a adotar comportamentos aparentemente abstratos, como a aplicação de mate-

*Como exceção a essa regra, pessoas que nascem com uma disfunção do giro fusiforme, aquela parte do cérebro de onde se origina nossa capacidade de distinguir expressões faciais, não possuem essa capacidade expressiva.

mática, linguagem, música ou até mesmo religião? É possível que tais comportamentos existam como conseqüência de um impulso ou instinto geneticamente herdado? Vamos examinar a linguagem, por exemplo. Antropólogos culturais e lingüistas concordam que em todas as culturas humanas a comunicação é feita por intermédio de uma linguagem falada. Como todos nós possuímos essa capacidade lingüística, presumimos que ela representa uma característica geneticamente herdada de nossa espécie. Isso indica que existam locais fisiológicos em nós onde é gerada essa capacidade. Sugere, ainda, que devemos ter o que poderíamos chamar de genes da linguagem, responsáveis pelo aparecimento das partes de linguagem no cérebro.

Então, de onde se origina a inteligência lingüística? Do coração, dos rins, do fígado? Claro que não. Como todas as capacidades cognitivas, a da linguagem origina-se do cérebro. Como sabemos disso? Sabemos porque temos provas físicas.

No cérebro humano – e só no cérebro humano – existem estruturas específicas responsáveis pela geração da nossa capacidade de linguagem. Tais estruturas incluem a área de Broca, a área de Wernicke e o giro angular. O giro angular é a parte de nosso cérebro que recebe uma informação sensorial, como o perfume de uma flor, o gosto de um limão ou o som de um sino, e depois liga essa informação a um correlato verbal, ou "palavra". Por exemplo, quando sentimos o perfume de uma rosa, nosso giro angular, induzido pelo perfume, lembra a palavra "rosa". Assim, o giro angular age como um arquivo lingüístico do cérebro, é onde ficam guardadas todas as palavras que aprendemos para definir nossas experiências sensoriais.

A área de Wernicke, localizada no lobo temporal do cérebro, desempenha papel fundamental na compreensão da linguagem, retirando a palavra lembrada do giro angular e processando-a para que possamos compreender seu sentido. A partir daí, a área de Broca, que controla os músculos do rosto, a mandíbula, o palato e a laringe, permite que nossas palavras sejam faladas fisicamente.

E como sabemos que esses órgãos existem? Sabemos disso porque, em casos em que houve dano físico em qualquer um desses locais, observou-se um efeito direto sobre alguma parte específica da capacidade de linguagem da pessoa. Tais disfunções de linguagem são conhecidas como afasias. Um dano causado à área de Wernicke, que é essencial para a compreensão, pode afetar a habilidade de uma pessoa compreender o sentido de palavras que anteriormente compreendia. Em alguns casos, o dano pode ser tão específico que a pessoa não compreende uma palavra quando a ouve, mas é capaz de compreendê-la quando a lê. Às vezes, uma avaria na área de Wernicke pode produzir uma fala que, embora fluente, é sem sentido.

Um dano na área de Broca, que controla a pronúncia, causará prejuízo da fala, de modo que a articulação das palavras poderá tornar-se mais lenta, difícil ou completamente impossível, dependendo da extensão da avaria. Em alguns casos, o dano pode ser tão específico que, embora a pessoa seja capaz de pronunciar "saltador", não consegue pronunciar "salto", por exemplo. Como podemos ver, dependendo da parte dos centros de linguagem que foi afetada, a pessoa sofrerá uma disfunção de linguagem específica.

Assim como uma planária terá sua reação fototática afetada se retiramos uma parte específica de seu gânglio, uma pessoa terá sua reação lingüística afetada se uma parte específica de seus centros de linguagem for retirada ou danificada. Assim como o comportamento de uma planária pode ser reduzido a processos eletroquímicos, o mesmo aparentemente acontece em nossa espécie.

Tudo isso demonstra que existem em nosso cérebro áreas fisiológicas muito específicas que são responsáveis por nossas capacidades específicas de linguagem e fala. Da mesma forma como todos temos dois olhos, cinco dedos em cada pé e um coração, também temos um giro angular. E como essas áreas fisiológicas aparecem em nós? Por informações armazenadas em nossos genes. Temos genes que instruem nosso corpo em formação a desenvolver um coração na cavidade torácica e, do mesmo modo, genes que instruem o corpo a desenvolver um giro angular no cérebro.

Assim como nossa capacidade de falar e compreender foi-nos passada pelos genes de nossos pais, nós a passaremos a nossos próprios descendentes. Em outras palavras, características cognitivas não são diferentes das características físicas quanto ao fato de seu repasse de geração para geração, através da transmissão de material genético.

As características físicas básicas, como cor dos olhos ou da pele, são predeterminadas por herança genética, e o mesmo acontece com nossa inerente capacidade de linguagem. Sendo essa capacidade geneticamente concebida, é muito provável que isso seja verdadeiro quanto a todas as nossas tendências culturais.

E a música, como outro exemplo de comportamento cultural de nossa espécie? Nenhuma planta, nenhum inseto, peixe, gato, cachorro ou mesmo chimpanzé usa alguma parte do corpo ou vários materiais para criar uma combinação rítmica de sons. Os humanos, no entanto, são capazes disso. Na verdade, todas as culturas humanas já existentes demonstraram capacidade para a música. Isso significa que uma criação musical, que tanto nos inspira, pode existir como efeito de um reflexo geneticamente herdado? É possível que o talento de Mozart represente a conseqüência física de ele ter nascido com genes "musicais" especiais? Talvez, porque, se a música de fato representa uma característica cultural geral de nossa espécie, isso significaria que deve existir uma parte "musical" do cérebro de onde essa capacidade deriva. Mas que provas há para apoiar tal noção? De acordo com o musicólogo John Blacking:

> Há tanta música no mundo que é razoável supor que ela, como a linguagem e, possivelmente, a religião, seja uma característica específica da espécie. Processos fisiológicos e cognitivos que geram composição e execução musicais podem até ser geneticamente herdados e, assim, apresentar-se em quase todo ser humano.[9]

É consenso geral que toda cultura humana, desde o surgimento de nossa espécie, tem produzido alguma forma de música. "A música existe em todas as culturas até hoje descobertas."[10] Isso quer dizer que, se eu começar a bater palmas de modo ritmado perto de uma pessoa de qualquer cultura, existe a grande possibilidade de ela ter tanto a tendência e quanto a capacidade de juntar-se a mim. Como sabemos, isso não é algo que eu conseguiria com uma planta, um inseto, um peixe, um gato ou qualquer outro animal. Expressar-se musicalmente é, portanto, uma capacidade exclusivamente humana.

Além do fato de que a música emergiu de todas as culturas, que outra prova temos para apoiar a idéia de que nosso cérebro pode ter uma parte "musical"? Tomemos a habilidade conhecida como ouvido absoluto que algumas pessoas têm, sendo capazes de determinar o tom exato de cada som que ouvem. Mas isso não pode ser aprendido. Essa é uma capacidade inata, a pessoa nasce com ela.

O que dizer dos portadores da síndrome de Savant, pessoas com habilidades musicais incríveis que possuem um déficit mental para quase tudo mais, pessoas que, por exemplo, depois de ouvir uma sonata inteira de Beethoven pela primeira vez, são capazes de se sentar ao piano e tocar a mesma peça, nota por nota, em andamento perfeito, mas que não conseguem amarrar os cordões dos sapatos? Valorizamos grandemente o talento musical como uma das marcas de genialidade e inspiração humanas. Quanto aos "savantistas", porém, o que eles fazem será um ato inspirado de genialidade ou algo mais mecânico, talvez a conseqüência de um instinto geneticamente herdado, um reflexo sofisticado? Se criamos máquinas capazes de tocar música, porque seria tão difícil acreditarmos que a natureza poderia ter-nos habilitado a fazer o mesmo?

E o que dizer do fato de as pessoas sofrerem de afasia musical, ou seja, a perda de alguma habilidade musical específica causada por dano físico ocorrido no cérebro? Depois de sofrer um derrame, um compositor pode perder a habilidade de escrever música, e um músico, a habilidade de tocar um instrumento. Isso indica que, assim como acontece com a linguagem, a habilidade musical deve estar integralmente vinculada a nossa estrutura neurofisiológica.

E quanto ao fato de que a música pode nos afetar fisiologicamente? "A música pode estimular emoções intensas, genuínas, causando desde uma felicidade extática até uma inundação de lágrimas."[11]

Também revelador é o fato de todos os povos tenderem a interpretar certos temas musicais da mesma maneira, não importando suas origens culturais. Quem, por exemplo, vindo de qualquer cultura, descreveria uma marcha de John Philip Sousa como calmante e tranqüila, em vez de combativa, triunfante ou jubilosa? O fato de que pessoas de diferentes culturas sentem e interpretam os mesmos estímulos musicais da mesma maneira não sugeriria que a consciência musical representa parte inerente da fisiologia de nossa espécie?

Demonstrou-se que certas combinações de sons acionam ataques epilépticos, e esse é outro fenômeno que apóia a idéia de que nossa capacidade musical tem base fisiológica. "A epilepsia musical demonstra de modo convincente que a música tem efeito direto sobre o cérebro."[12]

Sem usarmos argumentos mais profundos em apoio à idéia da existência de uma parte do cérebro que é musical, podemos dizer que existem evidências suficientes que sugerem que nossa capacidade para a música está diretamente ligada a nossa fisiologia cerebral. Isso significa que a música e a linguagem representam duas maneiras pelas quais o cérebro humano processa informações inerentemente, duas das muitas maneiras pelas quais nossas estruturas fisiológicas determinam de que modo nossa espécie interpreta a realidade.

Depois de conseguir o que julgava ser uma prova adequada de que comportamentos culturais gerais representam os efeitos de impulsos geneticamente herdados, decidi que estava na hora de aplicar esse mesmo princípio à propensão cultural geral de acreditar em uma realidade espiritual. Assim como todas as culturas desde o surgimento de nossa espécie têm percebido o mundo musicalmente e lingüisticamente, todas elas também o têm percebido espiritualmente.

Era, então, possível que os humanos houvessem realmente herdado sua inclinação, comum a todas as culturas, para perceber uma realidade espiritual? Era nossa crença em conceitos universais, como um deus, uma alma, uma vida após a morte, a conseqüência de um instinto geneticamente herdado, um reflexo? E mais, se temos tal instinto, ele não deve emergir de algum lugar fisiológico específico que, talvez, possamos chamar de uma parte espiritual, ou parte divina do cérebro?

# LIVRO II

# Introdução à bioteologia

---

"O coração tem razões que a própria razão desconhece. Percebemos isso em mil coisas. Digo que o coração ama naturalmente o ser universal."

PASCAL

"Parece que a existência de Deus dispensa explicação. Há coisas que dispensam explicação, porque o conhecimento delas está naturalmente implantado em nós."

TOMÁS DE AQUINO

"A predisposição para a crença religiosa é a força mais complexa e poderosa da mente humana e, com toda probabilidade, uma parte irradicável da natureza humana."

E. O. WILSON

# 7
# A função "espiritual"

"Todas as civilizações que já existiram foram enraizadas na religião e na busca de Deus."[13]

IVAR LISSNER

Todas as gerações de todas* as culturas humanas, por mais isoladas que fossem, tiveram e têm a capacidade de falar e compreender uma língua. Isso sugere que em nossos cromossomos existam genes dos quais emerge nossa capacidade lingüística. Enquanto nos desenvolvemos no útero materno, é papel desses genes de "linguagem" instruir nosso corpo em desenvolvimento a criar conexões neurofisiológicas especiais que um dia constituirão aqueles locais de onde se origina nossa capacidade lingüística. Na verdade, para todos os comportamentos que são universais para uma espécie, devem existir genes que incentivem o desenvolvimento de locais neurofisiológicos de onde esses comportamentos se originam.

E se aplicássemos esse mesmo princípio à espiritualidade humana? Assim como todas as culturas humanas demonstraram propensão para desenvolver um idioma, todas demonstraram claramente propensão para

*Eu gostaria de qualificar o uso da palavra "todas" quando me refiro a "todas as culturas do mundo". Mais precisamente, refiro-me a todas as culturas que têm sido observadas e documentadas pelos mais proeminentes antropólogos. No entanto, é preciso salientar que existiram muitas culturas, agora extintas, que nunca foram analisadas por um observador externo, que nunca foram documentadas apropriadamente e que, portanto, não podem ser levadas em conta. Embora a maioria das sociedades humanas possa ser englobada nessa suposição, não estou sugerindo que não seja possível que tenham existido anomalias culturais ao longo de nossa história que desafiaram tais regras da natureza humana.

desenvolver uma religião e uma crença numa realidade espiritual. De acordo com o vencedor do prêmio Pulitzer E. O. Wilson:

> A crença religiosa é um dos comportamentos humanos universais, assumindo forma reconhecível em todas as sociedades, desde as tribos que subsistiam de caça, pesca e pilhagem, até as repúblicas socialistas. Seus rudimentos remontam, no mínimo, aos altares de ossos e ritos funerários do homem de Neanderthal.[14]

Como afirmado por homens como Carl Jung, Joseph Campbell e Mircea Eliade, todas as culturas do mundo, desde o alvorecer de nossa espécie, mantêm uma interpretação dualista da realidade – todas elas percebem a realidade como constando de duas substâncias, ou reinos distintos: o físico e o espiritual. De acordo com esse fato, objetos pertencentes ao reino físico são vistos como tangíveis, corpóreos, e podem ser empiricamente experimentados ou validados, isto é, vistos, tocados, degustados, cheirados ou ouvidos. Objetos desse reino estão sujeitos às forças físicas de mudança, isto é, nascimento, morte, deterioração, e são, conseqüentemente, percebidos em estado de constante fluxo, são temporais, fugazes.

Por outro lado, nossa espécie também percebe a existência de um reino espiritual. Como esse reino transcende a natureza do universo físico, material, as coisas do espírito são imunes a suas leis de mudança, morte e deterioração. O que existe no reino espiritual é, então, percebido como permanente, fixo, eterno.

Uma confirmação da característica comum a todas as culturas, no que tange à interpretação dualista que o homem faz da realidade, é que cada cultura, desde o início de nossa espécie, mantém a crença na existência de espíritos guardiões a que nos referimos como deuses. De acordo com o Dr. Herbert Benson: "Não conhecemos nenhuma civilização que não tivera fé em Deus, ou em deuses."[15] Homem, o animal musical, o animal matemático, o animal lingüístico, e também o animal espiritual. Se é verdade que os comportamentos culturais gerais representam características geneticamente herdadas, não seria plausível presumirmos que isso também se aplica à propensão de nossa espécie em acreditar em uma realidade espiritual? O fato de todas as culturas humanas, mesmo as mais isoladas, acreditarem na existência de um reino espiritual não sugeriria que tal percepção deve constituir uma característica inerente a nossa espécie, um reflexo?

Se herdamos nossas crenças e inclinações espirituais, isso não derivaria de termos genes por meio dos quais esse instinto de acreditar seria passado de uma geração para a seguinte? E mais: se herdamos nossa propensão em acreditar numa realidade espiritual, não existiria em nós algum local fisiológico de onde essas percepções, sensações e cognições "espirituais" seriam geradas? Uma vez que todas as percepções, sensações e cognições têm sua origem no cérebro, o mesmo deve ser verdadeiro quanto à consciência "espiritual". Em conseqüência, se acreditar em uma realidade espiritual representa uma característica comum a todas as culturas, isso implica que possuímos uma função com base neurofisiológica, ou a que nos referimos informalmente como a parte "Deus" do cérebro.

# Jung

Quando comecei a explorar a possibilidade de termos herdado nossa inclinação espiritual, descobri que havia outros que se empenharam anteriormente em busca semelhante, e que eu poderia tomar emprestado algo de seu trabalho e de sua pesquisa. Dos estudos conduzidos por todos eles, foi o do psicólogo analítico Carl Jung que considerei mais pertinente. De todas as contribuições de Jung, porém, foi a teoria do "inconsciente coletivo" que julguei mais aplicável.

O mentor de Jung, Sigmund Freud, introduziu o conceito de um consciente e de um inconsciente pessoais. De acordo com Freud, o consciente pessoal representa os pensamentos, sentimentos, lembranças e desejos dos quais estamos conscientes. Sob a camada do consciente pessoal, há uma camada mais profunda, representada pelo inconsciente de um indivíduo. Ainda de acordo com ele, nossos impulsos ou instintos, os componentes de nossa personalidade, as lembranças de experiências na infância, recordações reprimidas e outros conflitos íntimos residem, todos, em nosso inconsciente pessoal. Embora possamos não estar cientes desses elementos, eles desempenham um papel importante em tudo o que fazemos, dizemos e pensamos. Para Freud, o consciente e o inconsciente pessoais representavam os dois principais componentes na base de todo o comportamento humano.

Jung continuou de onde Freud parou – algo pelo que, dizem, Freud nunca o perdoou –, sugerindo que existia uma camada de consciência humana ainda mais profunda do que a do inconsciente pessoal. Jung sustentava que, por baixo do inconsciente pessoal, funcionando como seu alicerce, existia o que ele chamava de inconsciente coletivo.

De acordo com Jung, enquanto o consciente e o inconsciente pessoais derivam de nossas experiências pessoais, o inconsciente coletivo forma-se por percepções, componentes e comandos que herdamos, constituindo parte integral da experiência consciente compartilhada por todos os membros de nossa espécie. Enquanto o conteúdo de nosso inconsciente pessoal emerge de nossa experiência e desenvolvimento pessoais, o conteúdo de nosso inconsciente coletivo constitui aquela parte de nós que foi criada durante o desenvolvimento de nossa espécie, sendo, assim, comum a toda a humanidade. O inconsciente coletivo, então, existe como parte de nossa natureza inerente e "seu conteúdo é o mesmo em toda parte e em todos os indivíduos. É, em outras palavras, idêntico em todos os homens e constitui um substrato psíquico comum de natureza suprapessoal que está presente em cada um de nós e que existe desde os tempos mais remotos".[16]

Ao contrário do filósofo John Locke, que acreditava que nascemos como uma tábula rasa, uma lousa em branco, esperando que nossas experiências nos moldassem e definissem, Jung, assim como Kant, defendia que nascemos com um conjunto pré-programado de modos de percepção e parecia estar dirigindo sua busca para respostas internas, para a natureza da consciência humana.

Jung chegou a muitas de suas conclusões baseado em estudos comparativos que fez a respeito das várias mitologias do mundo. Essas mitologias, ele descobriu, consistiam de compilações similares de fábulas, lendas e contos com fundo moral que existem em todas as culturas desde o surgimento de nossa espécie. Por meio da mitologia, cada cultura codificou suas normas sociais e espirituais, seus rituais, costumes, padrões éticos e crenças. Jung não apenas concluiu que todas as culturas têm uma mitologia, como também que todas contêm semelhanças notáveis. Encontrou temas comuns nos escritos de cada uma das culturas que estudou: Velho e Novo Testamentos dos judeus e cristãos; Avesta, de Zaratustra; lendas escandinavas; sagas islandesas; Corão dos islâmicos; Livros dos Mortos, egípcio e tibetano; *Teogonia,* de Hesíodo; *Ilíada* e *Odisséia,* de Homero; *Eneida,* de Virgílio; sagas celtas; textos em escrita cuneiforme urartiana (Armênia); Kojiki (crônicas dos mestres antigos) ou Nihongi (as *Crônicas*), dos japoneses; contos babilônicos; mitos ugaríticos da Palestina e da

Síria; Shi Ching (Livro da História), dos chineses; o Rig Veda hindu, Mahabharata e Ramayana; o budismo Theravada; mitos de várias culturas da África, Polinésia, Américas Central e do Sul; os manuscritos dos alquimistas medievais.

Por ter encontrado similaridades nos mitos de todas as culturas, Jung concluiu que a essência deles originava-se de algum substrato psíquico inerente, compartilhado por toda a nossa espécie. A isso, ele deu o nome de inconsciente coletivo. Nossa espécie, aparentemente, tinha um impulso que não apenas incentivava cada cultura a criar sua própria mitologia, como também lhes oferecia os mesmos temas universais. Jung referia-se a esses temas comuns como arquétipos. Devido à natureza universal dos arquétipos, Jung postulava que nossa espécie possuía uma função religiosa inerente.

> Pelo estudo dos arquétipos do inconsciente coletivo, achamos que o homem possui uma função religiosa e que isso o influencia de uma maneira tão poderosa quanto o faz o instinto de sexualidade e agressão. O homem primitivo ocupa-se com a expressão dessa função, com a formação de símbolos e a criação de uma religião tanto quanto se ocupa com o cultivo da terra, a caça, a pesca e a satisfação de suas outras necessidades básicas.[17]

Inspirado pelas teorias de Jung, principalmente por sua sugestão de que os humanos possuem o que ele chamou de "função religiosa natural", agora, mais do que nunca, eu sentia que os seres humanos devem, de fato, herdar sua suscetibilidade espiritual. A principal diferença entre minha interpretação e a de Jung, no entanto, era que, enquanto ele considerava a consciência humana como uma função da mente, eu a via como uma função do cérebro. Se com a mente havia a possibilidade de existir algum componente intangível, transcendental, em nós, com o cérebro isso não acontecia. Enquanto os defensores da mente percebiam a cognição como uma função de uma alma, um espírito dentro da máquina, os defensores do cérebro consideravam a cognição como uma função da neurofisiologia da pessoa, um reflexo mecânico.

Com base no que as ciências neurofisiológicas me ensinaram – ciências que não estavam disponíveis no tempo de Jung –, eu adotara uma abordagem mais racional, mecanicista, ou seja, científica, da sensação, da percepção, da emoção e da cognição humanas, isto é, do conteúdo da consciência.

E se aplicássemos essas ciências neurofisiológicas não apenas à consciência, porém, mais especificamente, à noção de Jung a respeito do inconsciente coletivo? E se fosse possível aplicar a biologia ao inconsciente coletivo e reduzi-lo a processos neuroquímicos? E se o que Jung chamava de função religiosa natural pudesse ser explicada como uma predisposição geneticamente herdada? Eu agora achava que, com a aplicação das ciências neurofisiológicas, seria possível construir uma interpretação puramente mecanicista – científica – da espiritualidade humana, assim como de Deus.

## Crenças e práticas espirituais universais

> "A história da religião – da mais primitiva à mais altamente desenvolvida – é constituída de um grande número de realidades sagradas."[18]
>
> MIRCEA ELIADE

Enquanto eu pesquisava as várias culturas do mundo – cada uma delas com suas crenças e práticas únicas –, tornou-se evidente que todas mantiveram uma interpretação dualista da realidade, que todas a perceberam como sendo composta de dois lados distintos: o físico e o espiritual. Se, de fato, houvesse prova substancial para sustentar o argumento de que a crença espiritual é verdadeiramente universal, de acordo com os princípios da sociobiologia, seria altamente provável que nós, como espécie, somos "programados" dessa maneira. Então, quão dominante é a crença espiritual e religiosa? Existem amplas evidências que possam sugerir que tudo seja parte de um reflexo herdado?

O modo universal pelo qual percebemos uma realidade espiritual manifesta-se nas crenças e práticas comuns a todas as culturas. Por exemplo, todas as culturas têm expressado uma crença em forças ou seres sobrenaturais. Isso se torna evidente pelo fato de que todas demonstram uma tendência a orações, atos de adoração e súplica a esses seres, mais comumente chamados de deuses, um conceito para o qual têm um símbolo ou uma palavra. Isso é ainda sustentado pelo fato de todas as culturas erguerem locais dedicados à adoração, onde os membros de sua comunidade podem reunir-se para orar a seus deuses. Seja uma mesquita muçulmana, uma igreja católica, uma sinagoga judaica, um templo dos antigos astecas, gregos ou egípcios, um santuário xintoísta, um zigurate babilônico ou um templo budista, cada cultura tem construído edifícios com o propósito específico de servir de local para oração e adoração. Tais locais constituem evidências físicas de que todas as culturas têm conservado a crença na existência de uma realidade espiritual.

Além disso, todas as culturas criaram obras de arte religiosa. Os primeiros exemplos são as pinturas em cavernas, que datam do período paleolítico, do ano 40000 a.C. ao 12000 a.C., aproximadamente. Essas primeiras pinturas, muitas vezes, representam uma caçada na qual vários animais estão cobertos por ferimentos feitos com lança, realçadas com ocre avermelhado. Como as figuras eram pintadas umas sobre as outras, acredita-se que elas eram renovadas com propósitos mágicos e religiosos para que a caça perseguida fosse morta. Na forma escrita, todas as culturas têm exposto suas crenças espirituais por meio de escrituras e pela mitologia. Na verdade, os sumérios, que criaram um dos primeiros sistemas de comunicação escrita, cerca de 2800 a.C., na forma de inscrições conhecidas como cuneiformes, tinham entre os primeiros símbolos um sinal – *an* – que significava céu, no sentido de paraíso. Que todas essas culturas criaram tangíveis obras de arte e textos é mais uma evidência de que o animal humano de qualquer cultura percebe uma realidade espiritual e acredita nela.

Além disso, todas as culturas do mundo mantêm a crença de que os humanos possuem um componente espiritual que existe dentro de nós, a que nos referimos como "alma", outro conceito para o qual todas as culturas criaram um símbolo ou uma palavra. "A alma é um conceito universal."[19] De acordo com a crença universal em uma alma, os humanos se vêem como compostos de uma combinação de matéria e espírito. Enquanto percebemos que nossos corpos são constituídos de matéria, ao mesmo tempo percebemos a consciência como constituída de espírito, uma substância intangível a que nos referimos como alma. Dessa maneira, projetamos nossa percepção dualista da realidade em nossa própria existência.

Assim como entendemos que as coisas que consistem de espírito são indestrutíveis, eternas, entendemos que nossa alma possui esses mesmos atributos. Em conseqüência, acreditamos que, em virtude de nossas almas, nós – nossos seres conscientes – somos também eternos. Como resultado, acreditamos que, embora nosso corpo um dia irá perecer, nosso ser espiritual – espírito ou alma – permanecerá por toda a eternidade. É essa crença universal em uma alma que dá aos seres humanos seu senso de imortalidade. Nas palavras do sociólogo Branislaw Malinowski:

> Por meio da religião, o homem afirma sua convicção de que a morte não é real, nem o fim, e que somos dotados de uma personalidade que persiste até mesmo depois da morte.[20]

Todas as culturas acreditam em uma alma imortal, o que fica evidente pelo fato de elas expressarem a crença em uma vida após a morte, "uma crença em uma existência nova, continuada ou transformada depois da morte, tem sido encontrada em todas as culturas e civilizações".[21] Seja Céu, Purgatório, Inferno, Valhala, Niflheim, Nirvana, Tártaro, Campos Elíseos, Hades, esquecimento, reino dos mortos, terra espiritual – Te Reinga –, jardim místico, paraíso, reencarnação ou transmigração da alma, todas as culturas, do Oriente e do Ocidente, têm expressado a crença de que nosso ser espiritual, ou alma, sobrevive à morte do corpo físico.

Essa crença universal em uma vida após a morte é fisicamente manifestada nos rituais funerários praticados por todas as culturas. Nessa prática universal, o corpo da pessoa falecida é descartado – geralmente enterrado, embora haja outros meios – com um ritual que tem como objetivo encaminhar o espírito do morto para um outro plano. Muitas culturas enterram seus mortos com certos objetos para facilitar a transição do espírito deste mundo para o outro, o que é mais uma prova da crença dessas culturas de que nosso ser consciente permanece após a morte física.

Enquanto o enterro representa o último de uma série de rituais comuns a todas as culturas, pelos quais santificamos nossa existência diante de nossos deuses, um ritual de nascimento introduz o recém-nascido em sua comunidade espiritual. Exemplos de tais ritos incluem a circuncisão, praticada por judeus e muçulmanos, o batismo dos católicos, o ritual dos aborígines australianos, que balançam a criança através da fumaça purificadora de uma fogueira feita com lenha de *konkerberry*. Como o antropólogo cultural Mircea Eliade relata em sua notável obra *O sagrado e o profano*: "Quando nasce uma criança, ela tem apenas uma existência física. Não é ainda reconhecida pela família, nem aceita pela comunidade. É somente em virtude desses rituais executados imediatamente após o nascimento que ela é integrada à comunidade dos vivos."[22]

Depois do nascimento, outro momento de transição na vida no contexto espiritual acontece na forma de um ritual de iniciação, que geralmente ocorre no período da puberdade e representa a passagem da infância para a idade adulta, tendo como objetivo consagrar um indivíduo diante de seus deuses como membro responsável da comunidade espiritual. Seja por meio do Bar Mitzvah judaico, da cerimônia da Kota congolesa de pintar o rosto, da Crisma – ou Confirmação – católica, do batismo na adolescência da Igreja Batista ou da cerimônia Sannya dos hindus, todas as culturas executam um ritual para celebrar a introdução de seus jovens membros na comunidade como adultos. Usando os termos de Jung para expressar a natureza cultural global desse ritual, o autor Anthony Stevens escreveu em seu livro *On Jung*: "A comparação entre ritos do mundo inteiro sugere que esses rituais de iniciação têm uma estrutura arquetípica, pois os mesmos padrões e procedimentos básicos são universalmente aparentes."[23]

Depois de iniciados na comunidade espiritual, os membros de sexos opostos unem-se com a finalidade da procriação. Tais uniões, em todas as culturas, são endossadas espiritualmente por um ritual de casamento.

Todas as culturas também têm uma certa forma de classe sacerdotal, formada por um indivíduo ou um grupo cuja função é a de agir como intermediário comunitário entre o mundo material e o espiritual. Seja o sacerdote chamado de xamã, padre, rabino, suami, ensi, iogue, oráculo, místico, médium, papa, califa ou imame, todas as culturas têm um deles, ou um grupo, ou casta, cujo papel é servir como orientador e líder espiritual.

Mais ainda, todas as culturas atribuem uma natureza mágica, sagrada, ou sobrenatural – espiritual – a certos locais, a que Mircea Eliade refere-se como a tendência de nossa espécie a acreditar na noção de espaço "sagrado". Por exemplo, todas as culturas atribuem uma natureza sagrada a locais chamados de santuários, como o Túmulo dos Patriarcas, a pedra Kaaba, Delfos, as pirâmides, o dakhma de Caim, o rio Ganges, Belém ou um templo budista, cada um deles representando centros de peregrinação e adoração por causa de seu significado e dos valores espirituais que simbolizam.

Da mesma maneira, as culturas também têm objetos que consideram sagrados. Totens, relíquias, amuletos, talismãs, seja qual for o nome que recebam, todos são exemplos de objetos físicos que, de acordo com as respectivas crenças, contêm alguma essência do plano espiritual: a hóstia e o vinho da Eucaristia; o cachimbo da paz do cerimonial Calumet, dos nativos americanos; os cabelos do profeta Maomé; o dente sagrado de Buda; fragmentos da cruz de Cristo; um mezuzah; um gris-gris africano; uma ametista ou um cristal dos espiritualistas da Nova Era. São todos objetos materiais a que se atribuem qualidades mágicas ou "espirituais". Que as culturas tenham elevado objetos físicos à qualidade de sagrados comprova o fato de que elas conservam a crença na existência de uma realidade espiritual.

Do mesmo modo, todas as culturas têm expressado a crença na existência de forças espirituais/transcendentais/sobrenaturais que guiam e influenciam tudo o que acontece em nosso mundo. Isso se torna evidente devido a nossa crença em sorte, carma, kismet, destino, sina, predestinação. Tais conceitos demonstram nossa consciência de que existem forças transcendentais que influenciam tudo o que ocorre no universo material. Assim também acontece com os comportamentos supersticiosos que vemos em todas as culturas. Acreditar, por exemplo, que certos gestos, como cruzar os dedos, bater na madeira, atirar sal por cima do ombro ou usar certos amuletos, como um crucifixo ou um pé de coelho, podem trazer sorte é, em essência, a crença de que podemos alterar o curso do destino apelando para alguma força sobrenatural.

Outro comportamento comum a todas as culturas que comprova a tendência inerente ao ser humano de acreditar em uma realidade espiritual é a necromancia, a crença de que podemos nos comunicar com os espíritos dos mortos. Isso coincide com a tendência de nossa espécie em acreditar em fantasmas, encarnações fantasmagóricas de pessoas que já morreram.

A crença universal da humanidade em um elemento espiritual evidencia-se também no fato de todas as culturas tenderem a associar o sentimento de culpa a um contexto religioso. Embora possamos nos sentir culpados por coisas que fizemos a outras pessoas, todas as culturas exibem uma preocupação a respeito de como suas ações serão julgadas por seus deuses. Isso fica claro pela variedade de atos de arrependimento e penitência, por meio dos quais os indivíduos de todas as culturas procuram redimir-se de crimes cometidos contra seus deuses. Tais crimes são conhecidos como pecados, um outro conceito para o qual todas as culturas criaram uma palavra.

Evidência física de comportamento penitente é manifestada por vários ritos de sacrifício em que os indivíduos fazem oferendas a seus deuses na esperança de ganhar sua simpatia, obter misericórdia ou perdão. Praticamos tais atos de penitência porque acreditamos que por isso seremos recompensados por nossos deuses tanto nesta vida assim como na outra, depois da morte.

Para dar um exemplo conciso de como alguns dos sentimentos de culpa e arrependimento têm sido expressos na literatura sagrada das culturas, vou citar um trecho do texto sumério *Os conselhos da sabedoria*:

> Adore seu deus todos os dias, com sacrifício e oração, apropriadamente acompanhados de oferendas de incenso. Apresente sua oferta espontaneamente a seu deus, pois isso é o certo. Ofereça-lhe preces diárias, suplique, prostre-se, e terá sua recompensa. Então, estará em completa comunhão com seu deus. Reverência angaria favor. Sacrifício prolonga a vida, e a oração expia a culpa.

## O argumento a favor de uma função espiritual

> "Se a humanidade evoluiu pela seleção natural de Darwin, foram o acaso genético e a necessidade ambiental que fizeram as espécies, não Deus."[24]
>
> E. O. WILSON

Todas as culturas praticam uma crença na existência de um reino espiritual, de um Deus ou deuses, uma alma e uma vida após a morte. É estranho que percebamos a realidade com essa mesma tendência espiritual, que tenhamos crenças similares e as expressemos por ritos e práticas similares. Devemos acreditar que isso é resultado de alguma enorme coincidência ou é possível que sejamos compelidos a manter tais crenças e práticas por causa de uma série muito sofisticada de reflexos ou instintos?

Da mesma maneira que as planárias têm a tendência de se voltarem para a luz, o fato de todas as culturas humanas tenderem a acreditar numa realidade espiritual sugere uma dentre três possíveis razões. A primeira é que todas as culturas podem ter concebido os mesmos conceitos espirituais por uma vasta coincidência. Isso seria o mesmo que acreditar que as planárias comportam-se do mesmo modo também por coincidência. As duas possibilidades são igualmente improváveis.

A segunda possível razão para todas as culturas compartilharem as mesmas crenças e práticas básicas é que, no início de nossa espécie, os conceitos de plano espiritual, deus, alma e vida após a morte foram criados por alguns indivíduos inspirados, cujas idéias inovadoras foram passadas verbalmente de uma geração para a seguinte, enquanto nossa espécie espalhava-se pelos continentes, disseminando esses conceitos por todas as culturas do globo. Isso implicaria que nossa crença cultural universal numa realidade espiritual representa um comportamento aprendido em vez de herdado.

O problema com essa possibilidade é que, por nossa espécie ter se espalhado pelo globo, torna-se altamente improvável que crenças ou comportamentos aprendidos chegassem a todas as comunidades, inclusive às mais remotas, e que permanecessem tão tenazmente em todas elas. Comportamentos aprendidos, ao contrário dos herdados, vêm e vão como o vento. Por exemplo, apesar dos inúmeros idiomas que apareceram e desapareceram ao longo da história de nossa espécie, o impulso de criar uma língua é uma constante entre as culturas. Estou sugerindo que o mesmo acontece com as religiões e crenças espirituais. Embora muitos sistemas de crenças espirituais – religiões – tenham surgido e desaparecido no decorrer da história, o impulso espiritual/religioso* permanece como uma constante. Do mesmo modo, embora inúmeros rituais, práticas e crenças religiosas tenham aparecido e desaparecido, a crença fundamental em um plano espiritual, em espíritos, seres sobrenaturais, deuses e vida após a morte permaneceu. São essas crenças que representam a base de todas as religiões do mundo. É apenas o modo como elas se ma-

---

*Eu gostaria de fazer uma observação sobre a diferença entre dois impulsos humanos: a religiosidade e a espiritualidade. O impulso religioso nos compele à prática de comportamentos ritualísticos, como freqüentar uma igreja e aceitar seus costumes e normas. Funciona, então, como um adaptador social, que serve para nos prover um conjunto comum de crenças, valores e motivações, reforçando a dinâmica de grupo. É necessário que nós, como organismo social, mantenhamos uma ideologia comum para sustentar a estratégia de sobrevivência de força numérica – biofísica básica. Mais: o impulso religioso não apenas sustenta a dinâmica de grupo, como também dá ao indivíduo o necessário senso de propósito e comunidade.

De modo diferente, o impulso espiritual gera um estado alterado de consciência, que evoca sentimentos de reverência, serenidade e êxtase. Como somos "programados" para atribuir uma natureza espiritual a tudo – inclusive nossas próprias experiências –, tendemos a interpretar esse estado alterado como evidência de uma realidade divina ou transcendental. Da mesma forma que certos costumes religiosos – contemplação, canto, oração e rituais – podem causar uma experiência espiritual, os impulsos religiosos e espirituais trabalham simultaneamente para alimentar nossa fé em um deus, assim como na Igreja. No entanto, embora esses dois impulsos sejam integralmente relacionados, são diferentes um do outro e não coincidem necessariamente. É por essa razão que uma pessoa altamente religiosa – devotada à doutrina e aos rituais de uma Igreja – pode ser totalmente incapaz de ter uma experiência espiritual. De modo inverso, uma pessoa pode ser altamente espiritual sem ser religiosa.

nifestam que está constantemente mudando e evoluindo. O fato de essas crenças básicas continuarem persistentemente em todas as culturas, em circunstâncias ambientais e históricas tão diferentes, leva-me a acreditar que, aqui também, como no caso da linguagem, existe alguma força fisiológica em funcionamento.

Tomemos, por exemplo, nossos sentimentos de angústia ou tristeza. Por que todos os humanos expressam esses sentimentos da mesma maneira? Por que todos os humanos choram? Ninguém precisa ser ensinado a derramar lágrimas, quando lamenta a morte de um ente querido. Isso é algo que fazemos naturalmente, é um reflexo. Mas vamos supor por um momento que chorar fosse um comportamento aprendido. Suponhamos que alguém precisasse nos ensinar a chorar como um meio de expressar sofrimento. Se fosse o caso, não seria provável que uma cultura – apenas uma – se desviasse de seus ensinamentos originais e inventasse outros meios de expressar esse sentimento? Se chorar fosse um comportamento aprendido, seria altamente improvável que todas as culturas sobre a Terra, até os dias de hoje, continuassem a expressar sofrimento da mesma exata maneira. De modo análogo, esse princípio pode ser aplicado a nossas crenças e práticas espirituais universais.

Se espiritualidade e religiosidade não são aprendidas, isso nos deixa uma última possibilidade: nossas tendências universais tanto a espiritual quanto a religiosa, representam uma característica inerente a nossa espécie, geneticamente herdada. Isso significa que nascemos predispostos a acreditar numa realidade espiritual. Se for assim, devemos possuir locais neurofisiológicos de onde vêm nossas percepções, sensações e impulsos espirituais. E, ainda, se possuímos tais locais em nosso cérebro, eles emergem como resultado de informações armazenadas em nossos genes, portanto, os humanos têm o que podemos chamar de genes espirituais.

Essa interpretação genética sugere que a crença religiosa representa parte inerente à natureza humana e que aparece em todas as culturas com a mesma determinação de todos os outros instintos que herdamos. O sociobiólogo Robin Fox expressou essa mesma idéia em sua obra *The Cultural Animal*, tecendo hipóteses sobre a natureza e o desenvolvimento de uma sociedade de crianças criadas em total isolamento, declarando:

> Não duvido que as crianças pudessem falar e que, teoricamente, com o tempo, elas ou seus descendentes inventassem e desenvolvessem uma língua, apesar de nunca terem aprendido nenhuma. Essa língua, embora totalmente diferente de qualquer outra que conhecemos, poderia ser analisada pelos lingüistas e traduzida para todos os idiomas conhecidos. Mas eu iria ainda mais longe. Se nossos novos Adão e Eva sobrevivessem e procriassem – ainda totalmente isolados de qualquer influência cultural –, com o tempo produziriam uma sociedade que teria leis sobre propriedade, regras sobre incesto e casamento, tabus, um sistema de classes sociais, práticas de conquista amorosa – incluindo o adorno das mulheres –, dança, esquizofrenia, homossexualidade, cerimônias de iniciação para os jovens do sexo masculino, mitos, lendas e crenças a respeito do sobrenatural e práticas a ele relacionadas.[25]

Imaginem que fôssemos estudar dez colônias de abelhas completamente isoladas umas das outras, todas construindo seus favos no mesmo padrão hexagonal. Depois de ver isso, diríamos que tal comportamento representa um exemplo de abelhas com "vontade própria", e que todas fazem suas colméias da mesma exata maneira por pura coincidência? Ou, então, diríamos que elas, como espécie, são neurofisiologicamente "programadas" para construir suas colméias assim, isto é, fazem isso por causa de um reflexo geneticamente herdado? Todas as abelhas usam a forma hexagonal na construção de suas colméias porque optaram por esse modelo ou porque são programadas para fazer isso? Neste caso, acho que concordaríamos que elas constroem suas colméias dessa maneira idêntica como resultado de um impulso fisiológico e que, em algum ponto de seu cérebro, existem certas conexões neurais que as compelem a agir desse modo.

Com isso em mente, por que, pergunto, deveríamos achar que nossos comportamentos universais são diferentes do das abelhas? Como escreveu o fundador da ciência da sociobiologia, E. O. Wilson: "Os mesmos princípios da biologia populacional e da zoologia comparativa, que explicam tão bem os rígidos sistemas dos insetos sociais, poderiam ser aplicados, ponto por ponto, aos animais vertebrados." Se queremos fazer algum progresso em alcançar a compreensão de nossa natureza física, não devemos estudar a nós mesmos com a mesma objetividade com que estudamos todas as outras criaturas da Terra? Se um grupo de alienígenas estudasse nossa espécie, o que eles pensariam depois de observar cerca de 100 mil anos em que a maioria de nós descarta-se de seus mortos ritualisticamente, enterrando-os em um buraco no chão? Não considerariam esse comportamento como a expressão de um instinto? Não o veriam da mesma maneira que vemos o modo universal como todas as planárias se viram para a luz ou como todos os gatos miam? Esses alienígenas não concluiriam que enterrar os mortos deve representar uma característica inerente a nossa espécie, o efeito de um impulso geneticamente herdado ou instinto?

Da mesma forma como as planárias são "programadas" para voltarem-se para a luz, a humanidade é "programada" para voltar-se para um deus ou deuses. Por esse impulso ser de natureza cognitiva, deve originar-se de uma parte ou de partes do cérebro. Portanto, devem existir conexões neurais específicas de onde se originam nossos comportamentos, cognições, percepções e sensações espirituais/religiosas. Isso sugere que, se essas conexões fossem cortadas ou alteradas, ocorreria um efeito direto sobre a consciência espiritual da pessoa. Por exemplo, se essas partes do cérebro fossem alteradas cirurgicamente, o indivíduo perderia seu senso de consciência espiritual. Nunca mais ele teria uma experiência espiritual. Nunca mais sentiria a presença confortadora de uma força – ou entidade – espiritual protetora. Nunca mais se sentiria compelido a orar, a procurar uma força ou ser transcendental em busca de orientação ou ajuda. Da mesma maneira que uma pessoa pode desenvolver uma afasia lingüística ou musical, acho que uma afasia espiritual também é possível. Por exemplo, quando um padre sofre da doença de Alzheimer, ele não perde, juntamente a outras capacidades, seu senso de consciência espiritual? Podemos acreditar que essa pessoa, que não consegue mais se alimentar ou ir ao banheiro sozinha, será capaz de orar ou de pregar o Evangelho com lucidez? A consciência espiritual, aparentemente, está tão integralmente vinculada a nossas estruturas neurofisiológicas quanto qualquer outra de nossas capacidades cognitivas.

Oferecendo prova física em apoio a essa noção de que os humanos podem sofrer afasias espirituais ou religiosas, o psicólogo canadense Michael Persinger descobriu que "uma das principais diferenças entre os 19% de estudantes do ensino médio que tiveram experiências religiosas antes da adolescência e os outros era a presença de um ferimento na cabeça, ou pelo menos um desmaio durante a infância".[26]

Em reforço à descoberta de Persinger, o Dr. Arnold Sadwin, como chefe de neuropsiquiatria do hospital-escola da Universidade da Pensilvânia, encontrou pessoas que começavam a apresentar distúrbios de personalidade relacionados à religião depois de sofrer um golpe na cabeça – o que é conhecido como psicossíndrome orgânica. Em sua pesquisa, Sadwin descobriu indivíduos que, depois de sofrerem um ferimento na cabeça, exibiam mudanças distintas em suas atitudes e comportamentos religiosos. Em alguns casos, pessoas que, antes do acidente, eram extremamente religiosas, depois tornaram-se indiferentes a questões de religião. Por outro lado, Sadwin também encontrou indivíduos que eram indiferentes à religião e que depois de sofrerem um ferimento na cabeça, de repente, tornaram-se hiper-religiosas, orando obsessivamente a Deus e expressando sentimentos e impulsos religiosos intensos.

O mais polêmico de tudo, supondo-se que tal hipótese genética/neurofisiológica seja correta e que a espécie humana seja "programada" para acreditar num mundo espiritual, é a idéia de que Deus não existe em lugar algum "lá fora", além e independentemente de nós, mas somente como produto de uma percepção herdada, a manifestação de uma adaptação evolucionária que existe exclusivamente no cérebro humano. Se é verdade, isso implica que não existe nenhuma realidade espiritual, que não há Deus ou deuses, alma, vida após a morte. Sob essa luz, tais conceitos espirituais existem apenas como manifestações da maneira particular pela qual nossa espécie foi "programada" para perceber a realidade. Assim, a humanidade não pode mais ser vista como produto de Deus, ao contrário, Deus deve ser visto como produto da cognição humana.

Kant propôs que herdamos consciência temporal e espacial, e eu estou sugerindo que herdamos nossa consciência espiritual-religiosa. Assim como ele sugeriu que nascemos com percepções temporais e espaciais, meios pelos quais nossa espécie é "programada" para interpretar a realidade, proponho que a espiritualidade represente um outro modo inerente de percepção. Isso significaria que nossas percepções espirituais, como todas as outras, não são representantes de nenhuma verdade absoluta, mas que existem simplesmente como conseqüência da maneira como nossa espécie é programada para interpretar a realidade.

Essa função espiritual não apenas age para transformar nossa percepção da realidade, como também parece sobrepor nossa capacidade de raciocínio crítico. O fato evidencia-se por todas as culturas acreditarem na existência de uma realidade espiritual, embora não haja provas físicas que a confirmem. Algo bastante estranho para uma espécie de céticos como a nossa. Falando de modo geral, os seres humanos tendem a acreditar tão somente no que os sentidos físicos lhes revelam. A menos que possamos ver, sentir, degustar, cheirar ou tocar alguma coisa, tendemos a duvidar de sua existência. No entanto, nossas crenças espirituais representam uma exceção a essa regra. Como não existem provas físicas que confirmem a existência de uma realidade espiritual, aparentemente nossas crenças e percepções espirituais originam-se não de informações dadas por fontes externas recebidas por intermédio de nossos sentidos físicos, mas de informações que vêm de dentro de nós.

Por exemplo, se eu dissesse a uma pessoa "comum", de qualquer cultura do mundo, que há elefantes cor-de-rosa invisíveis pairando no ar a nossa volta, ela riria de mim, caso não me encaminhasse para uma avaliação psiquiátrica. A pessoa teria essa reação porque minha informação estaria contradizendo tudo o que seus sentidos físicos lhe revelavam. Mas, se eu dissesse a essa mesma pessoa que o espírito de Deus ou de um morto pairava a nossa volta, muito provavelmente ela estaria mais inclinada a acreditar em mim, embora seus sentidos físicos não lhe revelassem nada. Pareceria, então, que existe uma parte de nosso cérebro que corrompe nossas percepções e reações emocionais de tal modo que nos compele a sentir forças sobrenaturais a nossa volta. Que nós, de todas as culturas, tenhamos essa propensão, sugere que devemos ser neurofisiologicamente programados dessa maneira.

Repetindo, se aplicarmos o princípio de que comportamentos culturais gerais representam os efeitos de impulsos herdados, isso sugerirá que os seres humanos são geneticamente predispostos ou programados para: acreditar nos conceitos de realidade espiritual, Deus ou deuses, alma e vida após a morte; orar para essas forças invisíveis e adorá-las, conduzir funerais ritualisticamente, com a expectativa de uma continuidade da vida; realizar ritos religiosos/espirituais para celebrar ocasiões como nascimento, iniciação, casamento e morte; ter experiências "místicas". Isso ainda implicaria que, para cada cognição, percepção ou sensação "espiritual" culturalmente universal que experimentamos, exista algum lugar físico específico no cérebro do qual elas se originam. Assim, qualquer dano causado a esses locais alteraria ou incapacitaria as cognições, percepções ou sensações deles originadas. Em resumo, tal hipótese indica que todos os nossos comportamentos, cognições, percepções e sensações são manifestações de impulsos herdados, originados de conexões neurais no cérebro e que, desse modo, não indicam nenhuma verdadeira realidade espiritual.* Mas por que, alguém poderia

*Embora ninguém nunca tenha provado que não existe uma realidade espiritual, tal hipótese sem dúvida apóia a possibilidade de que alguma deve de fato existir. Na verdade, é impossível provar que qualquer força ou ser imaginários não existam. Como, por exemplo, pode alguém provar que invisíveis elefantes cor-de-rosa não existem? Só porque nunca vimos um, isso não prova que eles não existam. Dessa forma, a mera tentativa de refutar a existência de um ser fantástico é um esforço vão. Devemos aceitar o princípio de que o ônus da prova reside na confirmação da existência de alguma coisa, não na de sua não-existência.

perguntar, se todas as culturas têm os mesmos impulsos "espirituais" inerentes instalados nelas, existem tantas religiões diferentes? Embora todos nós tenhamos no cérebro as mesmas regiões de onde se originam nossas capacidades lingüísticas, cada cultura – com base em seu conjunto único de circunstâncias históricas e ambientais – desenvolve sua própria identidade lingüística, ou o que chamamos de idioma.

De maneira análoga, embora todos tenhamos regiões cerebrais de onde se originam nossos impulsos espirituais, cada cultura – com base em seu conjunto único de circunstâncias históricas e ambientais – desenvolve sua própria identidade espiritual, ou o que chamamos de religião. Dando uma condição sagrada a um conjunto de pessoas, lugares, objetos e costumes, cada sociedade desenvolve sua própria religião. Então, a religião representa o meio social pelo qual nossos impulsos religiosos e espirituais ganham forma e expressão. Desse modo, a compulsão de criar uma religião, com todos os seus códigos, costumes e comportamentos rituais, representa o próprio e distinto impulso da sociedade.*

Similar ao modo como os diferentes idiomas compartilham as mesmas regras fundamentais de estrutura e sintaxe, as diversas religiões compartilham as mesmas crenças fundamentais. Apesar de as culturas acreditarem em deuses distintos, todas acreditam na existência de forças sobrenaturais, em algum ente transcendental. Mesmo que as culturas mantenham sua visão própria sobre o que existe após a morte, acreditam em uma continuidade. Novamente, apesar de todos possuirmos os mesmos "genes" espirituais, a mesma função espiritual, as circunstâncias ambientais e históricas enfrentadas pelas distintas culturas fizeram-nos desenvolver mitologias e religiões próprias.

---

*Uma das principais funções do impulso "religioso" é regular a compulsão que temos de nos dedicar a repetidos atos ritualísticos. Portanto, é possível que os distúrbios obsessivo-compulsivos constituam uma disfunção desse mesmo impulso. Em sua forma mais saudável, o impulso de nos empenharmos em um comportamento ritualístico repetido serve para reforçar nossos sistemas de crenças espirituais, promover vínculo social e dar sentido e estrutura a nossa vida. Com a disfunção desse impulso, no entanto, somos compelidos a praticar compulsivamente uma série repetida de atos e gestos ritualísticos sem sentido.

Isso talvez ajude a explicar, por exemplo, por que culturas do norte, como a escandinava, incorporaram animais nativos, como ursos, lobos e baleias, em suas religiões, e povos do deserto, como os antigos egípcios, incorporaram chacais, falcões, crocodilos e serpentes.

Presumindo que a espiritualidade representa o produto do impulso geneticamente herdado, tenho de perguntar: por que teríamos desenvolvido tal característica? Que pressão ambiental levou as forças da evolução a dar tal característica aparentemente abstrata, como a crença espiritual, a nossa espécie? Como todas as características servem para aumentar a capacidade de sobrevivência de uma espécie, de que modo uma função espiritual faria isso pela nossa? Por que apenas nossa espécie tem tal característica?*

A não ser que eu pudesse explicar com base lógica por que essa função espiritual evoluiu em nós, seria impossível justificar sua existência.

*Exceto pelo homem de Neanderthal, com seus simples altares de ossos e rituais funerários, nenhuma outra espécie deu-nos razão para acreditar que tenha consciência espiritual, como acontece com a nossa. Contudo, outros têm argumentado que essa é uma afirmação presunçosa, uma vez que não temos meios de saber o que um outro animal pensa. Como podemos saber, com certeza, que nenhuma outra espécie percebe uma realidade espiritual ou acredita em um deus? Concordo em que, embora não possamos conhecer os pensamentos de uma outra espécie, observando seu comportamento, nenhum outro animal deixou-nos razões para acreditarmos que possui consciência espiritual. Quando, por exemplo, aconteceu de cachorros reunirem-se diante de uma elevação que haviam construído e curvarem a cabeça, num gesto que poderia sugerir um ato de deferência ou um momento de prece? Quando foi que um chimpanzé esculpiu ou desenhou uma imagem de alguma força ou ser imaginário ou espiritual? Que outras espécies, além dos já mencionados Neanderthals, que eram nossos primos filogenéticos, enterravam seus mortos de maneira ritualística, indicando que tinham noção de alguma forma de vida após a morte? É pelo comportamento de um animal que obtemos a compreensão do funcionamento interior de sua experiência consciente, e nenhum, além de nós, deu-nos motivo para acreditar que possua algo semelhante a uma consciência espiritual.

# 8

# A análise racional

> "Tudo o que existe é racional."
>
> HEGEL

Tudo o que existe é racional. Toda causa tem seu efeito, todo efeito tem sua causa. Em essência, nada acontece sem uma razão. Como esse axioma aplica-se a tudo o que existe, deve aplicar-se também a todas as várias formas de vida, inclusive a nossa.

Aplicando-o a características humanas específicas, desde nossa visão estereoscópica até nossos polegares opositores, concluímos que deve haver uma razão para elas aparecerem em nós. Como a força propulsora por trás de toda evolução é a preservação de uma espécie, cada característica deve servir para, de alguma maneira, aumentar as chances de sua sobrevivência. Isso fica evidente em todos os nossos órgãos – excluindo, naturalmente, a vértebra caudal ou cóccix, lembrete evolucionário das caudas de nossos predecessores, e o apêndice, uma relíquia do tempo em que comíamos capim, dois exemplos de partes anatômicas que perdemos porque não precisávamos mais delas. Como todas as características devem desempenhar uma função específica que serve para aumentar as chances de sobrevivência de uma espécie, e se os humanos têm locais neurofisiológicos específicos responsáveis por gerar consciência espiritual e religiosa, esses locais devem ter a mesma função.

Precisamos, então, perguntar qual é a vantagem de possuirmos consciência espiritual. Em que isso pode aumentar as chances de sobrevivência de nossa espécie? Qual é a lógica dessa característica, qual é sua razão de ser? Como acontece com todas as características, a espiritualidade humana nunca teria aparecido em nós se não tivesse algum valor adaptativo, se não servisse para favorecer a sobrevivência de nossa espécie.

Características físicas surgem em reação a alguma pressão ambiental. Por exemplo, no Ártico os lobos têm pelagem espessa porque seu ambiente "pressionou-os" a desenvolvê-la. Como nosso ambiente terrestre está em constante fluxo, a matéria orgânica – vida – é constantemente forçada a adaptar-se, para satisfazer as exigências das condições, sempre em mudança. Assim, se nós, humanos, de fato temos um mecanismo com base neurofisiológica que nos compele a acreditar em uma realidade espiritual, é imperativo que venhamos a compreender seu propósito e suas origens. Se é a pressão ambiental que força a seleção de novas adaptações, então, deve ter existido uma pressão distinta que forçou a seleção de uma cognição espiritual para nossa espécie.

No caso dos lobos do Ártico, foi a pressão exercida pelo clima frio que causou a seleção de uma pelagem mais espessa. Que pressão ambiental teria forçado a evolução de uma função espiritual em nós, da espécie humana? Por que seria vantajoso para nós acreditar em uma realidade espiritual, se ela não existe?

E, mais, o que havia de tão diferente em nossa espécie que apenas nós desenvolvemos essa característica tão incomum e abstrata? Se a natureza elimina tudo o que é supérfluo, a consciência espiritual simplesmente não evoluiria em nós se não servisse para aumentar nossa chance de sobrevivência.

# A origem da consciência mortal

"Em centenas de países, em milhares de idiomas,
a humanidade pára e estende as mãos para o alto,
agudamente consciente de sua mortalidade."

PETER MATTHIESSEN

"Não existe um único pensamento meu que a morte não tenha esculpido com seu cinzel."

MICHELANGELO

Nenhuma outra criatura da Terra tem a capacidade intelectual do *Homo sapiens*. Na verdade, a inteligência constitui a base da notável força de nossa espécie. Enquanto os peixes nadam, os pássaros voam e os felinos são velozes, nós, humanos, temos uma inteligência que nos permite mergulhar mais fundo, voar mais alto e correr mais rápido do que qualquer outra criatura. Nenhum ser – fora alguns vírus – consegue desafiar nosso domínio sobre as outras formas de vida. Tudo o que precisamos fazer para ver o espantoso poder de nossa inteligência é olhar em volta. Só nos últimos cem anos, transformamos a superfície do planeta mais drasticamente do que qualquer outra espécie conseguiu em três bilhões.

No entanto, se nossa vasta inteligência nos favoreceu, também é a fonte de nossas maiores aflições. Muito embora nossa inteligência tenha feito de nós a espécie mais versátil e, portanto, mais poderosa da Terra, essa mesma adaptação foi um tiro que saiu pela culatra, atingindo nossa espécie quase que com a mesma potência com que nos serviu. Como resultado de nossa inteligência, algo que nunca acontecera antes aconteceu no universo conhecido. Com o mesmo poder de percepção que permitiu que nossos predecessores investigassem o mundo a seu redor, o *Homo sapiens* desenvolveu a capacidade única de perceber a si mesmo. Pela primeira vez na história da vida, emergiu uma forma orgânica consciente de sua própria existência. Nenhuma outra criatura, antes de nós, fazia idéia de que a imagem que via na água da fonte onde bebia era seu próprio reflexo. Pela primeira vez, em 3,5 bilhões de anos de história, um organismo – o nosso –, de repente, adquiriu essa capacidade. Pela primeira vez na história do universo conhecido, emergira uma combinação de moléculas capaz de compreender sua própria existência.

Imaginem aqueles humanos primitivos olhando para as próprias mãos, o próprio corpo, maravilhados com o que viam e, pela primeira vez na história da vida terrestre, fazendo a pergunta decisiva: "O que sou?" Com essa capacidade de cognição, de reflexão, a espécie humana transformou-se. Em termos bíblicos, o homem mordera o fruto proibido, colhido da árvore do conhecimento.

Talvez não muito tempo depois desse relâmpago cognitivo, fomos atingidos pelo inevitável trovão: "Se eu existo, não é concebível que um dia deixe de existir?" Assim como fomos capazes de compreender nossa própria existência, tornamo-nos, simultaneamente, conscientes da possibilidade de nossa não-existência, ou seja, da morte. Com essa consciência, as rodas da vida, que haviam girado tão suavemente por bilhões de anos, entraram num beco sem saída cognitivo. A humanidade sofrera sua primeira crise existencial.

## A função da dor

> "A dor e a morte fazem parte da vida. Rejeitá-las é rejeitar a própria vida."
>
> HAVELOCK ELLIS

De acordo com Buda, a iluminação pode ser alcançada por qualquer pessoa disposta a seguir o caminho das "Quatro Verdades". A primeira dessas verdades, à qual Buda referiu-se como Dukkha, afirma que a vida é um processo de miséria e sofrimento universais. Não importa o que somos, príncipes ou mendigos, estamos todos destinados a experimentar o mesmo fatídico legado. Todos nós estamos destinados a envelhecer, a enfraquecer. Todos nós vamos perder tudo o que temos ou amamos, inclusive nós mesmos. Resumindo, estamos condenados a morrer. Tomando emprestado esse pessimista princípio budista, Freud expressou uma noção similar.

> Somos ameaçados pelo sofrimento, e a ameaça vem de três direções: de nosso próprio corpo, que está destinado à decadência e à decomposição, o que não acontece sem dor e ansiedade como sinais de alerta; do mundo externo, que pode enfurecer-se contra nós com força destrutiva, impiedosa e esmagadora; e, finalmente, de nossas relações com outros homens.[27]

Como nossa vida é incessantemente ameaçada por essas forças perigosas, a dor representa não apenas um fenômeno biológico, mas também uma necessidade biológica. De modo semelhante a todas as outras nossas características, conhecemos a dor porque ela tem uma função muito específica.

Mas o quê, exatamente, é dor? Dor é uma sensação negativa experimentada por formas orgânicas, quando receptores específicos são acionados no cérebro. Estímulos que fazem aparecer a dor geralmente indicam coisas que representam possíveis ameaças à existência de um organismo. Por exemplo, calor excessivo pode fazer mal a uma criatura ou até matá-la. É por isso que muitos animais possuem receptores sensíveis ao calor na superfície de todo o corpo. Quando esses receptores entram em contato com calor excessivo, o animal experimenta esse estímulo potencialmente perigoso como uma sensação negativa, que chamamos de dor. Sentindo o calor dessa maneira negativa, ou "dolorosa", o animal é compelido a evitar o que possa queimá-los. Se chegar muito perto do fogo, por exemplo, a sensação negativa de dor o fará recuar, assim salvando-o de algo que poderia lhe causar um dano mais sério, se não irreparável. A dor, então, representa uma adaptação evolucionária, cuja finalidade é encorajar formas orgânicas a evitar o que possa ameaçar sua existência. É essa função da dor que nos mantém sempre alertas e evita que permitamos que algo nos corte, perfure, queime, congele, ou que fiquemos desnutridos ou desidratados.

Darei, como exemplo de como a função da dor opera, a fome de um coelho. A fim de evitar que um coelho morra de fome, seu corpo envia um sinal desagradável a seu centro de controle, o cérebro, especificamente ao tálamo, de onde se origina a sensação de dor, avisando que ele precisa de nutrição. É essa sensação negativa que motivará o coelho a procurar o necessário suprimento combustível. Se essa necessidade física não for satisfeita dentro de um certo tempo, o corpo reforçará o sinal, estimulando um número maior de receptores de dor, intensificando a fome do coelho. O que antes foi sentido como um leve desconforto torna-se dor aguda. Em resumo, o corpo está mandando sinais de alarme a si mesmo, dizendo: "Alimente-me, ou morra!" A fim de livrar-se da dolorosa sensação de fome, o animal é motivado a procurar sustento – a comer. Suponhamos que ele encontre combustível, ou o que chamamos de comida. Em nossa linguagem incorreta, dizemos que ele está sentindo prazer quando finalmente faz sua refeição. Mas, se virmos isso de uma perspectiva puramente biológica, não é prazer que ele sente, mas uma diminuição de seu desconforto ou dor.

A experiência da dor não apenas aumenta as chances de sobrevivência de um animal, como também desempenha um papel importante, mantendo a preservação de uma espécie. Um outro caso de estímulo negativo para a preservação da espécie é a tensão sexual, que incita o animal a se reproduzir. Entre os mamíferos, a reprodução representa um obstáculo à sobrevivência individual, porque, tendo de cuidar da prole, o animal tem muito menos tempo para devotar-se à satisfação das próprias necessidades. Desse modo, dar filhos à luz e criá-los é um obstáculo à sobrevivência individual. Todavia, por representar um papel tão essencial na preservação de qualquer espécie, a reprodução é uma necessidade. Por essa razão, todos os animais são bioquimicamente compelidos a praticar relações sexuais. Entre os humanos, a privação sexual causa tensão física e psicológica, além de desconforto, sendo que entre os homens pode até aumentar a probabilidade de um câncer testicular. Assim, quando ocorre o alívio da tensão sexual, isso é percebido como algo prazeroso, porém, mais corretamente, representa uma diminuição da dor.

Nas "mais altas" ordens sociais animais, mais particularmente na do *Homo sapiens*, um outro exemplo de estímulo negativo ou doloroso que serve para promover o bem-estar da espécie envolve a experiência a que nos referimos como "solidão". Quando um indivíduo está sozinho, isolado da comunidade, ele é mais vulnerável. Como nenhum indivíduo é totalmente auto-suficiente, ele depende da ajuda, dos cuidados e da proteção de outros. Sozinhos, ficamos mais indefesos. No grupo, porém, ganhamos a segurança e a força trazidas por um número maior de indivíduos. Por essa razão, a natureza selecionou o estímulo negativo ou doloroso a que damos o nome de solidão, que compele o indivíduo a procurar a companhia de outros.

Um outro estímulo negativo que serve para promover o bem-estar do indivíduo, assim como da espécie, é aquele a que nos referimos como saudade, um desconforto físico experimentado quando somos separados de um ente querido. Como o amor romântico favorece a procriação, a segurança e uma eficiente criação dos filhos, é necessário que sintamos desconforto quando somos separados de nossos parceiros amorosos. Em conseqüência, embora nos sintamos felizes quando voltamos a nos reunir com um ser amado, é de fato a diminuição da saudade que estamos experimentando.*

Em resumo, é a dor que mantém as formas orgânicas vivas e intactas. A dor é o estímulo elétrico que a natureza usa para nos fazer procurar as coisas que nos beneficiam e fugir das que nos podem causar mal. Então, experimentamos dor e desconforto por alguma razão. A dor representa o principal estímulo pelo qual toda vida é levada a lutar pela sobrevivência.

*Uma equipe de pesquisadores, liderada pela antropóloga Helen Fisher, da Universidade Rutgers, está trabalhando para determinar a neuroquímica envolvida nos comportamentos de relacionamento. Fisher acredita que o apego criado entre indivíduos apaixonados é causado por mudanças no cérebro, envolvendo um grupo de neurotransmissores chamados monoaminas, que incluem dopamina, norepinefrina e serotonina. Para observar essas mudanças, Fisher submeteu casais apaixonados a uma exploração do cérebro por ressonância magnética funcional (RMF), que podia captar, de minuto em minuto, mudanças no fluxo de sangue no cérebro associadas a apego e paixão. Descobriu que, enquanto o desejo é governado por testosterona e estrogênio, o apego é governado pelos neurotransmissores oxitocina e vasopressina. Aparentemente, até o amor romântico e o apego podem ser reduzidos a processos neuroquímicos. Essa hipótese foi mais tarde confirmada, quando Andreas Bartles, da University College London, descobriu que, quando estudantes submetidos a ressonância magnética funcional viam fotos de pessoas amadas, regiões específicas do cérebro tornavam-se altamente ativas, enquanto fotos de pessoas sem importância para eles causavam um efeito muito menor. As áreas que se acendiam eram parte do córtex cingulato anterior, a ínsula medial e partes do putâmen e do núcleo caudato.

## A função da ansiedade

"Assim como a coragem põe a vida em perigo, o medo a protege."

LEONARDO DA VINCI

"Há momentos em que o medo é bom. A sabedoria adquirida por meio da dor é vantajosa."

ÉSQUILO

Nas classes "mais elevadas" de animais, particularmente a dos mamíferos, circunstâncias ameaçadoras provocam um tipo de dor que chamamos de ansiedade. A ansiedade é um tipo específico de reação dolorosa que serve para fazer com que esses animais de classe mais alta evitem circunstâncias que possam oferecer perigo.

O estômago, como órgão responsável pela digestão dos alimentos, tem receptores de dor que reagem à qualidade da nutrição que recebe. E, analogamente, o cérebro, onde todas as informações ficam armazenadas, reage à qualidade das informações que recebe. Por exemplo, um filhote de coelho aproxima o focinho do fogo pela primeira vez. A temperatura muito alta estimula os receptores de calor espalhados por sua pele. O estímulo negativo – doloroso – excita os reflexos motores e faz o coelho afastar-se do fogo. Após escapar dessa situação com apenas uma queimadura superficial, ele codificará a experiência dolorosa na forma de uma lembrança. De agora em diante, sempre que ele perceber a presença de fogo, a lembrança dessa experiência o alertará para não se aproximar. Não precisará mais passar pela dor de ser queimado, porque sua memória servirá como pára-choque contra experiências com tudo o que emitir calor excessivo.

Embora a capacidade de armazenar e usar lembranças faça com que o coelho evite o fogo, não significa que a lembrança de ser queimado seja completamente isenta de dor. A fim de lembrá-lo da possível ameaça que o fogo e o calor excessivo representam, a lembrança provocará nele o tipo de desconforto que chamamos de ansiedade. Dessa maneira, a ansiedade lhe causará certo grau de desconforto, apesar de servir para protegê-lo de sofrer dano físico real. O fato de que lembranças possam causar desconforto psicológico – ansiedade – demonstra que elas guardam tanto informações emocionais, quanto as puramente factuais. Na verdade, a memória emocional tem sido atribuída à amígdala do cérebro que, quando danificada, pode causar a perda da capacidade do indivíduo de recuperar lembranças que contêm conteúdo emocional (Le Doux, 1994).

Com essa avançada capacidade de armazenar lembranças emocionais, juntamente com a de experimentar ansiedade, um organismo não tem mais de suportar dano físico real antes de enfrentar experiências potencialmente perigosas. A ansiedade, assim, age como um dispositivo de alarme que mantém um organismo sempre alerta contra ameaças antes que elas se concretizem.

Vejamos um exemplo extremo de como a ansiedade é útil. Imagine que o coelho entra em uma caverna e vê-se frente a frente com um feroz leão-da-montanha. O perigo da situação faz com que o coelho experimente os mais dolorosos sintomas de ansiedade, todos com a finalidade de impeli-lo a escapar da ameaça. Alguns desses sintomas são taquicardia, tensão muscular, hiperventilação, tremor e transpiração, todos alertando o coelho a fugir da fonte de seu desconforto – no caso, o leão – o mais rapidamente possível. Assim, embora o leão ainda não tenha posto a pata sobre ele, o coelho já experimenta a dor da ansiedade.

Num caso como esse, em que o animal depara com uma ameaça mortal, os sintomas de ansiedade podem ser extremamente dolorosos. A ansiedade, dessa forma, serve como uma adaptação vantajosa porque incentiva um animal a reagir a situações de perigo com mais rapidez e eficiência. Se o coelho escapar das garras do leão, codificará essa experiência geradora de ansiedade na forma de lembrança. Agora, na próxima vez em que ele sair de sua toca, a lembrança da ansiedade que experimentou em seu anterior encontro com um leão-da-montanha o impedirá de chegar perto de outro. Graças a essa função da ansiedade, nosso coelho não precisará ser atacado várias vezes por um leão-da-montanha para saber que deve evitá-lo. Por essa razão, a ansiedade representa uma necessidade biológica. Ernest Becker, autor de *A negação da morte*, escreveu:

> Os animais, a fim de sobreviver, precisam ser protegidos por reações de medo, em relação não apenas a outros animais, como à própria natureza. Eles precisam ver o relacionamento real de seus limitados poderes com o perigoso mundo no qual estão imersos. Realidade e medo andam juntos naturalmente.[28]

Como o cérebro humano é maior e mais complexo do que o dos animais de todas as outras espécies, nossa capacidade cognitiva é muito mais sofisticada. Em primeiro lugar, nosso cérebro tem um espaço para armazenagem muito maior, de modo que podemos reter muito mais lembranças. Em segundo, nossa espécie possui grande capacidade de compreender um possível futuro. O resultado dos efeitos combinados dessas suas capacidades é que somos motivados a buscar alimento e abrigo, não apenas para o presente, mas também para o futuro, porque sabemos, por exemplo, que a fome causa dor, e porque podemos fazer previsões. Diferentemente de muitos de nossos ancestrais evolucionários, que dependem dos estímulos imediatos de fome para serem motivados a procurar nutrição, os seres humanos são compelidos a certificar-se de que há alimento disponível muito antes de precisarem realmente dele. Essa capacidade de previsão nos dá o benefício adicional de ter mais tempo para suprir nossas necessidades vitais básicas. Pelo fato de um organismo mais simples precisar do estímulo imediato da fome para ser motivado a procurar o necessário suprimento de alimento, pode receber o aviso de que deve procurá-lo com apenas alguns dias de antecedência, antes de morrer de fome. No caso dos humanos, entretanto, como resultado de nossa avançada capacidade de previsão, somos compelidos a procurar comida muito tempo antes de sentirmos fome.

Embora essa capacidade trabalhe a nosso favor, vem acompanhada de uma desvantagem. Devido a nossa incrível capacidade de previsão, em vez de apenas nos sentirmos ansiosos a respeito das ameaças do presente, nós, humanos, experimentamos ansiedade por todas as possíveis ameaças que põem nosso futuro em perigo. Assim, não apenas sentimos ansiedade sobre conseguir a próxima refeição, como também as refeições do dia seguinte. E não é apenas com o alimento que nos preocupamos, mas com tudo aquilo de que precisaremos para nos manter no futuro. Por essa razão, embora nossa capacidade de previsão represente uma vantagem, gera também uma tremenda carga de ansiedade.

De muitas maneiras, a função da ansiedade representa nossa principal defesa na luta incessante pela sobrevivência. É ela que nos mantém alertas e vigilantes, sempre em guarda contra ameaças de fome, desidratação, calor ou frio excessivos, pessoas estranhas, doenças, animais predadores, plantas venenosas, objetos afiados, incêndios, enchentes, secas, furacões, escuridão etc., todas as coisas contra as quais temos a habilidade única de nos precavermos muito tempo antes de elas representarem uma real ameaça. É essa função da ansiedade que nos motivou a manufaturar o fogo e a luz elétrica, a desenvolver todos os tipos de tecnologias médicas, a construir represas e fortificações estruturais, a construir silos para armazenagem de alimentos, a inventar meios de refrigeração. Por causa de nossa elevada capacidade de previsão, combinada com a ansiedade gerada pelo medo de possíveis ameaças, nós nos preocupamos obsessivamente com o futuro. É necessário que seja assim, porque, no instante em que nos tornamos negligentes e baixamos a guarda, ficamos vulneráveis em um mundo de perigos e predadores em potencial. Em suma, quanto menos ansiosos somos, mais vulneráveis nos tornamos e, portanto, corremos mais perigo.

Enquanto outros animais têm garras e dentes afiados com os quais se protegem, nós, seres humanos, temos a capacidade de previsão. Com essa capacidade, estamos muito mais bem equipados para nos fortalecermos contra ameaças do que qualquer outra criatura. Todavia, esse tipo de inteligência avançada tem um preço bastante alto.

# Quando a consciência mortal junta-se à função da ansiedade

"Ansiedade é o estado no qual um ser toma consciência de sua possível não-existência. A ansiedade da morte é a mais básica, a mais universal, a mais inevitável."[29]

PAUL TILLICH

"Ninguém está livre do medo da morte. Esse medo está sempre presente em nosso funcionamento mental."[30]

G. ZILBOORG

"A profunda percepção da fragilidade e impermanência do homem como criatura biológica é acompanhada por dolorosa crise existencial."

STANISLAV GROF

"Quem corta 20 anos da vida, está cortando 20 anos de medo da morte."

SHAKESPEARE, *JÚLIO CÉSAR*, TERCEIRO ATO

Então, o que acontece com a função da ansiedade quando confrontada com a percepção da morte, única de nossa espécie? Como podemos usar eficientemente nossa capacidade de previsão quando isso está nos informando sem cessar que um dia vamos morrer?

É essa capacidade, complementada pela função da ansiedade, que nos mantém perpetuamente vigilantes, alertas contra qualquer situação potencialmente perigosa. E, embora seja isso o que nos motiva a evitar perigos, é, ao mesmo tempo, algo que nos põe frente a frente com o fato de que, por mais que nos fortaleçamos, tudo o que fazemos ainda é em vão. Não importa quanto trabalhemos para garantir nosso alimento e abrigo, não importa o que façamos para nos proteger e defender, não importa quanto planejemos nosso futuro, sabemos que a morte é inevitável. É essa consciência que tira da função da ansiedade toda sua eficácia, tirando assim da humanidade sua capacidade de efetivamente sobreviver.

Nenhuma outra criatura deste planeta pode compreender o conceito de sua própria existência. Desse modo, não pode conceber a idéia de sua não-existência, de sua mortalidade. Isso coincide com o fato de nenhuma outra criatura compreender o conceito de seu próprio futuro. Antes de nós, todas as criaturas viviam apenas para o momento. Se um animal ficava com fome, procurava comida. Se ficava cansado, dormia. Vivia e morria sem um pensamento consciente sobre sua existência mortal. Não tinha percepção conceitual de seu possível futuro e, portanto, de sua possível morte. "O que pode acontecer comigo amanhã?" Essa pergunta nunca fora feita, até o homem entender que o dia seguinte existia. Como bem definido na *Enciclopédia Britânica*: "A consciência de tempo, que nenhuma outra espécie tem com tanta clareza, torna o homem capaz de, no presente, extrair proveito de experiências passadas e fazer planos para o futuro. Essa capacidade, no entanto, tem um outro efeito: faz com que o homem tenha a percepção de que está sujeito a um processo que traz mudança, envelhecimento, decadência e, por fim, a morte a todas as coisas vivas. O homem, então, sabe o que nenhum outro animal parece saber sobre si mesmo, ou seja, que é mortal. Pode projetar-se mentalmente no futuro e ver por antecipação seu próprio falecimento. Os rituais fúnebres do homem falam dessa horrível preocupação que ele tem com a morte, desde o alvorecer da cultura humana, na era Paleolítica. De maneira significativa, o sepultamento dos mortos não é praticado por nenhuma outra espécie. A ameaça da morte está, assim, inextricavelmente ligada à consciência de tempo do homem."[31]

Para piorar nossa situação, não apenas sabemos que vamos morrer, como também que a morte pode chegar a qualquer momento. No que se refere a nosso futuro, nada é certo. Vivemos cheios de ansiedade, sob a mítica espada de Dâmocles, esperando o dia em que se rompa o único fio de cabelo que a segura precariamente acima de nossas cabeças.

Imaginem como isso era evidente para nossos primeiros ancestrais. Quais garantias eles tinham de que aquele dia não seria o último de sua vida? Imaginem um tempo em que quase não havia conhecimento da ciência médica; quando algo que parecia inócuo, como uma dor de barriga ou dente, causava a morte no dia seguinte. A existência de nossos ancestrais devia ser dominada pelo medo e pela incerteza. Até a aparentemente simples tarefa de procurar alimento podia ser mortal. Hoje, basta-nos passar pelo restaurante fast-food mais próximo para conseguirmos nossa porção diária de carne, porém aqueles homens tinham de sair com suas primitivas armas de caça, enfrentar e matar algum animal feroz para garantirem sua refeição. Naqueles tempos, a ameaça da morte era constante. No entanto, com todas as modernas comodidades que temos hoje, com tantas tecnologias no ramo da medicina, muito pouco mudou. Mesmo com todo nosso avanço, ainda não podemos escapar do fato de estarmos destinados a morrer, e de que a morte pode ocorrer a qualquer momento. Claro, podemos viver 20, 30 anos mais que nossos predecessores, mas que diferença isso realmente faz quando comparamos esse tempo à eternidade?

Viver com a certeza da morte deixa-nos em perpétuo estado de ansiedade. A todo momento nos vemos metaforicamente frente a frente com um leão-da-montanha, olhando para a boca escancarada da morte. Em conseqüência, somos forçados a viver em estado de implacável terror.

A principal diferença entre nossa situação e a do coelho diante de um leão-da-montanha é que, enquanto ele pode escapar do objeto de seu medo, os seres humanos não podem. Assim que tomamos consciência da inevitabilidade da morte, entramos em um estado de medo mortal de um inimigo que não podemos ver, que não podemos derrotar e do qual não podemos fugir. Em resumo, nossa situação equivale a nascer com uma bomba-relógio amarrada no corpo, com um temporizador que a faria explodir a qualquer momento dentro dos próximos 50, 60 anos. O que seria de nós, então? Passaríamos a vida em perigo, num estado de medo constante, esperando que a bomba finalmente explodisse. Em que, eu pergunto, a condição humana difere disso? A ameaça da morte nos espreita, está em todos os cantos, em cada sombra, em cada refeição, em cada estranho. E, embora não saibamos de onde ela virá, estamos condenados a reconhecer que virá, inevitavelmente.

Se isso não bastasse, quase tão forte quanto o medo de nossa própria morte é o medo de perder pessoas a quem amamos. Como um organismo social, dependemos uns dos outros não apenas para nossa sobrevivência física, mas também emocional. Estudos não param de demonstrar os efeitos debilitantes que o isolamento tem sobre os humanos. Sem amor, geralmente, sofremos.* Por essa razão, damos à vida daqueles a quem estamos ligados emocionalmente o mesmo valor – se não maior – que damos a nossa própria. Então, vivemos com o medo constante não só de perder a vida, como de perder as pessoas a quem amamos.

Assim como não podemos escapar da morte, também não podemos escapar da ansiedade que a percepção de nossa mortalidade nos impõe. Com o advento dessa percepção, a humanidade entrou num estado perpétuo de pavor, que Kierkegaard chamou de "doença até a morte". Com o despertar da autoconsciência, a função da ansiedade emergiu, deixando-nos como organismos debilitados e ineficazes.

É esse colapso da função da ansiedade que faz de nós, seres humanos, os animais deficientes que somos. Em nossas frívolas tentativas de nos opormos à morte inevitável, ou de escaparmos dela, canalizamos nossas energias para uma mórbida série de comportamentos destrutivos. Em nosso fútil esforço de lutar contra o que não pode ser derrotado, nós nos tor-

*Isso é mais claramente demonstrado pelo trabalho pioneiro de Harry Harlow. Ao criar macacos desde bebês em variados graus de isolamento, descobriu que os que cresceram sem o amor da mãe desenvolveram um grande número de neuroses. No exemplo mais extremo, os criados em confinamento solitário tornaram-se adultos deficientes que, para compensar a falta de contato, passavam os dias agachados em um canto, tremendo de medo e mordendo os próprios pés e mãos como um meio de dar a si mesmos o necessário estímulo sensorial.

namos os únicos animais que desnecessariamente matam indivíduos da própria espécie, como também a si mesmos. Diferentemente de todas as outras criaturas da Terra, somos capazes de atos como suicídio, genocídio, sadismo, masoquismo, automutilação, uso de drogas, juntamente com uma infinidade de reações descontroladas que resultam da capacidade, única de nossa espécie, de autoconsciência e, conseqüentemente, de consciência da morte. Como resultado de sua alta capacidade de conceituar a própria morte, a humanidade tornou-se uma entidade psicologicamente instável, ou, como colocou Freud, o animal "neurótico".

Além disso, à luz dessa consciência da morte inevitável, a vida assume um senso de falta de sentido existencial. Nossa luta pela sobrevivência torna-se um esforço inútil. Entre a inevitabilidade da morte e todo o sofrimento que somos obrigados a suportar enquanto esperamos o momento de morrer, somos compelidos a perguntar: "Por que continuar vivendo? Qual o sentido disso?" Como nossa espécie podia justificar a continuação de sua existência, diante de uma circunstância tão desanimadora? Por que lutar tanto hoje se amanhã não estaremos mais aqui? Nessas condições, o princípio motivador de autopreservação que sustentara a vida durante bilhões de anos não mais se aplicava a nossa espécie. O homem começou a jogar sob um conjunto de normas completamente novas e, a menos que algo pudesse ser feito para melhorar as circunstâncias de sofrimento e desespero de nossa espécie, não demoraria muito para que esse animal recentemente evoluído sucumbisse às forças de extinção.

# O advento da função espiritual

"O medo gera deuses."

LUCRÉCIO

"Para que possam fazer frente a essa fundamental ansiedade, os humanos são 'equipados' por Deus."[32]

HERBERT BENSON

"Se o cérebro evoluiu por seleção natural, as crenças religiosas devem ter surgido pelo mesmo mecanismo."

E. O. WILSON

E lá estávamos nós, uma espécie emergente, com uma inteligência sem paralelo, que fizera de nós as criaturas mais poderosas da Terra. Então, quando tudo parecia muito bem, o inevitável aconteceu: a inteligência do homem virou-se contra ele. Pela primeira vez na história da vida, uma forma orgânica virou seu poder de percepção contra si mesmo, tornando-se consciente de sua própria existência. Com o surgimento da autoconsciência, uma revolução cognitiva aconteceu. Com essa recém-descoberta percepção da própria existência, o animal humano tornou-se igualmente consciente da possibilidade de sua não-existência. Desse modo, a mais poderosa criatura da Terra foi repentinamente atingida pela mutiladora percepção de sua inevitável morte.

Imaginem como aqueles primeiros proto-humanos se sentiram, conscientizando-se de sua inevitável morte, nus, vulneráveis, sozinhos e indefesos contra essa ameaça, expostos ao vazio, sem a proteção de qualquer força ou ser "superior". Se a natureza não ajudasse esse animal emergente com algum tipo de adaptação com a qual enfrentar a ansiedade induzida pela percepção de sua mortalidade, é bem possível que nossa espécie não agüentasse. Para compensar essa percepção debilitante, a natureza seria obrigada a modificar o processamento cognitivo desse animal de tal maneira que ele fosse capaz de sobreviver à consciência da morte.

Não era mais um devastador vírus novo ou uma catástrofe climática que agora o ameaçava, mas uma pressão ambiental que era fruto de sua própria cabeça – afinal, o corpo não é nosso ambiente físico? Como resultado dessa pressão ambiental interna com base fisiológica, tornou-se necessário que a cognição do hominídeo continuasse a se transformar para garantir sua sobrevivência.

Em reação a essa nova pressão ambiental, as forças de seleção poderiam ter afetado nossa evolução de duas maneiras diferentes. Nossa inteligência, que fora nossa maior força, agora punha nossa existência em risco. Uma estratégia evolucionária que a natureza poderia usar seria eliminar os membros de nossa espécie mais conscientes de si mesmos, assim permitindo que uma população de indivíduos menos conscientes de sua mortalidade sobrevivesse. Em outras palavras, as forças da seleção natural poderiam simplesmente nos ter feito regredir alguns estágios em nossa evolução cognitiva, fazendo-nos retornar a uma condição de seres menos inteligentes e menos autoconscientes. O problema, porém, é que a autoconsciência representa a mais formidável capacidade de nossa espécie. Por sermos autoconscientes, possuímos a capacidade única de nos adaptarmos a qualquer situação ou ambiente. Por exemplo, se tivéssemos de enfrentar outra era do gelo, seríamos capazes de fazer roupas que nos agasalhassem em questão de horas, enquanto os outros animais esperariam milhões de anos até a natureza lhes fornecer pelagem apropriada para o frio. Com sua vasta inteligência, o *Homo sapiens* superara as forças da natureza e não precisava mais esperar que a seleção natural o modificasse, porque possuía a capacidade de modificar-se sozinho para adaptar-se a quase qualquer ambiente físico. Com essa capacidade incrível de transformar o ambiente, os humanos podem sobreviver tanto nas profundezas do oceano como no espaço. Com sua inteligência avançada quanto à linguagem e à matemática, podem criar ferramentas e tecnologias que superam quase qualquer obstáculo. Pressões ambientais que varreriam outras espécies da face da Terra simplesmente impelem a humanidade a progredir tecnologicamente, capacitando-a a adaptar-se a seus ambientes sem a ajuda da seleção natural.

Mas, sem a inteligência, o homem seria a criatura mais frágil e vulnerável do planeta. Sem adaptações de defesa como garras, dentes afiados, asas ou ferrões venenosos, os seres humanos seriam refeições ambulantes esperando ser comidas se não tivessem a inteligência que têm. Assim, eliminar essa inteligência não seria a estratégia mais eficiente, e a natureza teria de selecionar alguma nova adaptação que permitisse ao homem sobreviver à consciência de sua mortalidade. Que tipo de adaptação conseguiria? Que mecanismo poderia emergir em nós que aliviasse o peso debilitante da consciência da morte sem comprometer nossas faculdades intelectuais?

Talvez, no princípio, apenas os indivíduos com constituição cerebral que suportassem a ansiedade mutiladora gerada pela consciência da mortalidade conseguiriam sobreviver. De qualquer forma, algo mais era necessário para que a espécie, como um todo, permanecesse. Talvez a consciência recentemente adquirida de morte induzisse uma pressão seletiva sobre nossa fisiologia cerebral. Assim como as pressões ambientais transformam espécies inteiras, por que não seriam essas mesmas pressões capazes de transformar um órgão, nosso cérebro? Os princípios darwinianos que se aplicam a toda matéria orgânica não devem aplicar-se também a nossa evolução cerebral? De que outra maneira surgiram todos os nossos outros centros cognitivos, sejam lingüísticos, musicais ou matemáticos?

Como resultado dessa capacidade de autoconsciência de nossa espécie, de repente precisávamos ser novamente configurados para que pudéssemos atender às novas exigências que nos foram impostas por nosso ambiente interno. Portanto, os indivíduos com mais chances de sobreviver eram aqueles cujos cérebros apresentavam certa mutação genética que os tornava capazes de suportar a esmagadora ansiedade provocada pela consciência da morte. E os que tinham maior probabilidade de sobreviver também tinham maior probabilidade de passar para seus descendentes qualquer adaptação vantajosa que pudessem conseguir.

Esse processo continuou por gerações e gerações de proto-humanos, até que emergiu uma função cognitiva que alterou o modo pelo qual eles percebiam a realidade, acrescentando um componente "espiritual" a suas perspectivas. Nós, seres humanos, aparentemente desenvolvemos, além da inteligência lingüística, da matemática e da musical, uma outra: a "espiritual".

Em resumo, a percepção de morte inevitável exerceu tamanha pressão sobre nosso desenvolvimento cerebral – cognitivo – que, a certa altura, durante os últimos estágios da evolução hominídea, a natureza selecionou aquelas linhagens que possuíam uma predisposição para perceber uma realidade alternativa que ultrapassa os limites deste plano físico, o qual só pode nos dar sofrimento e, por fim, a morte. Assim, uma nova realidade nasceu em nós, impelindo-nos a acreditar que somos transcendentes, a imaginar que somos mais do que, talvez, realmente somos.

## As origens da consciência de imortalidade e de Deus

De todos os fatores que possam ter contribuído para a evolução de uma função cognitiva "espiritual", acredito que a capacidade de calcular, exclusiva de nossa espécie, desempenhou um papel fundamental. A maioria dos animais possui uma compreensão inata das dimensões de tempo e espaço. Como vivemos no tempo e no espaço, é necessário que tenhamos essa percepção inerente, ou não sobreviveríamos. Por exemplo, a maioria dos animais possui um relógio biológico interno que regula o comportamento de seu organismo em relação ao tempo. Esse relógio indica a que hora do dia ou em que época do ano um animal deve procurar alimento, dormir e acasalar-se, para citar apenas alguns exemplos.

Muitos animais dependem, em grande parte, do sentido da visão para garantir sua sobrevivência. Como as condições de iluminação de nosso planeta são determinadas por sua rotação em torno do sol, esse ciclo orbital desempenha um papel essencial no comportamento animal. Além disso, como o giro de nosso planeta ao redor do sol influencia o clima de modo fundamental, também exerce dramático efeito sobre grande parte do comportamento orgânico. Por serem nossas condições climáticas reguladas pelo tempo, é necessário que os animais, em sua maioria, tenham um relógio biológico que os ajude a usar de modo eficiente os ciclos de clima e luz.

Além dessa percepção inerente de acontecimentos temporais, todas as formas de vida possuem um mecanismo embutido que as capacita a perceber o mundo espacialmente. Toda planta, embora presa ao chão, tem a propensão heliotrópica de virar suas folhas na direção do sol. E porque vivemos em um ambiente espacial tridimensional, os animais, em sua maioria, têm alguma combinação de órgãos pela qual podem diferenciar "para cima" e "para baixo", "para a frente" e "para trás", "perto" e "longe". Como criaturas móveis, não poderiam sobreviver sem essa capacidade.

Embora quase todos os animais tenham certo grau de percepção temporal e espacial, nossa capacidade de compreender essas duas dimensões é, sem dúvida, a mais avançada. Apenas os humanos podem distinguir as variáveis de tempo e espaço com total precisão. Por serem capazes de dividir o mundo em unidades espaciais e temporais tão distintas, os humanos desenvolveram a capacidade de enumerar, de contar.*

Como nossa espécie possui essa capacidade cognitiva matemática, podemos medir momentos de tempo, assim como unidades de espaço. Pelo fato de termos essa função matemática, fomos capazes de cruzar mares, oceanos e continentes e, mais recentemente, de viajar pelo espaço extraterrestre. Com essa mesma capacidade, construímos imensas obras arquitetônicas, criamos incontáveis máquinas e tecnologias, formidáveis instrumentos de cura – e também de destruição –, tudo, enfim, o que fez de nós as criaturas mais poderosas da Terra.

Embora tenha, de modo geral, trabalhado a nosso favor, a habilidade de contar afetou-nos também de modo perigoso, como aconteceu quando adquirimos a autoconsciência. Isto porque em nossa capacidade de contar – somar um mais um – existe a intrínseca percepção de que esse processo não tem fim, isto é, por maior que seja um número, sempre podemos adicionar-lhe mais um. Assim, como resultado de nossa avançada capacidade de contar, existe uma intrínseca capacidade de conceituar o infinito. Como apenas nossa espécie possui essa sofisticada capacidade, apenas nós temos a capacidade de compreender o conceito de infinito.**

---

*Descobriu-se recentemente que os macacos Rhesus são capazes de contar objetos em ordem consecutiva, de um a nove. Isso mostra que esse nosso parente filogenético possui um incipiente talento para uma capacidade predominantemente humana.

**Como a consciência matemática representa uma característica de todas as culturas humanas, isso sugeriria que a habilidade matemática deve constituir uma característica geneticamente herdada. Implicaria, ainda, que existem locais "matemáticos" no cérebro. Por exemplo, os gênios deficientes que se sobressaem em matemática, pessoas que conseguem fazer cálculos envolvendo números na casa dos bilhões, mas que em outros campos são cognitivamente deficientes, parecem confirmar a existência de tal mecanismo neurofisiológico. Além disso, como todas as culturas têm conceituado o infinito, seja por meio de palavras ou imagens simbólicas, isso indicaria que existe uma parte específica de nossa função matemática que nos dá a capacidade de conceber essa abstração. E, se tal local neurofisiológico do "infinito" de fato existe, devemos ter também o que poderíamos chamar de genes do "infinito", responsáveis por seu surgimento.

Da mesma maneira que podemos contar unidades no espaço, podemos medir o tempo. E assim como compreendemos a idéia de que um mais um são dois, também podemos conceituar a noção de que somando-se o dia de hoje a mais um, temos o amanhã. Deve ser dessa mesma faculdade cognitiva que os humanos obtiveram sua capacidade de consciência do futuro, ou previsão, que levou todas as culturas humanas a inventar um calendário que lhes permite medir o futuro previsível em dias, estações e anos.

Assim como nossa capacidade de contar capacitou-nos a conceituar que as dimensões espaciais não têm fim, podemos igualmente aplicar essa mesma noção a dimensões temporais. Do mesmo modo que podemos conceituar o infinito, podemos conceituar a eternidade. Do mesmo modo que podemos continuar adicionando uma unidade a qualquer dimensão espacial, *ad infinitum*, podemos fazer o mesmo com dimensões temporais – este momento, mais o momento seguinte, igual ao momento futuro, e assim por diante, *ad infinitum*. Com essa capacidade de compreender que as dimensões temporais não têm fim, não apenas podemos conceituar nosso futuro até nossa morte inevitável, mas ir além, adentrando a eternidade. Como podemos compreender o conceito de eternidade, temos a percepção de que, embora nosso ser físico seja temporal por natureza, o tempo, em si, nunca terminará. Com uma consciente percepção de eternidade, os humanos foram subitamente forçados a suportar a idéia de como a vida é breve. Enquanto todas as outras criaturas vivem no momento e para o momento, nós agora tínhamos de medir nossa existência contra o esmagador cenário de toda a eternidade. A humanidade, de repente, teve de lidar com o senso inerente de sua dolorosa insignificância. Nas palavras do filósofo Blaise Pascal, "o finito é aniquilado pelo infinito". Em conseqüência, devido a nossa capacidade de entender o eterno e o infinito, sofríamos de uma outra ansiedade que se igualava àquela que resultou de nossa debilitante percepção da morte.

Por causa dessa mesma capacidade, parece que a inteligência matemática desempenhou, na evolução de uma função espiritual, um papel tão significativo quanto a percepção da morte. Agora não apenas sabíamos que precisávamos nos proteger da morte, mas também de tudo o que pudesse existir depois dela. O homem, de repente, conscientizou-se de que poderia existir – assim como não existir – por toda a eternidade. Mas existir como? Em que forma? A eternidade seria uma experiência agradável ou dolorosa? Conservaríamos nossa identidade consciente e, se fosse assim, em que estado? A vida após a morte seria tão repleta de experiências como esta ou representaria um estado de absoluto nada, de não-existência eterna? E mais, o que isso poderia significar? Como é natural que nos preocupemos com o futuro, estávamos repentinamente condenados a passar a vida não apenas temendo a morte, mas também temendo o que viria depois, temendo a possibilidade de eterno sofrimento ou, talvez, mais desconcertante ainda, a de eterna não-existência.

Em vez de permitir que nossos medos nos dominassem e destruíssem, a natureza talvez tenha selecionado aqueles que, por sua sensibilidade cognitiva, sentiram-se compelidos a processar seu conceito de morte de uma maneira inteiramente nova. Talvez, depois de centenas de gerações de seleção natural, emergiu um grupo de humanos capazes de perceber o infinito e a eternidade como partes inseparáveis da autoconsciência e da auto-identidade. Talvez uma série de conexões neurológicas surgira em nossa espécie, compelindo-nos a nos perceber como seres "espiritualmente" eternos. Assim que percebemos em nós um elemento do infinito e do eterno, tornamo-nos "programados" para acreditar que nosso ser consciente, a que nos referimos como espírito ou alma, permaneceria para sempre. Como resultado, começamos a nos ver como imortais, um conceito universal entre quase todas as culturas, desde o alvorecer de nossa espécie.*

*A consciência matemática ou numérica parece estar integralmente relacionada ao nosso senso de consciência espiritual. Esse relacionamento evidencia-se pelo fato de todas as culturas do mundo atribuírem significado espiritual a números e formas geométricas. Os cabalistas judeus, os gregos pitagóricos, os alquimistas medievais, os cristãos com a trindade sagrada, os astecas, que usavam números em sua mitologia, os chineses, com suas referências numéricas no I Ching, assim como o uso da astrologia e da numerologia, mostram que todas as culturas mantêm a crença de que os números podem ter significado e poder sagrados.

Aí residem as origens cognitivas de nossa crença culturalmente global na imortalidade, nessa inerente percepção de que nós, em virtude de nossas almas eternas, transcendemos a morte física. Assim que percebemos a consciência como eterna por natureza, percebemos que a morte física não é mais do que uma outra transição numa existência eterna. Daí por diante, nós, os animais humanos, fomos compelidos a enterrar nossos mortos com um ritual que objetivava mandar o ser eterno – ou "alma" – do falecido para outro plano, algo que se desenvolveu para tornar-se uma crença inerente em uma vida após a morte. Com o advento dessa tendência em acreditar numa existência imortal, nossa espécie perdeu grande parte da ansiedade provocada pelo medo de morte iminente e eterna. A humanidade estava salva.

Mas, mesmo que fôssemos viver para sempre, o que isso significava? Ainda precisávamos perder o medo do desconhecido. A vida após a morte transcorreria num lugar de eterna paz e felicidade ou seria ainda mais difícil e precária do que a que levamos na Terra? Sem nossos pais para nos proteger no pós-vida, agora precisávamos de orientação e proteção eternas para enfrentar o que viesse.

De acordo com Freud, "Deus é o pai sublime, e a ânsia pelo pai é a raiz de todas as religiões".[33] Conscientes de que a morte, além de inevitável, pode chegar a qualquer momento, os seres humanos foram reduzidos a um estado de desamparo infantil, tão vulneráveis quanto no dia em que nasceram. E para quem uma criancinha se volta instintivamente em busca de proteção? Para os pais. Contudo, nem os pais podem salvar uma pessoa da morte. E, à medida que crescemos, vemos que nossos pais, que nos pareciam onipotentes, são na verdade impotentes contra as forças da morte. Com essa compreensão, onde a humanidade encontraria orientação e proteção? Ansiando desesperadamente por conforto e segurança eternos, para quem – ou para o quê – se voltaria o homem primitivo? Nossa necessidade de eterna proteção talvez tenha facilitado a seleção de uma variação cognitiva que instilou em nossa espécie uma crença inerente em algum tipo de guardião transcendental. Talvez fora nesse momento da evolução cognitiva dos humanos que emergiram conexões neurais que nos compeliram a acreditar em um poder "superior", ao qual nos referimos como Deus, ou deuses.

Como bebês no berço, instintivamente nos voltamos para nossos pais buscando conforto e proteção quando sentimos medo ou dor. Parece provável que nossa crença culturalmente global em um Deus represente uma extensão desse instinto. Freud expressou essa mesma noção:

> As necessidades religiosas e a ânsia pelo pai, derivadas do desamparo da criança, parecem-me incontestáveis, principalmente porque esse sentimento não se prolonga apenas pelo tempo da infância, mas é sustentado de modo permanente pelo medo do poder superior do destino. Não consigo pensar em nenhuma necessidade infantil tão forte quanto a necessidade da proteção do pai.[34]

Como resultado das pressões seletivas exercidas sobre nossa espécie pela percepção da morte eterna, conexões neurológicas surgiram para gerar uma crença inerente em um pai imaginário, todo-poderoso, cujos infinitos poderes nos protegeriam da morte e de tudo o que viesse depois. Em resumo, estou sugerindo que, em algum ponto dos últimos dois milhões de anos, durante o aparecimento dos hominídeos, aconteceu uma adaptação cognitiva que nos capacitou a lidar com nossa percepção da morte, enquanto, ao mesmo tempo, permitiu-nos manter a percepção da autoconsciência. Por intermédio desse mecanismo cognitivo selecionado em nós, agora éramos "programados" para perceber a morte física de uma maneira muito mais tranqüila. Assim que a natureza instilou em nós fantasmas cognitivos gerados neurofisiologicamente que podiam nos proteger da morte inevitável, ficamos mais bem equipados para sobreviver ao medo inerente que ela nos causava. De acordo com o psicólogo religioso Bernard Spilka: "Uma das maiores funções da crença religiosa é reduzir o medo que as pessoas sentem da morte."[35] Essa mesma opinião é apoiada por um outro psicólogo religioso, Mortimor Ostow, que afirmou: "A religião é uma defesa natural contra o conhecimento que o homem tem de que vai morrer."[36]

Protegidos contra a perpétua ameaça da morte inevitável, os humanos podiam agora continuar sua rotina diária de suprir suas necessidades mais "terrenas". Com o surgimento da consciência espiritual, nosso funcionamento cognitivo foi estabilizado, e agora podíamos viver num estado de calma relativa, apesar de nossa percepção da morte inevitável. Este, afirmo, é o propósito de uma função espiritual/religiosa. É sua explicação, sua razão de ser. Se tudo isso for verdadeiro, no entanto, sugiro que Deus não é uma força ou entidade transcendental que realmente existe "lá fora", além e independente de nós, mas que representa a manifestação de uma percepção humana herdada, um mecanismo que nos impele a acreditar numa realidade ilusória que nos ajuda a sobreviver à percepção da morte.

Nos capítulos restantes, apresentarei uma variedade de argumentos, assim como as mais recentes pesquisas neurofisiológicas e genéticas que apóiam tal hipótese.

# 9

# A experiência "espiritual"

> "A experiência mística de Deus tem certas características comuns a todas as crenças."[37]
>
> KAREN ARMSTRONG

Após catalogar as práticas e crenças espirituais universais do homem, ainda havia vários outros componentes da consciência espiritual que precisavam ser investigados. Um desses componentes não apareceu na forma de crença ou prática, mas de uma sensação aparentemente vivenciada por todas as culturas.

Em *O mal-estar na civilização*, Freud discute uma carta que recebeu de seu amigo, Romain Rolland, ganhador do prêmio Nobel. Na carta, Rolland descrevia uma sensação que, acreditava, representava "a verdadeira fonte de todo sentimento religioso". De acordo com ele, essa sensação

> era peculiar e estava sempre presente, a qual ele confirmou como existente em muitos outros indivíduos, o que o levou a supor que é experimentada por milhões de pessoas. Era algo que ele gostava de chamar de sensação de "eternidade", de algo sem limites, oceânico.[38]

Romain Rolland estava certo em presumir que compartilhava essa experiência com milhões de pessoas. Na verdade, documentos arqueológicos sugerem que todas as culturas, desde o surgimento do homem, vivenciam uma sensação quase idêntica à descrita por ele. Seja a experiência de renascimento dos cristãos pentecostais, o samadhi dos hindus, o fana dos sufi ou o satori zen, todas as culturas têm descrito uma experiência pela qual os indivíduos sentem-se tocados por alguma verdade ou poder "superiores", uma experiência quase sempre identificada como de natureza espiritual, mística, religiosa ou transcendental.

Embora tais sensações aconteçam freqüentemente num cenário religioso, elas também podem ser provocadas por práticas não-religiosas, como meditação, ioga, dança ou canto.*

Relata-se, inclusive, a contemplação de certas formas geométricas como forma de suscitar experiências semelhantes. Michael Murphy, do Instituto Esalen, afirma que a intensa concentração durante a prática de um esporte também é uma forma de meditação que pode provocar sensações similares. Além de esportes, há muitas formas de meditação em movimento, como as usadas na arte marcial chinesa tai chi, a arte marcial japonesa aikido ou as danças rápidas e arrebatadoras dos místicos sufi. Como outro exemplo, o ioga, com seus movimentos e posições, representa outra maneira de os humanos provocarem sensações semelhantes. Em *O mal-estar na civilização*, Freud descreve:

> Por meio da prática da ioga, isolando-se do mundo, fixando a atenção em funções corporais, usando métodos especiais de respiração, pode-se, de fato, provocar novas sensações e sentimentos, que ele [Romain Rolland] vê como regressões a estados mentais primitivos, encobertos há muito tempo. Vê neles uma base fisiológica de grande parte do conhecimento do misticismo.[39]

---

*Em 1997, pesquisadores japoneses descobriram que ritmos repetitivos estimulam o hipotálamo, provocando sensações de serenidade ou de excitação. Isso ajudaria a explicar parte da mecânica básica que faz com que a dança ou o canto suscitem tais sensações "transcendentais", demonstrando as conexões entre as consciências espiritual e musical.

De acordo com Dan Merkur, autor de *Gnosis: An Esoteric Tradition of Mystical Visions and Unions*, as experiências místicas pertencem a várias categorias. A uma delas, Merkur refere-se como misticismo teístico. É uma experiência que "envolve sentir a presença de uma força personificada que representa um poder 'superior'. Essa presença pode tomar forma humana – por exemplo, Jesus –, forma não-humana – por exemplo, Krishna, Zeus, Rá, Odin ou Javé –, forma animal – por exemplo, espírito Urso –, ou uma forma mais elementar, como o espírito do vento ou da terra".[40]

Outra variante da experiência mística é a que Merkur identifica como misticismo panteísta: "Aqui, sente-se que a totalidade do mundo é o maior poder, e que uma pessoa pode se ver como parte dessa totalidade."[41] Nessa experiência, a pessoa tem a sensação de que é parte de tudo o que existe a sua volta. Como descrito por um dos pacientes de Merkur: "Senti-me um só com a grama, as árvores, os pássaros, com tudo na natureza." Em suas memórias, Einstein conta uma de suas experiências desse tipo:

> Há momentos em que nos sentimos livres de nossa própria identificação com as limitações e deficiências humanas. Em tais momentos, imaginamos que estamos num pequeno ponto de um pequeno planeta, olhando maravilhados para a fria e, no entanto, profundamente comovedora, beleza do eterno, do incomensurável: vida e morte fundem-se em uma só, e não há evolução nem destino, apenas existência.[42]

Merkur faz uma lista do que considera as cinco sensações mais comuns de uma experiência mística: "unidade ou totalidade", "eternidade", "encontrar a suprema realidade", "santidade" e "a riqueza da experiência não pode ser descrita adequadamente". Este último, um sintoma a que o pioneiro da psicologia religiosa, William James, referiu-se como uma experiência "inefável", em seu *Varieties of the Religious Experience.*

Outras expressões usadas para descrever a experiência mística incluem sentimentos como "uma sensação de ligação indissolúvel, de integrar-se ao mundo externo como um todo",[43] "uma experiência mais elevada",[44] "experiência consciente",[45] "consciência cósmica",[46] "sensação de unidade",[47] "percepção maior de um poder superior ou suprema realidade",[48] "diminuição ou perda do senso de ser",[49] "dissolução do ego normal, um novo tipo de funcionamento do ego"[50] "percepção alterada do espaço e do tempo; inefável; apreciação do holístico, natureza integrada do universo e a unidade formada com ele"[51] e "consciência de Deus".[52] Essas experiências, geralmente, são descritas como momentos de "tranqüilidade, arrebatamento, felicidade sublime"[53], "bem-aventurança",[54] "êxtase",[55] "influência intensamente positiva",[56] "paz e alegria",[57] "segurança"[58] e "júbilo".[59]

Essas descrições, examinadas como um todo, quase podem ser divididas em várias categorias, cada uma delas relacionando-se a uma região específica do cérebro, como foi descoberto. Sentimentos como "perda do senso do eu" ou "dissolução dos limites normais do ego" descrevem uma experiência que é de natureza transpessoal, na qual a identidade pessoal é temporariamente suprimida, deixando a pessoa com uma sensação de desligamento, de anulação do ego, de união com o cosmos.

Outra categoria de experiências envolve sensação de "tempo infinito" e de "espaço infinito", indicando que a consciência normal de tempo e espaço também é suprimida. Uma terceira categoria provoca sentimentos que são de natureza sensual. Termos como arrebatamento, êxtase, júbilo e bem-aventurança refletem uma experiência sensual na qual a ansiedade normal se dissipa.

Para mostrar o impacto que essas experiências causam sobre nós, algumas culturas criaram palavras para descrever essas sensações. Os indianos, por exemplo, têm uma palavra, Saccidananda, que aparece freqüentemente em seus escritos sagrados e filosóficos. "Essa palavra sânscrita consiste de três radicais diferentes: Sat significa existência ou ser, Cit, percepção e intelecto, e Ananda, bem-aventurança."[60]

O fato de tantas culturas descreverem tais sensações com termos tão similares sugere que essa é mais uma característica culturalmente global de nossa espécie, isto é, outra característica geneticamente herdada.

> A confirmação da legitimidade das experiências místicas é encontrada no alto grau de unanimidade observado nas tentativas de descrição de sua natureza.[61]

Assim como todas as culturas conhecem a tristeza, conhecem também experiências espirituais. Todas descrevem tanto a tristeza como as experiências espirituais em termos similares. O fato de descreverem a tristeza do mesmo modo indica que esse sentimento não é aprendido, mas faz parte da natureza humana. Pela mesma lógica, isso pode ser dito também das experiências espirituais. E se nossa capacidade de ter tais experiências representa uma característica inerente a nossa espécie, isso implica que elas devem ter sua origem em alguma parte de nosso cérebro, e essa convicção torna-se mais aceita à medida que novas tecnologias aparecem para nos oferecer uma visão real da neuromecânica da consciência humana e, em particular, da consciência espiritual. Como disse o psicólogo James Leuba: "A experiência mística pode ser explicada em termos fisiológicos."[62]

Oferecendo provas físicas para validar essa noção, Andrew Newberg e Eugene D'Aquili, da divisão de medicina nuclear da Universidade da Pensilvânia, usaram tomografia computadorizada por emissão de positron único para observar mudanças na atividade neural de monges budistas. Esses experimentos mostraram que, quando os monges meditavam, percebendo-se em união com toda a criação, havia uma mudança notável na atividade neural dos lobos frontal e parietal, assim como na amígdala cerebral, fornecendo confirmação física de que as experiências espirituais podem estar diretamente relacionadas a certas regiões do cérebro.

Quando os monges estavam em estado de "elevação", o escaneamento de seu cérebro revelava uma súbita diminuição no fluxo sangüíneo para a amígdala. Por a amígdala ser a parte do cérebro onde são gerados o medo e a ansiedade, faz sentido dizer que, quando o fluxo de sangue que ela recebe diminui, nossos medos e ansiedades normais desaparecem, deixando-nos num estado que nós, de todas as culturas, descrevemos como tranqüilidade, euforia, felicidade, serenidade.

Outra parte do cérebro que o escaneamento mostrou ser afetada pela meditação foi o lobo parietal, onde é gerada a consciência de espaço e tempo. Como o fluxo de sangue para essa área também diminuiu, faz sentido achar que, meditando, nos sentimos "livres" do tempo e do espaço.

Por fim, como o lobo frontal é considerado o gerador do senso de ser (Miller, 2001), torna-se óbvio que uma mudança na intensidade do fluxo sangüíneo provoca emoções freqüentemente descritas como perda do senso de ser, ou dissolução do ego. O que isso demonstra claramente é que os estados de consciência, neste caso a consciência espiritual, podem reduzir-se a um processo neurofisiológico. Aparentemente, experimentamos tais sentimentos "espirituais/místicos" não porque somos tocados por Deus ou algo celestial, mas porque, focalizando a atenção de certas maneiras específicas, podemos manipular nossa neuroquímica, alterando a percepção. Em apoio a essa noção, o *The Comprehensive Textbook of Psychiatry* afirma que "o conteúdo espiritual da consciência pode ser explicado pelo efeito de excitação do cérebro anterior frontolímbico".[63]

Como confirmação do vínculo existente entre a neurofisiologia humana e as experiências religiosas, o Dr. V. S. Ramachandran, do Centro de Pesquisa do Cérebro e da Cognição da Universidade da Califórnia, descobriu que 25% das pessoas que sofrem de uma forma de epilepsia que envolve atividade nos lobos temporais experimentam alguns momentos de fervor religioso antes de sofrerem um ataque. E mais, durante os ataques, seus pacientes alegavam que "viam Deus" ou que "sentiam-se pessoas iluminadas".

Dostoievski, que sofria dessa forma de epilepsia, descreveu essa experiência no livro *O idiota*: "Toquei em Deus, realmente. Ele veio a mim. Sim, Deus existe, eu gritei. Vocês, pessoas saudáveis, não podem imaginar a felicidade que nós, os epilépticos, sentimos um segundo antes do ataque." Os que sofrem de epilepsia do lobo temporal têm a tendência de se preocupar exageradamente a respeito de religião, não apenas por ocasião dos ataques, mas também em sua vida diária. Em apoio a isso, o *The Comprehensive Textbook of Psychiatry* classifica a "hiper-religiosidade" como um dos principais comportamentos de pessoas com epilepsia do lobo temporal.

Aprofundando-se no estudo desse fenômeno, Ramachandran usou sensores na pele de indivíduos para comparar e contrastar suas reações emocionais a uma variedade de palavras e imagens. Ao contrário da maioria dos testados, que mostraram sensibilidade maior à linguagem e imagens sexuais, os pacientes com epilepsia do lobo temporal foram muito menos afetados por estímulos sexuais, mas mostraram reações fortes, embora totalmente involuntárias, a palavras e ícones religiosos.

Essas descobertas de Ramachandran foram apoiadas por Jeffrey Saver e John Rabin, do Centro de Pesquisa Neurológica da Universidade da Califórnia em Los Angeles, que descobriram documentos históricos que sugeriam que um número significativo de profetas e líderes espirituais do mundo sofria de epilepsia do lobo temporal. A lista que eles criaram incluía notáveis figuras religiosas, como Joana D'Arc, Maomé e o apóstolo Paulo.

Enquanto isso, Michael Persinger usava uma máquina chamada estimulador magnético transcraniano – um capacete que envia um campo magnético concentrado para áreas específicas do cérebro – para excitar diferentes regiões do próprio cérebro. Quando usou o aparelho para estimular o lobo temporal, descreveu uma sensação de "estar em união com Deus", o que veio a dar apoio ao trabalho de Ramachandran. Muitos dos estudantes voluntários em quem ele usou o aparelho num estudo de sua pesquisa relataram experiências espirituais e místicas, inclusive visões de Jesus, anjos e outros seres espirituais, e alguns disseram ter uma experiência de quase-morte, encontros com alienígenas e abduções,* oferecendo suporte à possibilidade de que tais percepções podem também ser relacionadas à sensibilidade do lobo temporal.

*A ufologia e a crença em visitas de extraterrestres, acredito, constituem uma das maneiras pelas quais nossa predisposição espiritual compele-nos a acreditar que existe alguma forma de poder "superior" ou alternativo no universo.

O animal humano, aparentemente, foi "programado" de maneira que, quando praticamos certas ações – por exemplo, meditação, oração, canto, ioga, dança, rituais religiosos, contemplação –, acontecem certas percepções, sensações e cognições que nós, de todas as culturas, tendemos a interpretar como prova de alguma realidade divina, sagrada ou transcendental. No entanto, certas descobertas recentes no campo das neurociências contradizem tais noções, sugerindo que experiências religiosas, espirituais, místicas, transcendentais não são manifestações de um contato com o divino, mas uma maneira pela qual nosso cérebro interpreta certos processos neuroquímicos originados geneticamente.

## Origens da experiência espiritual

Se presumirmos que essas sensações, descritas em todas as culturas como experiências espirituais, religiosas, místicas ou transcendentais, são características geneticamente herdadas, devemos, como sempre, perguntar por quê. Por que nossa espécie experimenta tais sensações? Qual é sua função? De que maneira isso aumenta a chance de sobrevivência de nossa espécie? É improvável que essas sensações aparecessem em nós se não cumprissem uma função específica.

Como já foi discutido, a consciência espiritual, provavelmente, se desenvolveu em reação à autoconsciência, que trazia com ela, como infeliz efeito colateral, a consciência da morte. Como resultado da consciência de sua mortalidade, o animal humano viveria em um estado de constante medo, a menos que algo pudesse aliviar os dolorosos efeitos dessa consciência. Se não fosse pela evolução de tal mecanismo paliativo, é bem possível que nossa espécie não sobrevivesse.

Uma das maneiras pelas quais nossa função religiosa/espiritual opera é gerando uma crença inerente em seres sobrenaturais, uma alma e sua continuidade no que chamamos de vida após a morte. Por causa dessas cognições herdadas, os seres humanos acreditam que são imortais. Quando nos consideramos imortais, nos livramos de grande parte da pressão psicológica provocada pela consciência da morte inevitável. Mas acreditar em uma realidade espiritual é uma coisa, enquanto conhecê-la é outra completamente diferente.

Além da crença na presença confortadora de uma realidade espiritual, uma alma e uma vida eterna, que pode diminuir um pouco o medo e a ansiedade causados pela idéia da morte, nós também temos a vantagem de experimentar sensações de euforia, que não apenas fazem com que nos sintamos bem, pois reduzem o nível de estresse – o que veremos em detalhes no Capítulo 12, "A função da prece" –, como também amparam nossas crenças religiosas. Como essas sensações induzidas por experiências espirituais/místicas/transcendentais são muito diferentes dos nossos modos "normais" de consciência, tendemos a interpretá-las como de natureza sublime, algo que nos põe em contato com o sagrado ou divino. O fato de fecharmos os olhos, concentrando-nos em algum poder superior ou deus, altera nossa neuroquímica de maneira tão extraordinária que transforma nossa experiência consciente e leva-nos a acreditar que nossa crença em um plano espiritual é verdadeira. E, com nossa fé reforçada por essa experiência, nosso medo da morte é diminuído.

Aparentemente, a natureza selecionou uma variedade de meios – recitação de textos religiosos, canto, dança, meditação, oração, ingestão de drogas psicodélicas e, em alguns casos, sexo* – pelos quais os humanos podem deliberadamente induzir esses estados "espirituais" redutores de ansiedade. Ações como essas têm a capacidade de provocar uma série de sensações que, como estamos aprendendo, não se originam de uma interação com forças "divinas", mas de impulsos eletroquímicos gerados no cérebro.

Entre sintomas atribuídos a esse tipo de experiência, o mais freqüentemente descrito envolve a sensação de união com o todo, a dissolução dos limites do ego normal. Em conseqüência, a fim de compreendermos a natureza desse aspecto de uma experiência espiritual, precisamos primeiro explorar a natureza do ego humano, a percepção da autoconsciência.

*Parece que nossos pontos espirituais não interagem apenas com as consciências matemática, lingüística, musical e moral, mas também com a sexual. Em algumas culturas, o ato sexual é visto como uma união "sagrada". Entre as culturas mais primitivas, o sexo é simbolicamente representado por vários ritos de fertilidade, com a intenção de levar os participantes a um estado de êxtase sexual-espiritual. Em várias culturas orientais, a prática "sagrada" do tantra demonstra a aparente conexão entre a consciência espiritual e a sexual.

# A função do ego

"O eu é uma relação que se relaciona com seu próprio eu."[64]

SOREN KIERKEGAARD

Não há nenhum humano saudável e no domínio de suas funções que não reconheça seu próprio reflexo. Embora muitos outros animais possam identificar outro de sua própria espécie, apenas os humanos podem reconhecer a si mesmos. Só os humanos possuem um senso desenvolvido de autopercepção.*

Essa capacidade única parece representar uma característica que apareceu durante a evolução dos hominídeos, criaturas que evoluíram dos primatas e dos quais somos a última espécie sobrevivente. Como a autopercepção representa uma característica geral de nossa espécie, podemos presumir que se trata de uma outra característica geneticamente herdada. Isso indica que existe um grupo de regiões fisiológicas em nosso cérebro no qual a autopercepção é gerada. Chamarei esse grupo de regiões de "função do ego". Se tais regiões existem, é provável que existam genes que as criam.

Como a "dissolução dos limites normais do ego" é uma das principais características de uma experiência espiritual, só compreenderemos

*Embora apenas os humanos possuam a capacidade de perceber a si mesmos, há evidências que indicam que os chimpanzés também a possuem, apesar de limitada. Em um experimento (Gallup, 1970), alguns chimpanzés foram colocados em gaiolas individuais com um espelho de corpo inteiro do lado de fora. Nos primeiros dias, os animais gritavam ao ver o próprio reflexo, faziam gestos ameaçadores, comportavam-se como qualquer chimpanzé se comporta quando confrontado por outro. Vários dias depois, o comportamento deles mudou. Em vez de reagir a seu reflexo como se estivessem vendo outro chimpanzé, eles começaram a usar o espelho para arrumar-se, do modo como os humanos fazem, por exemplo, quando penteiam os cabelos. Em alguns casos, os chimpanzés usaram o espelho para retirar restos de comida de entre os dentes. (Macacos, porém, mesmo depois de centenas de horas em gaiolas com espelhos, não mostraram sinais de autoreconhecimento.) Dada a proximidade evolucionária dos chimpanzés com nossa espécie, faz sentido que eles demonstrem tal capacidade incipiente de autopercepção.

completamente a natureza da consciência espiritual ao compreendermos a natureza física do ego ou, mais precisamente, da autopercepção. Como qualquer outra de nossas funções cognitivas, a função do ego consiste num grupo de partes cognitivas interativas, ou processadores. Portanto, antes de podermos determinar a natureza física da experiência espiritual, precisamos compreender a natureza física de cada uma daquelas partes do cérebro relacionadas à identidade e à autopercepção. Afinal, não é essa identidade, esse senso de ser, que imaginamos constituir nossa alma imortal?

Um dos principais componentes da autopercepção envolve algo chamado memória episódica ou autobiográfica. Lembranças autobiográficas são aquelas referentes ao senso de identidade da pessoa, sejam seu nome, endereço, família, história etc. Acredita-se que lembranças desse tipo ficam armazenadas no hipocampo do cérebro, porque um dano nessa região provoca uma variedade de estados amnésicos, fazendo com que a pessoa esqueça tudo o que se refere à auto-identidade. De acordo com o cientista cognitivo David Noelle:

> Alguns amnésicos lembram-se de acontecimentos antigos, mas não conseguem formar novas lembranças de acontecimentos da vida. Assim, podem ter um senso coerente de si mesmos, mas não sentem a passagem do tempo desde que sofreram o dano. Outros amnésicos parecem não ter nenhuma lembrança do passado. Eles demonstram, emocionalmente, um senso de que o hoje é o primeiro dia de sua vida, que acabaram de tornar-se conscientes. Nossas lembranças parecem desempenhar um papel importante na construção de um senso de nós mesmos como entidades unificadas que persistem ao passar do tempo. Sem essas lembranças, nosso senso de ser parece um tanto fracionado ou perturbado.

Como V. S. Ramachandran escreveu em seu livro *Fantasmas no cérebro*: "Se você perdeu seu hipocampo dez anos atrás, não terá nenhuma lembrança dos acontecimentos ocorridos após essa data."[65]

Dois outros aspectos de como percebemos a nós mesmos são as chamadas imagem corporal e consciência corporal. A imagem corporal constitui aquela parte da experiência humana consciente pela qual percebemos nossa aparência física, e o que vemos quando nos olhamos no espelho ou nos imaginamos. A consciência corporal constitui aquela parte da experiência humana consciente pela qual percebemos nossa presença física. Por exemplo, quando ergo os braços, mantendo os olhos fechados, tenho a percepção sensorial dos meus braços sendo erguidos. Ramachandran sugere que essa forma particular de consciência pode ser atribuída ao lobo parietal direito. Essa dedução é baseada no fato de pessoas que sofrem dano no lobo parietal direito desenvolverem um senso alterado de consciência corporal. Por exemplo, muitas pessoas com lesão no lobo parietal direito e que ficaram com um lado do corpo paralisado costumam negar essa paralisia. Descrevem movimentos imaginários, como se estivessem balançando o braço, embora ele esteja claramente imóvel. Essa tendência para imaginar movimentos corporais ilusórios – ou substituir um fato por uma fantasia, como dizem os neurocientistas – é sintoma comum dos que sofreram lesão no lobo parietal direito. E, se nosso cérebro pode nos fazer sentir a presença de membros fantasmas, não é concebível que possa nos compelir a sentir a presença de seres fantasmas?*

A síndrome de Cotard, que envolve a amígdala cerebral, representa outro exemplo de uma disfunção cognitiva na qual a vítima sofre de uma

---

*Quanto a essa propensão humana de sentir movimentos corporais ilusórios, existem similaridades entre esse tipo de síndrome com base neurofisiológica e relatos de situações percebidas em um contexto mais espiritual, como uma experiência extracorpórea – EEC –, também conhecida como uma projeção consciente ou astral – PC ou PA. Uma EEC/PC é mais comumente descrita como uma sensação de que o ego ou o eu consciente deixa o corpo físico e flutua para um outro lugar ou, em muitos casos, para um outro plano. Devido a recentes descobertas, que atribuem tais sensações a uma atividade física no lobo parietal direito, é bem possível que seja essa mesma parte do cérebro – não do espírito da pessoa – a responsável por sensações erroneamente tidas como uma PC, uma PA ou uma EEC.

incapacidade de compreender seu próprio ser físico. Como resultado de uma avaria na amígdala, a pessoa pode sentir-se alienada ou dissociada do próprio corpo ou de partes dele. Uma pessoa que sofre dessa síndrome pode olhar para o próprio braço e dizer que ele não lhe pertence. Em casos mais extremos, pode até afirmar que se sente separada do próprio reflexo quando se olha em um espelho. Tais disfunções demonstram que a consciência corporal, assim como a percepção da autoconsciência, estão ligadas de modo inseparável à neurofisiologia da pessoa.

Novas evidências que apóiam uma explicação orgânica da identidade humana foram fornecidas recentemente pelo Dr. Bruce Miller, um neurologista da Universidade da Califórnia, em São Francisco, que localizou a parte do cérebro que regula os componentes principais da personalidade de uma pessoa. De opiniões religiosas e políticas até as preferências e aversões, esses traços se originam de uma porção do lobo frontal direito – a mesma região que, como foi demonstrado, recebeu um fluxo sangüíneo alterado durante os escaneamentos que o Dr. Newberg conduziu em sua observação de monges em momentos de meditação. Isso ficou evidente para Miller quando ele notou que pessoas que sofreram dano nessa porção do cérebro passavam por transformações drásticas em sua personalidade, mostrando mudança em tudo, desde suas preferências mais básicas – por comida, roupas ou música – até seus valores e crenças.

Outro componente de auto-identidade é nossa capacidade de fazer escolhas. Parte do modo como percebemos a nós mesmos baseia-se nas decisões que fazemos, isso é inegável. Devo virar à direita ou à esquerda, devo escolher o vermelho ou o azul, devo escolher sorvete de cereja ou de baunilha? Com o advento da moderna neurociência, até mesmo nossa capacidade de escolher "foi atribuída ao sistema límbico, inclusive partes do giro cingulato anterior. Esse processo conecta a experiência subjetiva a emoções específicas ou metas, capacitando-nos a fazer escolhas".[66] Em outro momento, diz: "Quando a amígdala e o giro cingulato anterior são desconectados, podem ocorrer distúrbios de livre-arbítrio."[67] Pessoas que sofrem desse tipo de disfunção cognitiva ficam paralisadas, tomadas de indecisão, quando precisam fazer uma opção. Algo simples, como optar por virar à direita ou à esquerda na próxima esquina, pode deixá-las imobilizadas. Como não conseguem tomar decisões espontaneamente, seus movimentos parecem forçados ou espasmódicos como os de um autômato com defeito.

Com base em tais descobertas, parece que nossa memória, nossos rudimentares componentes de personalidade e nossa percepção de autoconsciência não dependem de algum componente imutável, transcendental, ou alma, mas sim da neuromecânica de cada um. No entanto, acredito que poucas pessoas aceitarão realmente essa interpretação reducionista de sua existência como ser independente. Isso acontece porque, assim com as planárias viram-se para a luz, os humanos instintivamente acreditam em livre-arbítrio e na existência de uma alma transcendental. E, embora os instintos possam ser reprimidos, nunca podem ser extintos.

Nas páginas seguintes, falarei da função do ego e gostaria que o que digo não fosse confundido com as definições de ego dadas por Freud ou Jung. Embora eu concorde com Jung em que o ego representa aquela parte de nós de onde se origina nosso senso de ser, ele via a consciência como uma manifestação da "mente" ambígua, enquanto eu a vejo como um fenômeno puramente físico, o produto de sinais eletroquímicos transmitidos pelo cérebro. De certa forma, estou procurando tornar biológico o conceito de consciência do ego expresso por Jung.

Mas, antes de aceitarmos esse mecanismo como uma função do ego, devemos primeiro perguntar: se nossa capacidade de autopercepção é de origem fisiológica, qual é seu propósito? Até que ponto essa função aumenta a chance de sobrevivência de nossa espécie? Se nenhum propósito puder ser determinado, não será possível justificar sua existência teórica.

Quando crianças de berço, não temos ainda um senso de ser desenvolvido. Nessa fase de seu desenvolvimento, um ser humano não pode distinguir sua própria existência da do mundo a sua volta. Como disse Freud, "uma criança de peito não consegue distinguir seu ego do mundo exterior, a fonte das sensações que o envolvem".[68] O que isso significa é que, quando nascemos, a função do ego, como a função da linguagem, por exemplo, ainda precisa ser desenvolvida, existe em estado latente. A percepção autoconsciente é, assim, algo que emerge em nós algum tempo depois do nascimento.

Com base nos experimentos que conduziu, o psicólogo do desenvolvimento Jean Piaget chegou a uma conclusão semelhante: os humanos nascem sem nenhum senso de ser. Estudando o desenvolvimento cognitivo das crianças, ele observou que antes de 2 anos de idade elas têm pouca ou nenhuma percepção autoconsciente e classificou esse estágio de pré-autopercepção como a "fase sensório-motora" de nosso desenvolvimento.

De acordo com Piaget, é entre os 2 e 7 anos de idade, durante o que chamamos de estágio pré-operacional, que a criança aprende a reconhecer sua própria imagem e desenvolve uma noção de seu próprio ser como um ser autônomo, único, separado da mãe e do resto do mundo. À medida que toma consciência dessa autonomia, ela desenvolve um senso de responsabilidade por si mesma. Percebe que precisa aprender a se cuidar. É nesse estágio que ela também aprende a se alimentar, a lavar-se e a ir ao banheiro sozinha. E assim, lentamente, mas de modo contínuo, passa de completamente dependente a independente – ou, pelo menos, interdependente.

Com o desdobrar da noção de si mesmo, a criança desenvolve um instinto de autopreservação, um desejo de sustentar e proteger esse recém-descoberto ser. Quanto mais forte a noção de si mesmo, mais forte será seu desejo de cuidar-se. Por causa dessa nossa capacidade de reconhecer a nós mesmos, nós nos tornamos a única espécie na qual um indivíduo pode desenvolver um vínculo genuíno consigo mesmo. Somos, então, as primeiras criaturas narcisistas da natureza, os primeiros animais a ter a capacidade de amor-próprio. Poderíamos dizer que temos a capacidade de desenvolver o equivalente a sentimentos materialistas a respeito de nós. E assim, com o mesmo fervor e intensidade com que uma mãe ama seu filho, cuida dele e o defende, os humanos podem amar a si próprios, defender-se e cuidar-se. Essa, acredito, é uma das principais vantagens da autopercepção.

É por essa razão que o estágio pré-operacional desempenha um papel tão importante em nosso desenvolvimento emocional.* As condições nas quais uma criança é criada nos anos desse estágio – muitas vezes chamado de anos de formação do indivíduo – determinam a maneira pela qual ela aprenderá a perceber a si mesma. Se é criada num ambiente de amor e segurança, ela desenvolverá uma auto-imagem positiva, e nesse caso aprenderá a se amar, a se apreciar. Quanto mais um ser humano ama a si mesmo, quanto mais se aprecia, mais efetivamente saberá cuidar-se. Se, por outro lado, uma criança é criada em um ambiente ruim, provavelmente desenvolverá uma auto-imagem negativa, o que pode favorecer uma série de tendências autodestrutivas. Chamamos tais tendências de neuroses. Desse modo, neuroses são conseqüências comportamentais de uma auto-imagem, ou função do ego, que não teve um desenvolvimento saudável.

Outro benefício da autoconsciência é que nos dá a capacidade de modificarmos a nós mesmos. Como podemos nos perceber, podemos reconhecer nossas próprias deficiências, e isso nos capacita a transformar nossas fraquezas em forças. Por exemplo, os humanos não possuem a capacidade inata de voar e perceberam isso como uma deficiência e desenvolveram a capacidade de criar máquinas voadoras. Não somos as criaturas mais rápidas da Terra, mas, reconhecendo isso como uma deficiência, criamos máquinas velozes. Se houvesse outra era do gelo, não precisaríamos

---

*É durante o estágio pré-operacional de nosso desenvolvimento cognitivo que surge em nós a consciência espiritual (Elkind, 1961; Decochny, 1965; Lonh, Elkind, Spilka, 1967). Assim como nascemos sem as consciências lingüística, moral ou matemática, nascemos também sem nenhuma consciência espiritual ou religiosa. Mas é nesse estágio que adquirimos os primeiros conceitos de deuses, espíritos, almas e vida após a morte. Também é nesse estágio que começamos a desenvolver a percepção autoconsciente de nossa mortalidade, o que pode desempenhar um papel no surgimento de nossa percepção espiritual. Em apoio a essa noção, a dra. K. Tamminen, em seu livro *Religious Development in Childhood and Youth*, diz que a sensação de uma proximidade com Deus, entre indivíduos de 7 a 11 anos está geralmente ligada a "situações de solidão, medo e emergências, como escapar de um perigo ou evitá-lo, ou quando eles estão doentes".

esperar milhões de anos até que a natureza selecionasse para nós pelagem mais espessa, porque agora podemos fazer agasalhos em questão de poucas horas. No que se refere à auto-imagem e à consciência corporal, se, por exemplo, uma pessoa sentir que está perigosamente acima do peso, ela pode fazer dieta. Dessa maneira, nossa espécie, e tão somente a nossa, tem a capacidade de se modificar, de compensar qualquer desvantagem física e, conseqüentemente, de transformá-la em uma força, o que faz de nós as criaturas mais versáteis e resistentes do planeta.

Então, como trabalha o ego? Ele funciona como o centro de controle do corpo, a que os neurocientistas referem-se como nosso processador executivo. Se o corpo fosse um navio, o ego seria o capitão. Se fosse um templo, o ego seria o sumo sacerdote. Enquanto o coração é responsável pelo bombeamento do sangue, o ego é responsável pela supervisão de toda a manutenção do corpo. O ego faz isso agindo como gerente de nosso corpo, responsável pela tomada de todas as decisões. O que devo fazer primeiro, procurar comida ou abrigo? Devo virar à esquerda ou à direita na próxima esquina? Essas decisões não são tomadas pelo fígado, pelos rins, nem pelos centros de linguagem, mas por aquelas partes onde são gerados nosso senso de ser e nossa capacidade de tomar decisões.

Como já foi dito, o ego é responsável pela manutenção do corpo. Por exemplo, quando sentimos fome, é nosso mecanismo de ego que nos informa que precisamos comer. Como gerente de nossa existência, é o ego que deve sustentar a carga de todas as nossas necessidades e responsabilidades. Quando a fome precisa ser saciada, não é responsabilidade do coração, do estômago ou dos rins procurar alimento, mas do ego.

Quando sentimos dor, é nosso ego que sofre. Se alguém furar minha mão com um alfinete, não é a mão, em si, que sente a dor, mas "eu", meu ego – cérebro – que registra a sensação de dor. Se removermos o mecanismo de ego de um homem, podemos transformá-lo numa alfineteira que ele não sentirá nada, como uma pessoa em coma que, embora com os receptores de dor em perfeitas condições, não sente coisa alguma, porque está com o cérebro "morto". Não é minha mão que sentirá a dor da picada do alfinete, mas eu. Não é minha língua que sente o gosto da maçã, mas eu, meu ego.

Desse modo, o ego não é apenas a sede da autopercepção, mas o órgão responsável por todas as tomadas de decisão, por tudo o que fazemos. Se sentimos fome, é o nosso ego que nos orienta a procurar alimento. Desse modo, é o mecanismo de ego que suporta o peso de todas as ansiedades, inclusive a mais debilitante de todas, que resulta da percepção da morte, característica única de nossa espécie.

Semelhante a qualquer órgão, quando o esforço físico é forte demais, ele se torna suscetível a uma falha mecânica. Se erguer um peso muito grande, posso romper um ligamento. Se forçar demais o coração, posso ter um colapso cardíaco. Todas as partes de nosso corpo têm um limite para o esforço que podem suportar sem falhar. Assim, se o ego é baseado em algum mecanismo neurofisiológico, também poderá falhar, se o esforço for demasiado. Então, se o mecanismo de nosso ego não possuísse algum meio pelo qual aliviar a tensão excessiva causada por nossa percepção da morte, estaria arriscado a sofrer um colapso fisiológico. E quando o ego entra em colapso, está tudo perdido. Afinal, para que serve um navio sem capitão?

O que, então, acontece quando o ego precisa suportar a pressão esmagadora que resulta de nossa percepção da morte? Imaginem o que seria passar a vida toda, dia após dia, na mesma situação de um coelho encurralado por um leão-da-montanha, o corpo cheio de adrenalina, o coração disparado, os músculos tensos, o cérebro tumultuado pela dolorosa ansiedade. Em circunstâncias tão estressantes, como uma pessoa poderia viver? Como poderia desempenhar as funções normais, diárias da vida? Seria impossível. Se alguém duvidar, pergunte a uma pessoa que sofra de um grave distúrbio de ansiedade. Sob a ameaça de morte iminente, vivemos num perpétuo estado de paralisia existencial, incapazes tanto de lutar quanto de fugir do que nos causa medo.

Imaginem o fardo que tal situação representou para os mecanismos de nosso ego recentemente surgidos, um fardo que deixaria qualquer função fisiológica suscetível a colapso. Se era para o ego continuar funcionando em tais condições, algum mecanismo cognitivo precisava ser selecionado para aliviar, pelo menos um pouco, a pressão excessiva. Se a natureza não nos desse tal mecanismo, nossa espécie poderia ter sofrido uma desintegração cognitiva que a extinguiria.

Neste ponto da evolução de nossa espécie, durante o surgimento de nossa capacidade de autopercepção, as forças da seleção natural providenciaram um mecanismo pelo qual a função do ego poderia suportar a pressão esmagadora causada pela debilitante percepção da morte. Chamo esse mecanismo de "função transcendental".

# A função transcendental

> "A peculiar estrutura do ego humano resulta de sua incapacidade de aceitar a realidade, especificamente a suprema realidade da morte."[69]
>
> NORMAN O. BROWN

> "Às vezes, enquanto estou flutuando ociosamente no lago Walden, paro de viver e começo a ser."
>
> HENRY DAVID THOREAU

A fim de salvar a função do ego da severa pressão causada pela percepção da morte, a natureza poderia escolher uma maneira entre várias outras. Uma solução seria mover a tensão para alguma outra parte ou órgão, algo que apenas provaria ser igualmente danoso – a tensão psicológica desempenha, até certo ponto, um papel importante no desenvolvimento de muitas doenças e distúrbios. Como já foi dito, a "natureza" poderia ter eliminado os mais inteligentes de nossa espécie, assim erradicando nossa capacidade de percepção autoconsciente e, com ela, a percepção da morte. Desfalcar nossa inteligência, porém, provavelmente seria ainda mais prejudicial.

Outra estratégia que a "natureza" poderia empregar era a de selecionar um mecanismo que nos permitiria suprimir temporariamente a função do ego para amenizar a ansiedade debilitante causada pelo estresse da vida diária, assim como a severa tensão causada pela percepção da morte. Equipado com tal mecanismo, o animal humano seria menos suscetível a um colapso biopsicológico.

Se lembrarmos as descrições de experiências espirituais/místicas, veremos que a maioria delas sugere uma supressão da função do ego. Expressões como "perda de senso do ser" ou "dissolução dos limites normais do ego" refletem estados em que a função do ego é suspensa. Com o ego desativado temporariamente, não há mais o "eu" coerente pelo qual sente-se dor ou ansiedade. A pessoa sente-se sem ego, desligada de qualquer senso coerente do ser, um estado universalmente descrito como cósmico, ilimitado.

Com a capacidade de desligarmos a função do ego, o excesso de tensão da existência diária é temporariamente anulada. Durante essa experiência, nos retiramos para um estado alterado similar àquele de quando nascemos, em que não podíamos diferenciar entre nossa realidade interna e o mundo exterior ao nosso redor. Freud expressou essa mesma idéia:

> Nossa presente percepção do ego é, assim, apenas um pequeno resíduo de uma outra muito mais inclusiva, uma percepção envolvente que corresponde a uma ligação mais íntima entre o ego e o mundo a sua volta.
>
> Se presumirmos que essa percepção do ego perdurou em maior ou menor grau na vida mental de muitas pessoas, ela existiria lado a lado com a percepção do ego da maturidade, mais estreita e claramente demarcada, como um tipo de duplicata. Nesse caso, o conteúdo conceitual apropriado a ela seria precisamente aquele de ausência de limitação e de um vínculo com o universo – os mesmos conceitos com os quais meu amigo explicou a sensação "oceânica".[70]

Com a função do ego temporariamente suprimida, experimentamos a sensação de "unir-nos ao todo e tornar-nos uno", como uma consciência "cósmica" ou consciência "de Deus". E, assim, com o capitão de nosso navio momentaneamente afastado de seus deveres, toda ansiedade desaparece por algum tempo. Nesse estado, nos sentimos livres de todo o senso de responsabilidade pessoal, das preocupações normais, dos medos das e ansiedades, ficamos imunes à dor física e ao sofrimento, e por isso a experiência espiritual é freqüentemente descrita como geradora de sensações de "euforia", "arrebatamento", "bem-aventurança". Sendo que nós, como espécie, somos predispostos a acreditar no sagrado e no sublime, tendemos a interpretar tais sensações como uma prova da existência de Deus, ou pelo menos de uma realidade transcendental.

Acordados, os humanos experimentam uma freqüência de onda cerebral de cerca de 13 ciclos por segundo, a que se dá o nome de onda beta. Quando fechamos os olhos e voltamos a atenção para nosso interior, isto é, quando meditamos, o cérebro muda para estado alfa, de oito a 12 ciclos por segundo. Também sabe-se que, quando uma pessoa se encontra num estado de onda cerebral alfa, ela tende a reagir menos à dor física.

Alega-se que indivíduos, quando meditam ou entram em estado de transe, tornam-se imunes, ou menos suscetíveis à dor. Seja o caso de alguém deitado em uma cama de pregos ou andando sobre brasas, uma experiência de meditação ou mística parece tornar-nos pelo menos parcialmente imunes à dor física. De acordo com estudos sobre iogues, aqueles que praticam meditação "alegam alcançar um estado que supera a experiência da dor", isto é, um estado de êxtase, ou *mahanand*.[71]

E como é possível essa imunização contra a dor física? Isso acontece porque, quando suprimimos a função do ego, não há nenhum ser consciente para sentir dor física ou ansiedade. Com o ego, nosso capitão cognitivo, fisiologicamente suprimido, não existe um "eu" pelo qual experimentarmos essas sensações negativas.

O ato da meditação parece ter conseqüências fisiológicas. As últimas décadas de pesquisas produziram tantas provas da ligação de processos mentais com os aspectos autonômicos, imunes do funcionamento do sistema nervoso, que provocaram a criação de uma disciplina inteiramente nova, conhecida como psiconeuroimunologia.

Em 1968, o cardiologista Herbert Benson, de Harvard, foi procurado por praticantes de meditação transcendental (MT), que lhe pediram para testar sua capacidade de baixar a própria pressão sangüínea. Benson não apenas descobriu que isso de fato acontecia, como estudos subseqüentes mostraram que a prática da MT é associada ao aumento da longevidade e à redução de dores crônicas (Kabat-Zinn *et al.*, 1986); redução da hipertensão (Cooper e Aygen, 1978); redução da ansiedade e do nível de colesterol (*op. cit.*); redução do abuso de substâncias químicas (Shjarma *et al.*, 1991); tratamento da síndrome de estresse pós-traumático em veteranos do Vietnã (Brooks e Scarano, 1985); redução da pressão sangüínea em afro-americanos (Schneider *et al.*, 1992); e redução dos níveis de cortisol no sangue causado por estresse (MacLean *et al.*,1992).

Com base nessas pesquisas, parece que, além de ajudar na imunização à dor, a meditação também pode diminuir os níveis de ansiedade que oferecem ameaça à vida, o que, por sua vez, reduz o risco de adquirirmos certas doenças físicas.

Outro dos principais sintomas atribuídos a uma experiência espiritual/transcendental/mística envolve a sensação de ausência de tempo e espaço. Mais uma vez, o escaneamento neural por tomografia computadorizada de Newberg revelou que o ato da meditação causa uma diminuição do fluxo sangüíneo para o lobo parietal do cérebro. Como esse lobo é aquela parte do cérebro responsável por nos dar orientação temporal e espacial, quando ele relaxa, experimentamos uma sensação de ausência de tempo e espaço, numa dissociação de nossa perspectiva normal da realidade. Juntemos a isso o fato de que nosso lobo frontal excita-se durante a meditação, e como ele regula o foco e a atenção, a experiência espiritual é sentida de modo mais intensificado. Como Eugene D'Aquili declarou em seu livro *The Mystic Mind*: "A meditação resulta em um estado de transcendência arrebatadora e absoluta inteireza que expressa um poder e uma força tão dominadores que o sujeito tem a impressão de conhecer uma realidade absoluta. Esse é um estado de existência unitária absoluta. É um estado tão inefável que, para aqueles que o experimentam, até sua lembrança traz uma sensação de uma realidade maior do que a realidade de nosso mundo comum."

Como somos "programados" para atribuir significado espiritual-religioso não apenas ao mundo ao nosso redor, como também a nossas experiências, somos predispostos a interpretar esse tipo de estado alterado de consciência como divino ou transcendental, o que Otto Rank definiu como experiência "sagrada". Seja como for que queiramos interpretar tais estados, as tecnologias modernas de escaneamento neural por imagem, que têm nos permitido vislumbrar a natureza biológica da cognição, revelam que o que percebemos como experiências espirituais/transcendentais/místicas pode ser reduzido a uma atividade de nossa neurobiologia básica, só isso, nada mais. Embora não tenhamos nenhuma prova da existência de qualquer realidade espiritual, são fortes as evidências que sugerem que as experiências espirituais são de natureza estritamente física, produtos da cognição humana. Parece que não é uma alma transcendental que possuímos, mas simplesmente um cérebro físico. O neurobiólogo Steven Rose também expressou essa mesma noção:

> É altamente provável que, no tempo devido, seja possível explicar a "experiência mística" em termos de neurobiologia. E é altamente improvável que a neurobiologia, um dia, seja explicada em termos de "experiência mística."[72]

# 10

# Deus induzido por drogas

"Drogas psicodélicas são usadas para estimular experiências religiosas desde o alvorecer da história."[73]

C. D. BATSON

"A religião é o ópio do povo."

KARL MARX

Além de usarem práticas como prece, canto, dança, ioga e meditação, muitas culturas do mundo usam drogas psicodélicas como um meio de provocar uma experiência mística. Nas palavras do antropólogo cultural Robert Jesses:

> Hóstias psicodélicas no xamanismo e em práticas religiosas são encontradas em toda a história. A palavra *ógenos*, que define certas substâncias químicas e plantas usadas para propósitos espirituais, enfatiza esse relacionamento estabelecido há um longo tempo.[74]

A bebida sagrada, *soma*, usada pelos hindus védicos, sementes de ipoméia e mescalina, ingeridas pelos americanos nativos, a hortelã sagrada das misteriosas religiões gregas, o uso de *cannabis* pelo povo da Cítia, o *yagé* ou *ayahuasca* dos povos da selva amazônica e a *iboga* da África equatorial são exemplos de drogas psicodélicas usadas para provocar experiências espirituais. Por causa da natureza universal desse fenômeno, a palavra *enteógeno* – Deus gerado dentro – foi criada para descrever essa classe de drogas "indutoras de Deus". Para os antigos astecas, a conexão entre enteógenos e o reino espiritual era tão clara que eles se referiam ao cacto peiote como "divino mensageiro" e à psilocibina como "carne de Deus".

O fato de que certas drogas podem estimular uma experiência espiritual é tão largamente reconhecido, que alguns governos, que normalmente proíbem o uso de drogas, legalizaram certos enteógenos quando ingeridos como parte de um sacramento religioso. "Em 1994, o governo dos Estados Unidos aprovou emendas da Lei de Liberdade Religiosa para os Índios Americanos, oferecendo consistente proteção em todos os 50 estados, ao tradicional uso cerimonial do peiote pelos índios americanos. No relatório sobre a legislação de 1994, uma comissão da Câmara dos Deputados declarou que o peiote não é prejudicial, e que o apoio espiritual e social dado pela Igreja dos Americanos Nativos tem sido valioso no combate aos trágicos efeitos do alcoolismo entre a população americana nativa."[75]

Pelos experimentos de William James com óxido nitroso, e os de Aldous Huxley com ácido lisérgico (LSD), ficou evidente que determinadas plantas e/ou substâncias químicas podem induzir a experiências idênticas a certos estados místicos. Stanislov Grof, em sua obra *Realms of the Human Unconscious: Observations from LSD Research*, catalogou as experiências de indivíduos a quem foram administradas doses experimentais de LSD. Nesse estudo, Grof descobriu que os sintomas descritos por aqueles que tomaram a droga eram quase idênticos aos daqueles que tiveram uma experiência mística.

Mas como pode uma droga provocar tais sensações? Como é possível que substâncias químicas tenham a capacidade de induzir sensações ditas sagradas e sublimes, como acontece nas experiências espirituais ou transcendentais? O que isso nos diz sobre tais drogas? Ou, mais importante, o que isso nos diz sobre uma experiência espiritual ou transcendental?

A fim de responder a essas perguntas, precisamos investigar as próprias drogas. Como sabemos, todas as drogas, inclusive as psicodélicas, ou enteógenas, como agora são chamadas, são sempre iguais no que se refere a sua estrutura molecular.* Isso é verdadeiro para qualquer droga. Por exemplo, quanto a suas moléculas, aspirina é sempre aspirina, penicilina é sempre penicilina. Essa regra, então, também deve ser aplicada a cada uma das várias drogas enteógenas. Em outras palavras, a composição química de qualquer droga enteógena representa uma constante. A estrutura atômica de uma molécula de LSD é a mesma, quer seja ingerida em Bangcoc ou na Bolívia, no nível do mar, ou no topo do Himalaia.

O mesmo pode ser dito, mais ou menos, a respeito da fisiologia humana. Embora haja certo grau de variação entre indivíduos de nossa espécie, por baixo dessa diversidade existe uma distinta uniformidade fisiológica. Como estamos lidando com duas constantes – mesma droga, mesma fisiologia –, não é nenhuma surpresa que as drogas enteógenas tenham o mesmo efeito particular em indivíduos das mais diversas culturas. Isso ainda nos deixa com a parte mais importante do problema, que é: por que essas drogas têm esse efeito particular em nós? Por que elas têm a distinta tendência de provocar o que chamamos de experiências espirituais/místicas/transcendentais/religiosas?

Nenhuma droga pode provocar uma reação para a qual não estamos fisiologicamente predispostos. As drogas só podem aumentar ou suprimir as capacidades que já possuímos. Não podem criar novas. Por exemplo, o fato de que temos a capacidade de visão, isto é, possuímos os mecanismos físicos que nos permitem ver, significa que é possível que uma droga seja capaz de aumentar, ou de suprimir, a capacidade visual de uma pessoa. Como, entretanto, não temos a capacidade física de voar, isso significa que nenhuma droga jamais poderá aumentar ou suprimir esse inexistente

*No que se refere à composição molecular de muitas das drogas enteógenas, não é coincidência que, em muitos casos, elas são quase idênticas em estrutura a certos neurotransmissores, substâncias químicas que desempenham um papel essencial na transmissão química de impulsos entre neurônios – células nervosas. Por exemplo, enquanto a droga enteógena mescalina é quase idêntica em sua composição molecular ao neurotransmissor noradrenalina, a molécula de psilocibina, mais comumente conhecida como "cogumelo mágico", é quase idêntica em composição à molécula do neurotransmissor serotonina.

poder de voar. Uma droga só pode nos afetar se possuirmos algum mecanismo fisiológico que seja receptivo a sua química particular.

O fato, por exemplo, de que a novocaína tem o efeito universal de anular a sensibilidade à dor significa que devemos possuir receptores de dor que podem ser suprimidos. Da mesma maneira, o fato de que drogas psicodélicas têm a tendência, em todas as culturas, de estimular experiências que definimos como espirituais, religiosas, místicas ou transcendentais, significa que devemos possuir algum mecanismo fisiológico cuja função é gerar esse tipo particular de experiência. Se não possuíssemos esse mecanismo físico, de modo algum essas drogas poderiam estimular tais experiências. Em essência, o fato de que existe uma certa classe de drogas – combinações moleculares – que podem provocar experiências espirituais apóia a idéia de que a consciência espiritual tem de ser de natureza fisiológica. E aí reside a base de um argumento etnobotânico contra a existência tanto de uma realidade espiritual como de uma alma.

# 11
# O gene "espiritual"

"A idéia de que os homens podem, por intermédio de uma sensação, receber um indício de qual é sua condição no mundo parece tão estranha que qualquer tentativa de descobrir uma explicação genética para essa sensação será justificada."[76]

FREUD

Quase tão antigo quanto a própria psicologia, o debate entre natureza e educação continua: o comportamento humano é aprendido ou inato? Enquanto os behavioristas vêem o ambiente como fator determinante por trás de toda ação humana, os geneticistas comportamentais procuram a influência que os genes exercem sobre nosso comportamento. Embora haja pouca discussão a respeito de o animal humano ser modelado por uma combinação dessas duas forças interativas, quanto mais aprendemos sobre genética e neurofisiologia, mais descobrimos até que ponto nossos genes influenciam nossos comportamentos, percepções, cognições e emoções.

De nossos 100 mil genes,* aproximadamente, calcula-se que de "50 mil a 70 mil estão envolvidos na função cerebral".[77] Isso atesta o papel fundamental que o genoma humano desempenha em nossa estrutura neurofisiológica. E mais, "no nascimento, o cérebro de um bebê contém cem bilhões de neurônios, mais ou menos o mesmo número de estrelas

*Estimativas mais recentes sugerem que o genoma humano é composto de um número bem menor de genes do que se julgava previamente. Esse número é de mais ou menos 34 mil, não 100 mil. Seja como for, podemos supor que pelo menos metade de nossos genes são dedicados à criação de nossa estrutura neurofisiológica.

da Via Láctea".[78] Desses cem bilhões de neurônios com que nascemos, "já se formam mais de 50 trilhões de conexões – sinapses".[79] Isso quer dizer que, antes de podermos ser influenciados pelo ambiente, mais de 50 trilhões de conexões já foram estabelecidas em nosso cérebro, conexões que, inevitavelmente, desempenham um papel da máxima importância em nosso desenvolvimento psicológico, emocional, comportamental e intelectual. Na verdade, o papel dos genes no comportamento humano é tão importante que "os cientistas agora estimam que eles determinam cerca de 50% da personalidade de uma criança".[80] Embora a experiência possa representar o principal arquiteto do comportamento humano, parece que os genes constituem seu alicerce.

Com isso em mente, não será possível que nossos genes desempenhem um papel determinante no desenvolvimento espiritual e/ou religioso de um indivíduo? De acordo com estudos genéticos recentes, eles, de fato, desempenham um papel, e esse papel é de significativa importância.

Dois dos mais eficientes métodos usados pela ciência nessa busca por pistas que ajudem a determinar a influência dos genes no comportamento são os estudos de gêmeos e de adoção. No estudo sobre adoção, os cientistas observam as diferenças e similaridades comportamentais entre indivíduos geneticamente relacionados, criados longe um do outro. Mais eficiente ainda é a comparação dos resultados do estudo de adoção com os da adoção de gêmeos, tanto fraternos (dizigóticos, ou DZ), como idênticos (monozigóticos, ou MZ).

Imaginem, por exemplo, que de mil pares de gêmeos fraternos separados no nascimento e criados separadamente, 50 revelam os mesmos gostos e habilidades musicais. Agora, imaginem que, de mil pares de gêmeos idênticos separados no nascimento e criados separadamente, 400 têm os mesmos gostos e habilidades musicais. Esse caso sugere que os genes desempenham papel essencial na determinação de habilidades e gosto musicais. "Em geral, uma similaridade maior entre os MZ do que entre os DZ, numa determinada característica, é considerada prova de uma contribuição genética à etiologia dessa característica."[81]

Comparando e contrastando uma grande variedade de comportamentos religiosos específicos, em "84 pares de gêmeos idênticos e fraternos criados separadamente, e 821 pares de gêmeos criados juntos, Waller e seus colegas (1990) chegaram à conclusão que atitudes e interesses religiosos são geneticamente influenciados".[82]

Em outro estudo conduzido na Universidade de Virgínia, com 30 mil pares de gêmeos – o estudo sobre gêmeos mais ambicioso até o momento –, os pesquisadores concluíram que, "embora a transmissão da religiosidade seja considerada puramente cultural, os estudos demonstraram que fatores genéticos desempenham um papel nas diferenças individuais em algumas características religiosas".[83] Essa mesma equipe de pesquisadores também chegou à conclusão de que "filiação religiosa é, principalmente, um fenômeno transmitido culturalmente, e que atitudes e práticas religiosas são influenciadas de maneira moderada por fatores genéticos".[84]

Uma outra pesquisa (Kendler, Gardner e Prescott, 1997) concluiu: "O estudo de pares de gêmeos do sexo feminino relata que fatores genéticos influenciam a devoção pessoal, o que inclui a importância dada a crenças religiosas, a freqüência com que é buscado conforto espiritual em tempos difíceis e a freqüência com que são feitas orações."[85]

A Universidade de Minnesota, que conduziu seu próprio estudo de gêmeos, concluiu que "o estudo de gêmeos criados separados aponta que 50% de nossos interesses e atitudes religiosos são determinados por nossos genes".[86]

Com base nos resultados de estudos de gêmeos, como os mencionados acima, parece que nossos genes têm inegável influência sobre o comportamento religioso.* Portanto, aqui reside o fundamento de um argumento genético contra a existência de uma realidade espiritual e a favor da existência de uma função religiosa, ou espiritual, uma parte divina do cérebro.

*Como os cientistas continuam a decifrar o conteúdo do genoma humano, talvez chegue o dia em que saberemos quais genes, precisamente, são responsáveis por aquelas partes do cérebro que dão origem à religiosidade e à consciência espiritual. A fim de abrir espaço para esse novo campo, as ciências precisarão criar uma disciplina totalmente nova, uma genoteologia, pela qual possam dar suas respostas.

# 12
# A função da prece

"Pessoas que experimentaram uma expansão de sua espiritualidade descreveram a presença de uma energia, uma força ou poder – um deus – que estava além deles. As que sentiram essa presença foram as que obtiveram maiores benefícios médicos, não importando sua fé."[87]

HERBERT BENSON

Todas as religiões encorajam o hábito diário da prece. Para os muçulmanos, requer-se que todos os homens orem cinco vezes por dia. Nos hospitais, templos, estádios esportivos e cemitérios ao redor do globo, pessoas de todas as culturas recorrem a alguma entidade sobrenatural em busca de ajuda para lidar com a aspereza e o sofrimento da vida. Poucas são as pessoas que nunca oraram, seja em voz alta ou em silêncio. Na verdade, o ato de orar é tão universalmente conhecido que seria difícil não chamá-lo de manifestação de um instinto.

Além disso, é largamente reconhecido que o ato de orar possui distintas propriedades de cura. Essa noção tem sido tão bem documentada que prateleiras inteiras em nossas livrarias são reservadas a esse assunto, geralmente sob a indicação dúbia de "ciências da nova era". Embora muitos desses livros ofereçam explicações espirituais/místicas para esse fenômeno, só abordarei o assunto oferecendo o que posso, ou seja, uma interpretação desse fenômeno.

Em todo o mundo, escreve-se e e fala-se muito sobre as propriedades de cura da prece. De acordo com Herbert Benson: "Muitas culturas acreditam em uma misteriosa energia curadora. Os antigos egípcios a chamavam de *ka*, os havaianos de *mana*, os indianos de *prana*."[88]

Esse fenômeno parece ser universal, o que sugere que estamos lidando com mais uma característica de nossa espécie, herdada geneticamente. Em conseqüência, deve haver algum mecanismo fisiológico ou uma série de mecanismos responsáveis por ativar essa capacidade curadora que aparentemente possuímos.

As evidências indicam que a oração torna mais rápido o processo de recuperação de uma doença ou cirurgia. Parece que, pelo ato da prece, a humanidade pode curar e prevenir doenças. Mas como é que tal mecanismo funciona em nós? Como é possível que o ato da prece possua essas incomuns propriedades de cura? Seria milagre ou simplesmente outra reação a um estímulo especial, geneticamente herdada?

Como sabemos, o corpo humano é uma rede interativa de órgãos. Se um órgão não está funcionando bem, o resto do corpo sofre. Por exemplo, é tarefa dos rins filtrar as toxinas do corpo. Se não funcionam direito, as toxinas não filtradas terão efeito adverso sobre o resto do corpo. Outro exemplo é que, quando a pessoa tem coração e sistema circulatório saudáveis, os tecidos e órgãos do corpo recebem um amplo suprimento de oxigênio, o que lhes permite operar com o máximo de sua capacidade. Coração e sistema circulatório deficientes, porém, causarão algum efeito adverso sobre outras partes do corpo.

Como esse princípio se aplica a todos os órgãos, aplica-se também ao cérebro. Assim, se o cérebro, que é o centro de controle do corpo, não funcionar com sua capacidade máxima, o resto do corpo também não funcionará. Uma das muitas funções pelas quais o cérebro é responsável é canalizar a ansiedade. Caso não consiga realizar essa função adequadamente, isso causará um efeito adverso sobre todo o corpo.

Em sua forma mais saudável, a ansiedade funciona a nosso favor, porque aumenta nossa capacidade de reação em situações de urgência. Em sua forma mais doentia, entretanto, como foi observado, precipita ataques de pânico, náusea, insônia, diarréia, queda de cabelos, úlcera, palpitações, tensão muscular, sintomas prematuros de envelhecimento, enxaqueca, perda de apetite, desordens alimentares, vícios, depressão, esquizofrenia, distúrbios de humor, suscetibilidade a resfriados, gripe, viroses e até mesmo câncer, para mencionar apenas alguns problemas. Todas essas coisas exercem ainda mais pressão sobre o corpo, o que provoca mais ansiedade.

Conforme mencionado anteriormente, é função do ego supervisionar a manutenção de todo o corpo. Desse modo, esse mesmo mecanismo deve carregar o fardo de todas essas ansiedades geradas por tanta responsabilidade, o que aumenta a pressão exercida sobre ele. Quando o mecanismo do ego não consegue diminuir essa pressão, não desempenha sua função com toda sua capacidade.

De acordo com o princípio de que o corpo funciona como uma rede interativa de órgãos, se o ego não estiver funcionando com sua capacidade máxima, o resto do corpo também não funcionará. Qualquer pressão com que o mecanismo do ego não consiga lidar adequadamente pode acabar deslocada para uma parte qualquer do corpo. Como todos nós temos uma parte mais vulnerável, será ela que sofrerá os efeitos da ansiedade excessiva. Esse mesmo princípio também se aplica aos órgãos que são vulneráveis porque estão doentes ou em processo de recuperação de algum ferimento, doença ou cirurgia. Vulneráveis, eles sofrem mais os efeitos adversos da ansiedade excessiva. Então, com a redução do nível de ansiedade, o processo de cura é acelerado. Além disso, se a ansiedade é capaz de enfraquecer qualquer parte de nosso corpo, enfraquece também o sistema imunológico. Desse modo, reduzindo seu nível, melhoramos nosso sistema imunológico, acelerando ainda mais o processo de recuperação.

Aparentemente, ao concentrar a atenção em algo que acreditamos transcendente, isto é, orando ou meditando, nós, como espécie, temos a capacidade de alterar nossa fisiologia de tal maneira que podemos reduzir o nível de ansiedade, assim ativando uma cadeia de reações curativas.

Mas o que é, exatamente, esse mecanismo pelo qual a prece reduz a tensão? Parece que o animal humano tem uma propensão inerente para acreditar em seres sobrenaturais com poderes muito maiores do que os nossos. Na adversidade, os humanos tendem a voltar-se para esses poderes "superiores" em busca de ajuda ou orientação. Como acreditamos que esses mesmos deuses criaram tudo que existe, acreditamos também que, como nossos criadores, eles nutrem por nós certos sentimentos maternos – ou paternos. Por isso, cremos que, quando pedimos ajuda a nossos deuses – quando oramos –, eles vêm em nosso socorro. Assim como nossos pais cuidavam de nós e nos protegiam quando éramos crianças, instintivamente acreditamos que nossos deuses fazem o mesmo por nós quando somos adultos. Como já comentado antes, pode ser uma extensão de nosso instinto de buscar a proteção paterna ou materna o que causou o surgimento neurofisiológico de uma crença em Deus ou em deuses.

Por acreditarmos instintivamente na existência de forças sobrenaturais que têm o poder de nos ajudar e estão dispostos a isso, somos impelidos a dirigir-lhes orações. Como acreditamos que nossas petições serão atendidas, o nível de ansiedade diminui, assim aliviando a pressão sobre a função do ego, de maneira que o resto do corpo – inclusive o sistema imunológico, com todos os seus poderes de restauração – volta a funcionar em sua capacidade máxima. Isso conseguido, não apenas haverá menos pressão sobre um órgão doente ou em recuperação, como o sistema imunológico estará operando com maior capacidade, ajudando o processo de cura de maneira mais eficiente. Isso, acredito, representa a principal razão pela qual o ato da prece é capaz de gerar propriedades curativas.

Embora não haja prova definitiva para apoiar tal afirmação, eu diria que crianças criadas por pais negligentes geralmente não são tão saudáveis quanto outras que recebem toda a atenção de que precisam. Quando somos criados em um ambiente de amor, no qual nos sentimos seguros, somos muito menos atacados por medo e ansiedade. Pessoas negligenciadas na infância tornam-se adultos mais vulneráveis a doenças e distúrbios. Assim como crianças que têm pouco apoio dos pais são mais propensas a ficar doentes, adultos que não têm apoio espiritual – nenhum deus a quem pedir ajuda – são, provavelmente, também mais propensos a desenvolver doenças.

Embora possa ajudar a explicar as origens físicas das propriedades curadoras e regenerativas inerentes ao ato da prece, como poderíamos explicar exemplos mais radicais de fé, em que pessoas são curadas instantaneamente de deficiências como cegueira e paralisia? Conquanto a maioria das curas pela fé revelem-se falsas, acredito que seja concebível que, em casos raros, uma pessoa possa ser curada instantaneamente de uma doença grave ou de uma deficiência séria.

Como centro de controle do corpo, o cérebro desempenha um grande papel em quase todas as suas funções. E como o mecanismo do ego sob pressão pode interferir no funcionamento de todas as partes do corpo, pode também causar efeitos adversos sobre todas as outras funções cerebrais. Mais importante ainda, como todo o sistema nervoso converge para o cérebro, um cérebro perturbado pode afetar todas as partes do corpo. Por exemplo, quando andamos, não fazemos isso porque as pernas decidiram mover-se por vontade própria, mas porque nós, por intermédio do cérebro, ordenamos que se movam. Assim também, um cérebro perturbado pode, teoricamente, deixar uma pessoa paralisada, embora suas pernas estejam em perfeito estado de funcionamento. Essa é a natureza de qualquer doença psicossomática, que não se origina na parte afetada propriamente, mas no funcionamento do sistema nervoso central, o cérebro. Em conseqüência, não é a parte afetada que precisa de atenção, mas o sistema nervoso central, que é altamente suscetível às influências da tensão psicológica – ansiedade. É por essa razão que pessoas que sofrem de doenças psicossomáticas não se curam com tratamento convencional ou medicação, mas sim quando a excessiva tensão, que interferia nas operações normais de alguma parte do corpo, é aliviada.

É por isso que os placebos muitas vezes têm propriedades curativas. No caso de doenças imaginárias, o simples fato de uma pessoa acreditar que uma outra pode curá-la reduz de tal modo seu nível de ansiedade que faz o mecanismo do ego operar com mais eficiência e leva o resto do sistema nervoso central a fazer o mesmo. Assim, uma pessoa com paralisia psicossomática pode recuperar o uso das pernas simplesmente reduzindo o nível de ansiedade por meio do poder de sua fé.

Percebe-se esse tipo de reação mais intensamente quando facilitada por técnicas usadas pelos chamados curadores pela fé. Tomemos, por exemplo, o cego que se encontra em uma reunião de reavivamento evangélico e que tem a visão súbita e "milagrosamente" restaurada por obra de um curador. De acordo com alguns casos documentados de pessoas a quem isso realmente ocorreu, nenhum médico fora capaz de encontrar uma causa orgânica para a cegueira e, dessa forma, não poderia haver cura pelo tratamento convencional. A explicação para isso é que uma doença psicossomática não tem sua origem na parte "doente" do corpo, mas na debilitada função do ego.

Traumas de infância não resolvidos ou culpa reprimida muitas vezes são a causa da ansiedade. Então, lembranças do passado podem ter conteúdo emocional turbulento, o que, por sua vez, desregula o funcionamento da função do ego. A fim de proteger nosso "processador executivo", algo sem o qual ficaríamos completamente incapacitados, o corpo reage, deslocando as tensões para uma outra de suas partes, talvez até como uma maneira de distrair nossa atenção do sofrimento psicológico. E, assim, para evitar alguma lembrança dolorosa que nos faria desabar, nós desabamos apenas parcialmente, ficando cegos, surdos, mudos ou aleijados, sendo cada um desses distúrbios uma prova do poder da memória.

Isso nos leva de volta ao curador pela fé que, embora incapaz de fazer milagres, é muito hábil em acionar a função da prece de um indivíduo, permitindo que ele, um doente psicossomático, libere o excesso de ansiedade por meio da oração. Acionando a função da prece, o curador está, na verdade, apenas facilitando uma catarse cerebral em alguém que está sofrendo de ansiedade excessiva. Dessa forma, o curador funciona como um placebo. Ajudando o doente psicossomático a usar sua capacidade de ter fé em um deus que pode "curar" e "salvar", o curador faz com que ele se livre de grande parte de suas ansiedades. Uma vez que isso é conseguido, a tensão previamente deslocada para o sistema nervoso do doente psicossomático é aliviada a tal ponto que ele se vê "milagrosamente curado" do mal que o afligia. Em resumo, um curador pela fé ajuda um indivíduo doente a livrar-se da ansiedade excessiva que causou sua doença psicossomática.

O que desejo demonstrar com tudo isso é que, quando somos curados por meio da prece, isso não é um milagre, mas a conseqüência de uma reação puramente fisiológica à diminuição do nível de nossa ansiedade. O fato de todas as culturas falarem das propriedades curadoras da oração leva-me a acreditar que nossa espécie possui no cérebro um conjunto de mecanismos de reação à oração, que tem como função tornar-nos capazes de suportar a tensão psicológica causada pelas adversidades da vida e pela certeza da morte.

# 13

# Conversão religiosa

> "A quem o Senhor é revelado? Àquele que é desprezado e rejeitado pelos homens, um homem amargurado, que conhece o sofrimento."
>
> VELHO TESTAMENTO, LIVRO DE ISAÍAS

Quando falamos que uma pessoa "nasceu de novo", geralmente estamos nos referindo a alguém que passou por uma conversão religiosa. Quando alguém que sempre levou uma vida mundana de repente devota-se a um culto ou a uma religião, normalmente achamos que isso é resultado de uma conversão religiosa. Quando alguém com quem íamos a bares ou assistíamos a jogos de repente começa a passar o tempo livre distribuindo folhetos nas ruas, gritando "Jesus salva!" ou "Krishna é luz!" a todos os que passam, isso também, muito provavelmente, resulta de uma conversão religiosa.

Talvez alguém muito próximo de nós tenha passado por uma abrupta transformação pessoal, ou simplesmente já vimos pessoas fazendo publicidade da fé, que acabaram de abraçar, nas ruas ou em aeroportos. Seja como for, o fato de que esse fenômeno psicológico ocorra em certo percentual de todas as populações e em todas as religiões sugere que isso representa outro aspecto do processamento neural inerente a nossa espécie.

Assim como o humano é um animal musical, emocional e lingüístico, é também um animal que se converte e cujo senso de identidade pessoal pode ser repentinamente transformado, de tal maneira que o sentimento religioso passa a dominar sua experiência consciente. Em seu livro *Varieties of Religious Experience*, William James foi um dos primeiros a documentar esse comportamento unicamente humano. Como ele comentou: "Dizer que um homem foi convertido significa que idéias religiosas, antes periféricas em sua consciência, agora ocupam um lugar central, e que os objetivos religiosos formam o centro habitual de sua energia."[89]

Nas pessoas que passam por uma conversão religiosa, a individualidade é substituída por ideologia, e sobra pouco espaço para o crescimento pessoal. Como o convertido acredita que sua recém-encontrada fé determina tudo, seu senso de responsabilidade pessoal é transferido para algum credo, ou para Deus. Para o convertido, tudo acontece porque Deus assim quis. Por mais comum ou mundano que seja o acontecimento, Deus é visto como responsável. Se algo desfavorável acontece, é porque "Deus trabalha de maneira misteriosa". Acontecimentos trágicos tornam-se "bênçãos disfarçadas", porque tudo o que acontece, seja bom ou ruim, dá ao religioso a sensação de ser amado incondicionalmente por um poder superior, a que John Wesley, fundador da Igreja Metodista, referiu-se, por ocasião de sua própria conversão, como uma sensação de "coração estranhamente aquecido". Será possível que, como tem sido demonstrado por experiências místicas, de meditação ou de quase-morte, tal sensação tenha relação direta com mudanças na neurofisiologia da pessoa?

No que se refere ao processo da conversão em si, embora alguns desenvolvam-se de maneira lenta e gradual, na maioria dos casos acontece muito abruptamente. Vários psicólogos, como E. S. Ames, eram a favor de restringir o termo "conversão" a casos de súbita mudança religiosa.[90] G. A. Coe também achava que o uso do termo "conversão" deveria ser limitado àqueles casos em que o indivíduo passa por uma intensa e súbita mudança religiosa. Além da conversão, a única circunstância em que uma pessoa passa por tão repentina e drástica mudança de personalidade é quando atacada por uma psicossíndrome orgânica ou psicose. Uma vez que essas duas condições estão listadas como distúrbios no Manual de Diagnóstico e Estatística das Perturbações Mentais, devemos perguntar por que a conversão religiosa não é vista sob essa mesma luz negativa – isto é, como condição patológica, em vez de "bênção".

Quando estudamos a etiologia da conversão religiosa, precisamos examinar os "gatilhos" que, acionados, parecem precipitar a experiência. De acordo com o psicólogo Paul Johnson, "uma genuína conversão religiosa geralmente ocorre como resultado de uma crise de extrema preocupação e uma sensação de conflito desesperado".[91] Em seu livro, *Religious Conversion: A Biopsychological Study*, S. De Sanctis declara que "todos os convertidos falam de suas crises, seus esforços e dos conflitos que têm suportado".[92] Em sua obra, *The Cognitive and Emotional Antecedents of Religious Conversion*, C. Ullman discute estudos que conduziu comparando características psicológicas de pessoas que passaram por uma conversão religiosa e de outras que não passaram. Ullman descobriu que:

> Os convertidos falavam de uma infância menos feliz e mais cheia de angústia do que a dos não convertidos. As emoções da adolescência dos convertidos seguiam padrões similares aos da infância, com a adição significativa de raiva e medo, o que não acontecia com os não convertidos. Os convertidos também eram diferentes dos não convertidos por terem menos amor e admiração pelos pais, sentindo mais indiferença e raiva em relação a eles.[93]

Depois de estudar 2.174 casos de conversão religiosa, o psicólogo E. T. Clark observou: "Conversões repentinas foram associadas a medo e ansiedade."[94]

Se procurarmos um padrão, acredito que ficará aparente que as pessoas mais suscetíveis a esse tipo de súbita transformação cognitiva são aquelas com frágil senso de identidade e ego maldesenvolvido, que foram maltratadas ou negligenciadas pelos pais e que, sem o amor deles, nunca foram capazes de se sentir seguros no mundo. Quando uma criança criada dessa maneira cresce, ela pode não ter a força interior e a estabilidade necessárias para enfrentar as dificuldades e tribulações comuns da vida, entrando num estado de crise emocional. Quando essa crise atinge certo patamar, ocorre um colapso que leva o indivíduo sofredor a voltar-se para uma religião e logo converter-se a ela.

Estudos mostram que, depois que esses indivíduos profundamente perturbados convertem-se, seu estado emocional tende a melhorar. De acordo com uma pesquisa conduzida por J. B. Pratt, "antes da conversão, os indivíduos tendiam a chafurdar em sentimentos de inadequação, insegurança e autodepreciação que foram amenizados ou superados pela conversão".[95] Outro estudo demonstrou que "é típico que sentimentos mórbidos de dúvida, ansiedade, luta interior e desespero, existentes antes da conversão, sejam substituídos por serenidade, paz e otimismo".[96] Parece, então, que a conversão religiosa de fato traz benefícios para os que sofrem de grave tumulto emocional.

Por essa razão, muitos grupos religiosos buscam intencionalmente os solitários e aflitos, porque sabem que eles são os mais propensos a entregar-se à conversão. O teólogo Lewis Rambo comenta que a prática religiosa de certos grupos, como o dos cristãos evangélicos, inclui procurar indivíduos vulneráveis. Por exemplo, em grandes áreas urbanas, algumas Igrejas concentram-se em doutrinar pessoas divorciadas recentemente, porque sabem que é nos primeiros seis meses após o divórcio que há mais probabilidade de elas se converterem. A técnica de buscar pessoas em crise torna-se mais evidente nas prisões, onde o nível de estresse é crítico, fazendo com que as conversões sejam praticamente endêmicas. As associações de viciados anônimos, como alcoólatras, glutões, jogadores e devedores, também têm como alvo pessoas vulneráveis, e todas enfatizam a fé pelo do uso dos famosos programas em 12 passos, usando a religião e Deus como principais instrumentos no combate ao vício. Quando uma pessoa tenta vencer um vício, seu nível de estresse aumenta notavelmente, tornando-a excelente candidata a uma conversão religiosa.

Devido ao fato de que uma parcela dos indivíduos de cada cultura passa por esse tipo de súbita mudança de comportamento, muito provavelmente as conversões religiosas também representam mais uma característica inerente a nossa espécie, uma reação herdada geneticamente à crise e à ansiedade. Se isso, de fato, é um reflexo fisiológico, deve existir algum mecanismo neurofisiológico específico responsável pelo surgimento desse tipo de reação comportamental.

A capacidade humana de enfrentar corajosamente a existência parece tão tênue que a natureza precisou equipar nossa espécie com uma identidade de apoio para emergências – uma identidade religiosa –, que assume o lugar das identidades mundanas quando elas não conseguem mais aliviar adequadamente o peso da ansiedade excessiva. Nós todos temos um limite à dor e às adversidades e, ultrapassado esse limite, tornamo-nos vulneráveis a esse tipo de transformação cognitiva, que depende do grau de predisposição que temos para passar por uma conversão. Parece que, quando uma pessoa atinge o limite da ansiedade que pode suportar, antes de adquirir algum hábito destrutivo como uso de drogas ou outro vício que possa mascarar a dor, seu eu mundano, "normal", retira-se e é imediatamente substituído por um outro, hiper-religioso. Assim que essa transformação cognitiva é concluída, o convertido sente-se aliviado de todas as ansiedades ligadas a sua identidade anterior. Todos os medos antigos são eliminados, e a pessoa passa a sentir um contentamento arrebatador, a experimentar a sensação de que está salva e em segurança. Não é de admirar que tantos convertidos digam que foram "salvos".

O ego humano é muito delicado. Se não for corretamente tratado, a pessoa pode desenvolver insegurança, neuroses e até psicoses. Quando alguém com um ego fraco aproxima-se da idade adulta, pode sentir-se incapaz de arcar com as responsabilidades da vida. Talvez isso explique por que as conversões religiosas "ocorrem tipicamente durante a adolescência".[97] Essa afirmação é apoiada pela pesquisa do psicólogo Paul Johnson: "Depois de cinco estudos que envolveram mais de 15 mil pessoas, chegou-se à conclusão de que a idade média da conversão é de 15,2 anos."[98]

Isso não quer dizer que a conversão religiosa ocorra apenas na adolescência, porque pode acontecer em qualquer idade, quando a pessoa está se sentindo particularmente vulnerável e/ou ameaçada. Todavia, é geralmente durante a adolescência que os humanos experimentam um nível mais alto de ansiedade, porque é quando ouvem dos pais e da sociedade que logo terão de se sustentar e de se defender sozinhos. E é também na adolescência que começamos a lidar com o conceito de nossa mortalidade.

Com todas essas preocupações, questões, pressões e responsabilidades com que subitamente nos defrontamos, não é nenhuma surpresa que nesse estágio de nosso desenvolvimento, geralmente entre 15 e 20 anos, aconteça a maioria dos casos não só de conversão religiosa, mas de suicídio, uso de drogas, distúrbios alimentares, depressão e esquizofrenia. Tampouco é de admirar que a maioria das conversões religiosas ocorra nessa idade, pois, como as pesquisas sugerem, um nível elevado de religiosidade leva à redução de muitos comportamentos de autodestruição. Considerando o maior de todos os atos de autodestruição – o suicídio – , W. T. Martin, num artigo que escreveu em 1984, intitulado "Religiosity and United States Suicide Rate", relatou que "o hábito de freqüentar a igreja contribui para a diminuição dos índices de suicídio".

Essa declaração é apoiada pela pesquisa feita por H. G. Koenig, que concluiu, em sua obra *Aging and God*, que entre os idosos "a fé suprime o pensamento suicida". Depois de entrevistar um grupo de indivíduos, Koenig descobriu que muitos expressavam a crença "na promessa de uma vida feliz após a morte", e que isso ajudava-os a eliminar qualquer inclinação suicida. Em outro estudo, S. Stack e I. Wasserman descobriram que a crença numa vida após a morte ajuda a conter impulsos de autodestruição. Pessoas que não acreditam numa realidade espiritual são mais propensas a adotar comportamentos destrutivos do que as que têm essa fé. Talvez seja por razões como essa que relutamos em classificar esse modo de pensar como um distúrbio psicológico, embora estejamos bem conscientes de que a conversão religiosa causa radical mudança de personalidade. Ao mesmo tempo, porém, vale notar que, embora aceitemos que pessoas convertam-se a uma religião socialmente proponderante, o mesmo não acontece quando alguém se converte a uma seita estranha, e isso, muitas vezes, leva famílias, e mesmo sociedades, a intervir, tentando arrancar o convertido das garras do que é visto como grupo ou influência insidiosos. Seja como for que decidamos ver esse fenômeno estritamente humano, devemos aceitar que ele representa outra característica comum a todas as culturas e é mais do que provável que seja outra predisposição geneticamente herdada, reafirmando que a espiritualidade e a religiosidade humanas são produtos de nossa biologia, e não de alguma influência mística ou Deus.

# 14
# Por que existem ateus?

"O que vai acontecer àqueles que querem acreditar, mas não conseguem? E o que vai ser daqueles que não querem nem são capazes de acreditar?"

INGMAR BERGMAN, *O SÉTIMO SELO*

Em discussões sobre os princípios essenciais da bioteologia, uma das perguntas mais freqüentes é: "Se a espiritualidade humana representa uma característica inerente a nossa espécie, se somos realmente programados para acreditar num reino espiritual, em um Deus, por que existem ateus?" Se somos, como espécie, programados para acreditar em tais coisas, como explicar o fato de que há muitas pessoas que não acreditam?

Embora todos nós façamos parte da mesma espécie, não existem dois seres humanos exatamente iguais. Por mais parecidos que possamos ser, cada um de nós é um conjunto único de características físicas e cognitivas. Enquanto algumas pessoas são mais altas do que a média, outras são mais baixas. Enquanto umas têm excelente visão, há aquelas que nasceram cegas. Algumas têm dom musical, outras, talento para a matemática, enquanto outras nasceram deficientes nessas áreas. Na verdade, a distribuição de todas as características herdadas geneticamente pode ser demonstrada pela curva de sino usada em estatística.

Para exemplificar, vamos aplicar essa noção a uma característica física básica, como a visão. Embora a maioria de nós nasça com visão média, caindo em um algum ponto no meio dessa curva, em cada população existe um percentual muito pequeno de indivíduos que representam as pontas da curva. Enquanto em uma extremidade ficam os que nasceram com uma capacidade superior de visão, a extremidade oposta representa o número, talvez igualmente pequeno, dos que nasceram com capacidade inferior de visão, entre os quais existem aqueles que são completamente cegos.

Assim como esse princípio pode ser aplicado a qualquer característica física inerente, aplica-se também a características cognitivas. Tomemos, por exemplo, a habilidade musical. Embora a maioria de nós tenha nascido com uma capacidade mediana de desenvolver certas habilidades musicais, como compor ou tocar um instrumento, cada população apresenta uma porcentagem menor de indivíduos que pertencem a um dos dois extremos da curva. Em um deles, fica a minoria formada pelos que têm talento musical, e na extremidade desse lado, o número ainda menor dos que possuem talento excepcional, por exemplo, os savantistas, como Mozart. Enquanto isso, no extremo oposto dessa mesma curva, fica o percentual igualmente pequeno dos que nascem musicalmente deficientes, que não possuem nenhuma inteligência musical e são incapazes de aprender qualquer habilidade nessa área.

Para cada capacidade que possuímos, cognitiva ou outra qualquer, deve existir um local fisiológico onde essa capacidade é gerada. Nossa capacidade de visão, por exemplo, relaciona-se diretamente à qualidade de nossos olhos e do córtex visual. Da mesma maneira, a capacidade musical está diretamente relacionada à qualidade daquela parte do cérebro responsável por gerar habilidade musical. Assim, podemos dizer que, enquanto uma pessoa como Mozart provavelmente nasceu com a parte musical do cérebro extraordinariamente desenvolvida, é igualmente provável que uma pessoa menos dotada nasça com essa parte menos desenvolvida.

Isso, naturalmente, não exclui o fator ambiente. Embora todos nós tenhamos nascido com certo potencial para algumas habilidades, o grau em que as desenvolvemos depende do grau com que as cultivamos. Eu, por exemplo, estou certo de que hoje teria um grau maior de habilidade para a música se recebesse instrução musical desde a infância. Todavia, mesmo com o mais intenso treinamento musical imaginável, de modo algum teria a habilidade de Mozart, simplesmente porque não nasci com o mesmo potencial genético que ele.

Da mesma maneira, se Mozart houvesse nascido em uma família de camponeses e tivesse de aprender a cultivar a terra, sem ter a oportunidade de estudar música, nunca atingiria o nível de gênio que atingiu. Poderia tornar-se meramente "o sujeito que assobia muito bem, enquanto trabalha no campo". Dessa maneira, infelizmente, é provável que muitos Mozarts, Einsteins e Michelangelos morram todos os dias sem a oportunidade de desenvolver seu potencial genético. Estou, então, sugerindo que, conquanto as experiências da vida – ambiente e aprendizado – desempenhem um papel significativo em nosso desenvolvimento cognitivo, só podemos ir tão longe quanto nos permite nosso inerente potencial genético – a natureza.

Bem, o que tudo isso tem a ver com a questão do ateísmo? Como tanto a espiritualidade como a religiosidade são aparentemente geradas em regiões específicas do cérebro, não deve o mencionado princípio da curva de sino aplicar-se também às inerentes inclinações naturais? Se, de fato, possuímos mecanismos espirituais e religiosos com base neurofisiológica, não faria sentido dizer que a pessoa comum, de qualquer população, provavelmente possui certo potencial para essas duas inteligências?* De acordo com esse princípio das extremidades da curva de sino, todas as populações devem possuir também uma porcentagem menor de indivíduos que nascem com capacidade aumentada ou reduzida para essas duas distintas características cognitivas.

*Para reforçar a distinção entre espiritualidade e religiosidade, devemos entender que, embora as duas operem separadamente, uma delas pode surgir como uma combinação qualquer desses dois impulsos, o espiritual e o religioso. Por exemplo, uma pessoa pode nascer com um impulso religioso não desenvolvido e um espiritual superdesenvolvido. Apesar de que tal indivíduo possa não ser propenso a freqüentar uma igreja ou praticar rituais religiosos, ele pode ser altamente espiritual, com a tendência de ter experiências "transcendentais". Por outro lado, há pessoas hiper-religiosas que não têm o impulso espiritual. Tais indivíduos, embora possam nunca ter uma experiência espiritual/mística, nem sintam a compulsão de acreditar em uma verdade – ou realidade – "superior", podem aderir obsessivamente aos regulamentos, costumes e doutrina de uma Igreja. São esses os mais vulneráveis aos perigosos excessos do fanatismo religioso.

Quanto aos indivíduos situados no meio da curva espiritual/religiosa, eles devem ter inteligência espiritual/religiosa suficiente para deixá-los predispostos a acreditar em alguma forma de realidade transcendental. Esses e as instituições religiosas formam a parte central e mais protuberante da curva de sino, e são os que mantêm os ideais espirituais vicejando ao longo dos séculos como parte integral de todas as sociedades humanas.

No que diz respeito aos extremos dessa característica, em um lado da curva estão os que nasceram com a função espiritual/religiosa superdesenvolvida, para quem espiritualidade e religiosidade desempenham um papel predominante em sua experiência consciente. Na extremidade desse lado, estão aqueles que, ainda no início da adolescência, fazem sermões em púlpitos, e de quem poderíamos dizer que "já nasceram com o espírito". São esses que freqüentemente revelam-se profetas, místicos, fundamentalistas, mártires e líderes espirituais, porque nasceram com maior predisposição para a hiper-religiosidade, ou com o que poderíamos chamar de uma função espiritual/religiosa superdesenvolvida.

No lado oposto da mesma curva, estão aqueles que nasceram com uma função espiritual/religiosa subdesenvolvida, e de quem poderíamos dizer que são espiritualmente/religiosamente deficientes. Assim como uma pessoa que nasce cega é insensível à luz, os que nascem com uma função espiritual subdesenvolvida são espiritualmente insensíveis, incapazes de entender e apreciar de modo total o conceito ou as implicações de qualquer realidade espiritual. Essas pessoas raramente – ou nunca – sentem-se compelidas a adorar uma divindade ou a orar, a refletir sobre os conceitos de uma realidade espiritual, um deus, uma alma, uma vida após a morte. É improvável que tenham qualquer experiência espiritual em toda sua vida. São os espiritualmente deficientes da sociedade, ou, se preferirem, usando a metáfora musical, espiritualmente "surdos". Uma pessoa pode nascer deficiente nas áreas da matemática ou da música e, da mesma maneira, pode nascer espiritualmente ou religiosamente deficiente. É aí que encontramos as origens neuropsicológicas daqueles que têm uma inclinação maior para o agnosticismo e o ateísmo, os racionalistas e secularistas.

Considerando novamente o fator ambiente, devemos entender que o ateísmo não depende exclusivamente dos genes da pessoa. Em muitos casos, os ateus são aqueles que, embora possam ser inerentemente espirituais, foram criados em um ambiente não religioso e não espiritual, o que atrofiou suas inclinações inatas, substituindo-as por uma visão profana do mundo. Ao mesmo tempo, há também aqueles que, embora inerentemente espirituais, desencantaram-se de tal maneira com a religião organizada que optaram por suprimir suas tendências inatas e passaram a negar uma crença em qualquer religião ou em Deus.*

*Como a maioria das ideologias ateístas são fundamentadas na mera negação da existência de Deus, eu gostaria de salientar que nenhuma filosofia se mantém sem que haja uma lógica que apóie seus princípios básicos. Sem tal lógica, o que chamamos de uma filosofia na realidade não passa de mais um sistema de crenças baseado na emoção, em vez de na razão. Vejo isso como o principal problema enfrentado pelo movimento ateísta de hoje, que, sem ter uma ciência própria, apóia-se, para se sustentar, nas falhas que vê na lógica das crenças que busca contestar. E, embora seja um fato que nenhuma religião jamais foi capaz de defender seus princípios pela razão, nenhuma filosofia legítima pode se manter com base apenas na negação. As contradições de um sistema de crenças não dão validade aos princípios de um outro. Declarar que algo não é branco, por exemplo, não faz com que seja negro. De modo análogo, encontrar falhas nas convicções de todas as religiões do mundo não constitui prova de que Deus não existe. Assim, para ser viável, o ateísmo precisa ter seus próprios princípios, sua própria base lógica, algo que, acredito, essa nova ciência da bioteologia está finalmente provendo.

# 15
# Experiências de quase-morte

"Mistérios não são, necessariamente, milagres."

GOETHE

Todos nós temos algum conhecimento sobre o fenômeno conhecido como experiência de quase-morte (EQM). Quer tenhamos vivenciado essa experiência, ouvido o relato de um amigo ou assistido a um programa de televisão sobre o assunto, o fato é que ela ocorre em todos os povos. Isso indica que a EQM é mais uma parte inerente da experiência cognitiva humana. Como todos os outros comportamentos compartilhados entre as culturas, é muito provável que a EQM também represente a conseqüência de uma característica geneticamente herdada, uma reação fisiológica, um reflexo a um estímulo específico. Embora a EQM seja geralmente interpretada como de natureza "espiritual", um encontro com o outro mundo, acredito que, como todas as outras experiências desse tipo, essa também não é nada mais do que o efeito de um processo estritamente neurofisiológico.

Referências a experiências de quase-morte aparecem em *A república* de Platão, assim como no *Livro tibetano dos mortos,* e têm sido relatadas por quase todas as culturas do mundo. Em *A república,* Platão conta a história de Er, filho de Armênio, que supostamente morre e depois volta para contar como foi sua ascensão ao céu e seu retorno ao mundo dos vivos. Durante sua suposta experiência com a morte, Er descreve a visão que teve de uma "coluna de luz branca e pura que se estendia por toda a extensão do céu". É pela história de Er que Platão desenvolve sua idéia de uma alma imortal e de vida após a morte. Dessa maneira, a EQM desempenha um grande papel na crença que nossa espécie mantém em uma realidade espiritual e em uma vida após a morte.

A fim de verificar a freqüência de experiências de quase-morte nas sociedades mais contemporâneas, a organização Gallup conduziu uma pesquisa, em 1982, chamada "Aventuras na imortalidade", cuja meta era descobrir em que os norte-americanos adultos acreditavam, no que tange à vida após a morte. Uma das perguntas feitas às pessoas era: "Você já esteve à beira da morte e, nessa ocasião, teve uma experiência incomum?" Quinze por cento dos entrevistados responderam que sim. Além disso, a mesma pesquisa concluiu que oito milhões de norte-americanos vivenciaram uma EQM. Numa pesquisa similar conduzida na China (Feng e Lin, 1976), 42% dos entrevistados alegaram ter passado por uma EQM, o que confirmou a natureza culturalmente geral desse fenômeno.

E o que provoca uma EQM? Uma EQM quase sempre resulta de uma diminuição do fluxo de sangue para o cérebro e/ou falta de oxigênio, geralmente por choque induzido por uma infecção grave – choque séptico –, isquemia miocardial – choque cardiogênico –, parada cardíaca, ou como efeito de anestesia. Parece que a EQM relaciona-se exclusivamente com uma realidade física, não-espiritual.

Uma das interpretações mais errôneas sobre experiências de quase-morte é a de que a pessoa literalmente morre e depois volta à vida, o que é simplesmente impossível. Por exemplo, há pessoas que acreditam que, quando nosso coração pára, estamos mortos, mas isso não é verdade. O coração é apenas uma bomba que manda sangue oxigenado para o resto do corpo. Uma célula só morre verdadeiramente após a privação de oxigênio por aproximadamente seis minutos. E só quando as células cerebrais morrem a pessoa é considerada realmente morta, e dessa morte jamais um organismo retornou.

Embora não exista um padrão internacional pelo qual possamos definir formalmente uma EQM, estudos mostram grandes similaridades nas descrições desse fenômeno que cruzam todas as fronteiras culturais

(Fenwick, 1997; Feng e Lin, 1976; Parischa e Stevenson, 1986). Por exemplo, na maioria dos casos documentados, a primeira lembrança que as pessoas têm da experiência é a sensação de sofrimento e medo intensos, abruptamente substituída por outra, de calma, serenidade e felicidade. Como apoio ao modelo neurofisiológico desse fenômeno, D. B. Carr sugeriu que as sensações mencionadas são resultado de uma descarga de opióides endógenos – endorfinas.

Depois dessa sensação de calma ou euforia, o sintoma que mais freqüentemente ocorre durante uma EQM é a experiência extracorpórea (EEC), no qual a pessoa sente-se saindo do corpo físico e, em muitos casos, vendo a si mesma de um ponto acima de seu corpo.* A sensação é de que seus membros "se movem", mas os médicos que observam a pessoa durante o fenômeno dizem que ela se mantém completamente imóvel. Assemelha-se com o tipo de alucinação sofrida por pessoas lesionadas na região parietal direita, mais uma indicação de que essas experiências relacionam-se a uma atividade neurofisiológica, não ao ser espiritual, ou alma, da pessoa.

Outra sensação comum na EQM, similar à descrita por Platão, é ver-se andando por um túnel escuro em direção a uma ofuscante luz branca, interpretada como algo de significado religioso, como se a luz representasse os portões do Paraíso. Essa experiência de ver uma luz penetrante ou ofuscante é atribuída à atividade do nervo ótico, que tende a reagir quando privado do suprimento normal de oxigênio. É durante essa parte da experiência que a pessoa quase sempre tem a sensação de ser envolvida não apenas pela "luz", mas pela presença de Deus.

Praticamente todos os que passam pela experiência de quase-morte a interpretam como espiritual, e essa é a mesma interpretação de pessoas

*Um hospital, a fim de testar a validade de experiências extracorpóreas, colocou um painel eletrônico acima da cama dos pacientes, o qual exibia uma mensagem que só podia ser lida por alguém que estivesse acima dele. Até hoje, ninguém que alegou vivenciar uma EQM ou uma EEC naquele hospital afirmou ver a mensagem.

que sofreram uma epilepsia do lobo temporal ou fizeram experimentos com drogas enteógenas. Como relatado no *Journal of Neuropsychiatry*:

> A ingestão de alucinógenos e a epilepsia temporal límbica produzem uma experiência quase idêntica descrita por pessoas que vivenciaram uma experiência de quase-morte. Esses distúrbios cerebrais produzem despersonalização, perda do senso de realidade, êxtase, sensação de ausência de tempo e espaço e outras impressões que apóiam uma interpretação religiosa ou que envolve algo divino.[99]

Desse modo, não é de causar surpresa que um grande número de pessoas que passam por uma EQM diga que ela fortaleceu sua crença em uma realidade espiritual, um deus, uma alma e uma vida após a morte. No entanto, não importa como interpretemos essas experiências, devemos nos perguntar se elas são de natureza transcendental ou, como todas as outras experiências espirituais, se são simplesmente acontecimentos neurofisiológicos.

O que pode nos ajudar a encontrar a resposta é a pesquisa do Dr. Karl Jansen, que descobriu que "é possível induzir experiências de quase-morte pelo uso da droga dissociativa quetamina".[100] Em seu relatório, o Dr. Jansen declara: "Agora ficou claro que as experiências de quase-morte advêm de um isolamento dos receptores cerebrais (pontos de contato) pelo neurotransmissor glutamato. Esses pontos de contato são chamados de receptores N-metil-D-aspartato (NMDA). Demonstra-se que condições indutoras de experiências de quase-morte, como baixo suprimento de oxigênio, fluxo sangüíneo insuficiente e nível baixo de açúcar no sangue liberam uma descarga de glutamato, ativando exageradamente os receptores NMDA. Condições que provocam uma descarga de glutamato também podem provocar uma descarga de substâncias químicas cerebrais do tipo quetamina, levando a um estado de consciência alterado."[101]

Descobriu-se também que uma injeção intravenosa de 50-100mg de quetamina reproduz todos os sintomas comumente associados à experiência de quase-morte (Sputz, 1989; Jansen, 1995, 1996). Mesmo Timothy Leary, famoso advogado das drogas psicodélicas da década de 1960, descreveu suas experiências como "experimentos em morte voluntária" (Leary, 1983).

Como o próprio termo sugere, uma EQM ocorre quando a vida de uma pessoa está em risco, portanto faz sentido dizer que, naquele momento, o corpo produz substâncias químicas indutoras de um estado de serenidade. Por exemplo, se a pessoa estiver se esvaindo em sangue, a pior coisa que ela pode fazer é entrar em pânico, pois isso aumenta a taxa de batimentos cardíacos e, por sua vez, torna a perda de sangue mais rápida. Ao contrário, um estado de calma e serenidade diminui a taxa de batimentos cardíacos, tornando a perda de sangue mais lenta. É altamente provável que a função de uma EQM seja a de nos acalmar quando passamos por algo que põe nossa vida em perigo, de maneira a aumentar nossas chances de sobrevivência.

Da mesma maneira que drogas enteógenas provocam experiências espirituais/místicas, aparentemente o neurotransmissor glutamato e a quetamina, sua substituta sintética, podem provocar todos os sintomas de uma experiência de quase-morte. Isso sugere que, como todos os outros tipos de experiências espirituais, uma EQM não tem como base uma alma etérea, mas é criada pela neuroquímica de nosso cérebro. Uma EQM aparentemente representa a conseqüência de um mecanismo neurofisiológico que dá a nossa espécie a capacidade de lidar com a dor e a ansiedade intensas associadas a uma circunstância que ameace a vida. Mais uma vez, embora isso não possa provar que uma realidade espiritual não existe, pelo menos reforça a possibilidade de que realmente seja esse o caso.

# 16
# O dom das línguas

> "A glossolalia é um fenômeno religioso universal."
>
> C. L. MAY

Outro comportamento religioso que deve ser abordado é o da glossolalia, também considerada uma experiência de êxtase e mais comumente conhecida como "dom das línguas". A glossolalia constitui um outro comportamento universal pelo qual humanos induzem um estado de transe muito semelhante às experiências espirituais/místicas já discutidas neste livro.

Para confirmar a natureza culturalmente global da glossolalia, o etnólogo George Jennings estudou esse fenômeno estritamente humano que faz parte de muitas práticas religiosas, como os cultos dos índios norte-americanos peiotes, dos índios haida do norte do Pacífico, dos xamãs do Sudão, da Groenlândia, da Sibéria e da África, dos cultos xangô da costa oeste da África e de Trinidad, dos rituais de vodu do Haiti, dos cultos dos aborígines australianos, dos povos das regiões subárticas da América do Norte, dos índios chaco da América do Sul, dos diaks de Bornéu, do culto Zor da Etiópia e dos curandeiros dos Andes.

Nas sociedades cristãs, a glossolalia remonta ao Novo Testamento (Atos 2:1-42), quando Paulo e Lucas salientaram que o dom das línguas era parte notável da primitiva Igreja Cristã. De acordo com esses escritos, esse dom era visto como o efeito do Espírito Santo tomando posse do corpo de um cristão.

Como acontece com muitas experiências espirituais/místicas, a glossolalia apresenta-se geralmente em um cenário religioso formal. Entre os cristãos pentecostais, por exemplo, as reuniões especiais de "reavivamento" pretendem produzir uma atmosfera que encoraja os participantes a procurar esse tipo de experiência de êxtase. Como os dervixes muçulmanos, que giram sem parar até chegarem a um frenesi extático, um indivíduo que procura alcançar a glossolalia precisa entregar-se ao mesmo fervor religioso. Assim que esse estado "elevado" é atingido, ele, involuntariamente, começa a emitir uma algaravia ininteligível, fragmentos de palavras e vocalizações, e isso deu origem ao nome desse fenômeno. Como em outros tipos de experiências espirituais/místicas, aqueles que praticam a glossolalia descrevem o que sentem como arrebatamento religioso e êxtase.

Então, devemos acreditar que tais experiências representam exemplos legítimos de seres humanos possuídos por um espírito? Essa algaravia ininteligível, atribuída ao dom das línguas, é, realmente, uma vocalização de nossos deuses, que usam nosso aparelho vocal para se exprimirem? Ou trata-se apenas de um reflexo humano com base neurofisiológica?

Embora pouco ainda se saiba sobre a base biológica da experiência de glossolalia, foi revelado, por meio de registros eletroencefalográficos, que uma mudança distinta ocorre nos padrões de ondas cerebrais daqueles que entram no que os participantes chamam de estado de consciência "sagrado" (Woodruff, 1993). Mais especificamente, descobriu-se que, quando os participantes entram nesse estado elevado de consciência, os padrões de ondas cerebrais mudam repentinamente de alfa para beta, confirmando que tais experiências têm relação direta com uma atividade neurológica.

A ligação física entre esse tipo de experiência religiosa e nossa neurofisiologia foi posteriormente validada em experimentos conduzidos por V. S. Ramachandran e S. Blakeslee, em 1998, que demonstraram que o hemisfério cerebral direito desempenha um papel importante na glossolalia. Além disso, outros experimentos com a glossolalia, os quais revelaram uma mudança de temperatura nos hemisférios direito e esquerdo, também sugerem que "o dom das línguas pode ser associado ao crescimento na atividade do hemisfério direito".[102]

Temos aqui, então, outro exemplo de uma experiência humana freqüentemente vista como de natureza "espiritual", mas que, com a ajuda da ciência, estamos descobrindo que pode ser atribuída a uma atividade gerada no cérebro, não a alguma fonte divina.

# 17

# Por que os Estados Unidos são um país tão religioso? Uma hipótese bio-histórica

"Nós, o povo dos Estados Unidos, agora formamos a nação mais profusamente religiosa do mundo."[103]

DIANA ECK

"Somos um povo religioso, cujas instituições pressupõem um Ser Supremo."

SUPREMA CORTE DE JUSTIÇA
WILLIAM O. DOUGLAS[104]

"Em Deus confiamos."

MOEDA AMERICANA

De acordo com recentes estudos demográficos e estatísticas sociais, existe uma relação inversa entre a prosperidade de uma nação e o nível de sua religiosidade. Em outras palavras, enquanto as nações mais prósperas têm um percentual estatisticamente mais alta de indivíduos que se definem como não-religiosos, ateus, agnósticos ou não filiados a nenhuma fé, as menos prósperas apresentam um número significativamente mais alto de indivíduos que se definem como religiosos.

Para confirmar essa relação, o Relatório de Desenvolvimento Humano de 2004, encomendado pelo Programa de Desenvolvimento das Nações

Unidas, apresenta 177 nações escalonadas, no que chamam de Índice de Desenvolvimento Humano. O objetivo desse índice é avaliar a saúde social de uma nação com o uso de indicadores, como taxa de mortalidade infantil, taxa de analfabetismo adulto, renda *per capita* e nível de escolaridade. De acordo com o relatório de 2004, as cinco nações que ocupam os lugares mais altos na escala são Suécia, Noruega, Austrália, Canadá e Holanda. Além de todas essas cinco nações serem caracterizadas por um alto grau de ateísmo, "das 25 nações que ocupam os lugares mais altos no Índice de Desenvolvimento Humano, todas, exceto a Irlanda, são nações não religiosas, apresentando alguns dos mais altos percentuais de ateísmo do mundo. Por outro lado, os 50 países que ocupam os lugares mais baixos da lista não apresentam percentuais significativos de ateísmo".[105] E mais, "com referência a taxas de analfabetismo, de acordo com o Relatório das Nações Unidas sobre a Situação Social Mundial (2003), dos 35 países com as mais altas taxas de analfabetismo jovem (percentual da população entre 15 e 24 anos de idade que não sabe ler e escrever), todos são altamente religiosos, com níveis de ateísmo estatisticamente insignificantes".[106]

Enquanto as nações estatisticamente menos religiosas têm um nível mais alto de igualdade sexual e estão entre as mais igualitárias do mundo, as mais religiosas são consideradas as mais opressivas e com alto grau de desigualdade sexual.

Vejamos alguns dados estatísticos que apóiam essas afirmações: 42% dos alemães ocidentais e 72% dos alemães orientais são ateus ou agnósticos (Shand, 1998); 85% dos suecos não acreditam em Deus (Davie, 1999); 44% dos ingleses não acreditam em Deus (BBC, 2004); 65% dos japoneses não acreditam em Deus (Norris e Inglehart, 2004); 54% dos franceses são ateus ou agnósticos (Froese, 2001); 44% dos holandeses são ateus ou agnósticos (Froese, 2001); enquanto 54% dos israelenses identificam-se como não religiosos (Yuchtman-Ya'ar, 2003), 31% não acreditam em Deus e 6% respondem que não sabem, para um total de 37% de ateus ou agnósticos (Kedem, 1995). Todos esses países, menos Israel, ocupam, no Índice de Desenvolvimento Humano das Nações Unidas de 2005, as

20 colocações no topo da lista, sendo os melhores lugares para se viver em todo o mundo.

Ao contrário, na maioria dos países do Oriente Médio, da Ásia, da América do Sul e da África, menos de 2% das pessoas pertencem à categoria das que não são religiosas ou não acreditam em Deus.*

E agora, as perguntas que deixei por último: onde os Estados Unidos se encaixam em tudo isso? Quais são os números que os definem? Mais importante: são condizentes com as correlações estatísticas obtidas pelo levantamento de todas essas outras nações? Resposta curta: nem de longe. Os Estados Unidos são uma berrante anomalia.

De acordo com a pesquisa Gallup, divulgada em novembro de 2003, 60% dos americanos disseram que religião é muito importante em suas vidas. Enquanto isso, no Canadá e no Reino Unido, duas nações com quem os americanos têm uma grande afinidade cultural, apenas 20% e 17%, respectivamente, definiram a religião como importante em suas vidas. Uma pesquisa conduzida pela Universidade Municipal de Nova York, em 2001, descobriu que 85% dos americanos identificam-se com alguma crença religiosa.

De acordo com a agência inglesa de pesquisas ICM, um levantamento feito em janeiro de 2004 mostrou que 91% dos americanos acreditam no sobrenatural, 74% numa vida após a morte, 82% acham que acreditar em Deus ou em um poder superior torna a pessoa "um ser humano melhor" e 76% acreditam que Deus ou um poder superior julga suas ações, enquanto 71% alegam que "morreriam por seu Deus ou sua crença". Em

*Entre as nações nas quais menos de 2% da população consideram-se não religiosos ou ateus, estão: Jordânia, Egito, Síria, Omã, Kuait, Arábia Saudita, Emirados Árabes, Iraque e Iêmen (Inglehart *et al.*, 2004; Barret *et al.*, 2001), Indonésia, Brunei, Tailândia, Sri Lanka, Irã, Malásia, Nepal, Laos, Afeganistão, Paquistão, Filipinas (Gallup, 1999; Johnstone, 2003), El Salvador, Guatemala, Bolívia, Brasil, Costa Rica, Colômbia, Equador, Honduras, Nicarágua, Panamá, Peru, Paraguai, Venezuela (Hiorth, 2003; Barret *et al.*, 2001; Inglehart *et al.*, 2004), Argélia, Benin, Botsuana, Burquina Faso, Burundi, Camarões, Chade, Costa do Marfim, Etiópia, Gâmbia, Gana, Guiné, Quênia, Libéria, Líbia, Madagascar, Malavi, Mali, Mauritânia, Marrocos, Nigéria, Ruanda, Senegal, Serra Leoa, Somália, Sudão, Tanzânia, Togo, Tunísia, Uganda, Zâmbia e Zimbábue (Hiorth, 2001; Inglehart *et al.*, 2004, 1998; Barret *et al.*, 2001; e Johnstone, 1993).

contraste, apenas 5% dos americanos não acreditam em Deus ou em um poder superior (Gallup, 1999). E mais, com base em pesquisa efetuada em fevereiro de 2004 pela ABC News, 60% dos americanos acreditam na interpretação literal de relatos bíblicos, como os da criação, no livro do Gênesis, da abertura do mar Vermelho e da arca de Noé.

Os Estados Unidos são, obviamente, uma nação significativamente religiosa. Na verdade, na lista de 50 países que indicava os percentuais de pessoas que se identificam como não religiosas, os Estados Unidos ocupam o 44º lugar, depois de nações subdesenvolvidas como Uruguai, Cazaquistão, Estônia e Mongólia. Mas, enquanto nenhuma das nações mencionadas está entre – ou próximas de – as dez nações consideradas os melhores lugares para viver, os Estados Unidos estão.

Então, qual a razão de tão notável disparidade? Como é possível que, em uma nação tão próspera como os Estados Unidos, com tão baixas taxas de mortalidade infantil e analfabetismo,* alto grau de igualdade entre os sexos, alta renda *per capita*, altos padrões de vida, um lugar onde se inventam tantas tecnologias de êxito, com uma sociedade tão imersa em cultura científica, para não mencionar os prêmios Nobel de ciências, os quais conquistou mais do que a soma de todas as outras cinco nações vencedoras combinadas entre 1901 e 2003 – Estados Unidos, 137; Alemanha, 49; Reino Unido, 47; França, 18; Holanda, 11; Rússia, 11 –, seja tão caracteristicamente religiosa? Isso nos leva à pergunta: o que há com os Estados Unidos que desafia as mesmas estatísticas sociais que de modo tão consistente definem todas as outras nações do mundo?

Para manter a premissa bioteológica deste livro, eu gostaria de oferecer uma hipótese genética para esse aparente fenômeno. Ao falar do caráter nacional de um povo, é preciso primeiro estudar sua origem. No caso dos Estados Unidos, encontramos suas origens na história dos imigrantes europeus do século XVII. E por que essas pessoas deixaram a Europa para

*A taxa de alfabetismo adulto nos Estados Unidos é de 97%, que, embora seja relativamente alta, ainda continua abaixo da apresentada por quase todas as outras nações desenvolvidas.

virem estabelecer-se na América do Norte? Embora houvesse várias razões, sendo a prosperidade econômica uma delas, se existe um denominador comum pelo qual podemos distinguir quase todas as primeiras comunidades européias a se estabelecerem na América do Norte, caracteriza-se pela busca daqueles homens e mulheres por liberdade religiosa, pois suas convicções religiosas eram tão fortes que estavam dispostos a arriscar a vida para poderem praticar suas crenças.

O primeiro desses grupos religiosos a se estabelecer na América do Norte foi o dos peregrinos. Nos séculos XVI e XVII, um grupo religioso conhecido como puritanos, buscava purificar – daí o nome – a Igreja Anglicana da Inglaterra, reformando sua política e limpando-a de todos os vestígios de Roma e do papado. Desse grupo, emergiu uma seita ainda mais radicalmente separatista, e muitos de seus seguidores deixaram a Inglaterra para viver em Leyden, Holanda, e praticar livremente seu modelo de cristianismo. Dessa congregação de Leyden, um grupo conhecido como os peregrinos decidiu estabelecer sua própria comunidade no Novo Mundo, onde, em 1620, fundaram a colônia de Plymouth.

Diante da crescente perseguição na Inglaterra anglicana, uma segunda leva de puritanos fugiu para a América do Norte e fundou a colônia de Massachusetts Bay, em 1630. Dessa vez, 20 mil puritanos emigraram da Inglaterra para a América com o único propósito de praticar livremente sua religião.

Devido ao sucesso dessas primeiras comunidades puritanas, outros dissidentes religiosos logo seguiram seu exemplo. Um dos primeiros desses grupos foi o dos huguenotes, uma sociedade de protestantes franceses. Nessa época, foram grandes as atrocidades praticadas tanto por católicos como por protestantes, quando esses dois lados começaram uma guerra que envolveu toda a Europa. Um dos piores incidentes foi o massacre do Dia de São Bartolomeu em Paris, em 1572, em que milhares de huguenotes foram assassinados por católicos romanos. Apesar de uma tentativa de paz por meio do Édito de Nantes, em 1598, a tensão entre esses dois grupos acabou por obrigar os huguenotes a procurar outras paragens, e o resultado foi que 400 mil desses protestantes emigraram para várias partes do mundo, inclusive para as colônias inglesas na América do Norte.

Durante o reinado dos Stuart na Inglaterra do século XVII, os católicos foram duramente maltratados e perseguidos. Levado por um sentimento de dever sagrado, George Calvert, membro do Parlamento inglês que se convertera ao catolicismo após abandonar o protestantismo anglicano, conseguiu do rei Charles I, em 1632, um documento que lhe cedia a posse do território entre a Pensilvânia e a Virgínia, que depois ficou conhecido como Maryland. Àqueles que quisessem ir com ele para lá, Calvert ofereceu liberdade para praticar suas crenças com impunidade e, em 1634, dois navios, o *Ark* (Arca) e o *Dove* (Pomba), levaram para Maryland seus primeiros colonos, onde foram estabelecidas as primeiras comunidades católicas romanas no Novo Mundo.

Durante anos, judeus holandeses prosperaram no Brasil em áreas dominadas pela Holanda. Subitamente, confrontaram-se com a ameaça da Inquisição, após a conquista dessas áreas pelos portugueses, em 1654. Depois que um judeu brasileiro foi amarrado a um poste e queimado, um navio levou do Brasil para Nova Amsterdã, que logo se tornaria Nova York, 23 refugiados judeus que pediam asilo religioso. Foi em Nova Amsterdã que aqueles homens e mulheres deram início à primeira congregação judaica na América do Norte e ergueram a primeira sinagoga. Esse foi o primeiro de três grupos de judeus em emigração para a América. O segundo grupo, no século XIX, era formado por uma grande comunidade de judeus alemães que deixaram seu país em busca de uma vida melhor na América. O terceiro grupo, o maior deles, era de judeus da Polônia e da Rússia que, entre 1881 e 1906, fugiram das extremas perseguições, chamadas de *pogroms*, autorizadas pelo czar.

Em 1652, uma comunidade religiosa surgiu na Inglaterra, cujo líder era o carismático George Fox, fundador do movimento quaker. Os quakers, que na época eram vistos como puritanos radicais, foram severamente perseguidos por ousarem desviar-se do cristianismo ortodoxo. Por volta de 1680, a nação inglesa aprisionara mais de 10 mil quakers, alguns dos quais foram torturados até a morte nas prisões reais. Em conseqüência, os quakers buscaram refúgio no Novo Mundo, onde seu líder, William Penn, recebera do rei Charles II os direitos sobre a província da Pensilvânia. Em 1685, 800 quakers estabeleceram sua comunidade na Pensilvânia.

Como resultado da Guerra dos Trinta Anos (1618-1648), muitas das comunidades protestantes da Alemanha, como os menonitas, dunkers, schwenkfelders e morávios, tornaram-se vítimas de perseguição religiosa. Ao saber disso, William Penn, que já estabelecera sua comunidade quaker na Pensilvânia, começou a mandar mensagens para esses grupos alemães oprimidos, incentivando-os a juntar-se a ele na América. Em resposta, milhares desses alemães navegaram para o Novo Mundo, onde encontraram liberdade religiosa na Pensilvânia. Por causa dessa imigração em massa de pessoas de tantos grupos religiosos diferentes, a província tornou-se o que um escritor descreveu como "asilo para seitas banidas".

Os grupos da Nova Inglaterra tornaram-se conhecidos como "comunidades da Bíblia" porque eram teocracias, sociedades em que interpretava-se as escrituras bíblicas como leis sociais. Em 1609, a Igreja da Inglaterra estabelecera-se como lei na Virgínia e, em 1610, acrescentou-se um estatuto que tornava obrigatório freqüentar a igreja. Isso continuou com a expansão da lei anglicana, que chegou a Nova York em 1693, a Maryland em 1702, à Carolina do Sul em 1706, à Carolina do Norte em 1711 e à Geórgia em 1758, com o restante das colônias adotando o exemplo em seguida. Com tal influxo de populações religiosas, em 1700 estimava-se que entre 75% e 80% dessas populações coloniais freqüentavam a igreja regularmente.

Antes de oferecer uma conclusão a respeito dos dados mencionados, eu gostaria de fazer uma analogia. Imagine que tomássemos a Orquestra Filarmônica de Nova York, formada, digamos, por 200 pessoas, todas com verdadeira paixão pela música e também com elevado grau de talento nato, e as mandássemos para o exílio em uma ilha isolada. Agora, imagine que, 200 anos depois, fizéssemos uma visita a seus descendentes. Seria ilógico presumir que encontraríamos uma sociedade com uma cultura predominantemente musical? É natural atribuir o fato a fatores ambientais, porque os fundadores dessa comunidade teriam educado sua descendência para desenvolver um alto nível de apreciação pela música. No entanto, também não seria razoável presumir que parte da natureza musical dos indivíduos dessa sociedade poderia ser resultado de aptidões e tendências inerentes, transmitidas pelos genes altamente musicais de seus antecessores? Mesmo que várias gerações de novos imigrantes chegassem à ilha – muitos com pouco ou nenhum talento musical herdado –, não seria altamente provável que a herança musical da ilha ainda persistisse?

Tal caso representa um exemplo do "efeito fundador", ou "efeito pioneiro", uma faceta do processo evolucionário conhecido como força genética, pela qual um pequeno grupo de uma população muito maior migra para uma área isolada, levando uma mistura genética única da qual, gerações mais tarde, podem emergir espécies totalmente novas, ou, no caso dos humanos, novas raças ou culturas com características físicas únicas e, possivelmente, predisposições comportamentais geneticamente herdadas.

Vejamos um exemplo do funcionamento dessa força. "O efeito fundador é provavelmente responsável por uma ausência completa do grupo sangüíneo B entre os índios norte-americanos, cujos ancestrais chegaram em pequeno número pelo estreito de Bering, no final da última era glacial, cerca de 10 mil anos atrás. Exemplos mais recentes são os religiosos isolados, como os das seitas dunker e amish, fundadas por grupos pequenos que emigraram de congregações muito maiores da Europa central e que ainda continuam quase que completamente fechadas à imigração do resto da população norte-americana. Assim, as freqüências genéticas de seu grupo sangüíneo são muito diferentes daquelas das populações circundantes, tanto da Europa como da América do Norte."[107] Como resultado desse isolamento genético, os amish têm um percentual singularmente alto de pessoas que apresentam a síndrome de Ellis-van Creveld, uma doença que pode causar polidactilia (um número maior de dedos nos pés e nas mãos).

Exemplo similar é dado pelos descendentes de um pequeno grupo de judeus ashkenazi (da Europa central e oriental) do século XV, cujos descendentes, como resultado do isolamento, até hoje correm o risco de adquirir problemas neurológicos geneticamente concebidos, como a doença de Gaucher, de Niemann-Pick e de Tay-Sachs. Um artigo recente, publicado no *Journal of Biosocial Science*, da Cambridge University Press, observa que essas doenças, em relação a freqüências genéticas únicas dos judeus ashkenazi, podem ser associadas à tendência inerente para uma inteligência superior, postulando assim que certos traços surgidos do isolamento genético podem influenciar características cognitivas específicas. Essa idéia é confirmada pelo geneticista L. B. Jorde, que escreveu: "Muitos fatores geográficos, climáticos e históricos contribuem para os padrões de variação genética humana que vemos hoje no mundo. Por exemplo, processos populacionais associados à colonização, períodos de isolamento geográfico, endogamia (casamento entre pessoas do mesmo grupo) socialmente apoiada e seleção natural afetam as freqüências alélicas em certas populações."[108]

Com tudo isso em mente, não poderíamos presumir que, se tomássemos indivíduos hiper-religiosos, seqüestrando-os e isolando-os em uma ilha, seus descendentes, depois de algumas gerações, seriam também altamente religiosos? Então, não será possível que, como resultado da força genética, as comunidades pioneiras da América do Norte trouxeram com elas genes "religiosos", dando a sua progênie uma amplificada predisposição para a religiosidade?

Como meu breve relato histórico sobre as colônias indica, os pioneiros originais dos Estados Unidos eram predominantemente europeus religiosos, devotos, convictos, fanáticos, fundamentalistas, pessoas que opuseram resistência às religiões aceitas na época, que desafiaram inquisições, perseguições, execuções e exílio apenas para que suas crenças religiosas fossem preservadas. Diante da necessidade de escolher entre qualquer assimilação cultural e uma possível morte por aprisionamento, execução ou exílio, não será correto presumir que apenas os mais devotos, os hiper-religiosos, optavam por manterem-se fiéis àquilo em que acreditavam?

A emigração para a América do Norte, nos tempos coloniais, representa um acontecimento único na história humana por ter sido, talvez, a maior massa de migração de diferentes povos para um mesmo lugar por um motivo social específico: preservar suas crenças religiosas. E, embora os descendentes desses pioneiros possam não ter, em sua maioria, vivido isolados como os amish, "durante os dois primeiros séculos de sua existência, a Nova Inglaterra foi notavelmente homogênea nas características de sua população".[109] Essa homogeneidade foi reforçada pelo fato de que durante anos, após a revolução – até a década de 1830 –, o número de imigrantes manteve-se abaixo de alguns milhares por ano, de modo que "a partir da época da independência a imigração contribuiu pouco para o crescimento populacional da nação".[110] Por volta de 1830, dos quase 13 milhões de habitantes dos Estados Unidos, menos de 500 mil eram estrangeiros natos.

Entre 1820 e 1992, a história americana registra altos e baixos na imigração, e 57 milhões de imigrantes foram incluídos na população, que anteriormente era de mais ou menos 255 milhões de habitantes (devemos notar que isso não significa que quase 200 milhões fossem descendentes puros dos pioneiros, porque precisamos levar em conta que esses 57 milhões de imigrantes procriaram ao longo do tempo, de modo que grande parte dos 255 milhões é constituída de seus descendentes). Como resultado, tentar calcular a interação genética entre os imigrantes mais recentes e os antigos pioneiros é quase impossível.* Mesmo assim, apesar de toda a mistura cultural num reservatório genético, ainda calcula-se que "os descendentes dos protestantes ingleses representam cerca de 45% da atual

*Examinando as águas turvas da genética populacional, encontramos tantas variáveis a serem consideradas, tanta interação demográfica e uma tamanha mistura de material genético que é praticamente impossível chegar a qualquer conclusão exata. Além disso, a transmissão de específicas características comportamentais entre determinados grupos é, em si mesma, uma ciência inteiramente constituída de conjeturas. Quer estejamos discutindo a possibilidade de os judeus serem inerentemente mais inteligentes, ou de os asiáticos terem maior aptidão para a matemática e para as ciências, embora essas características representem realidades culturais, tentar determinar conclusões genéticas trata-se de algo meramente especulativo e, em certos casos, perigoso. Ao mesmo tempo, porém, como sabemos que certas propensões podem ser transmitidas de geração para geração, devemos reconhecer que o assunto precisa ser levado em consideração.

população dos Estados Unidos",[111] o que indica que se preservou um significativo grau de homogeneidade. Afinal, se depois de viverem 500 anos dispersos pelo mundo, casando-se fora de seu grupo ao longo do tempo, os judeus ashkenazi conseguiram manter parte de sua identidade genética, por que o mesmo não pode ser considerado verdadeiro a respeito dos pioneiros norte-americanos?*

Claro, muita coisa foi adicionada ao reservatório genético norte-americano desde os tempos coloniais, e incontáveis indivíduos chegaram aos Estados Unidos sem nenhum interesse religioso. Todavia, poderíamos dizer que as sementes da religiosidade já haviam sido semeadas por toda a paisagem cultural da nação em quantidade suficiente para causar o tipo de impacto que vemos refletido nas atuais estatísticas sobre religião. Hoje, os Estados Unidos abrigam mais religiões e seitas do que qualquer outro país do mundo, com mais de 1.500 denominações religiosas, mais de duzentas emissoras de rádio e televisão exclusivamente cristãs, mais de 300 mil congregações locais e mais de 530 mil clérigos, uma prova da liberdade e da diversidade encontradas nessa nação e, talvez, até certo ponto, da natureza de nossa programação genética.

*É preciso notar que as estatísticas citadas no caso da inteligência dos judeus (por exemplo, o número desproporcional de ganhadores do Prêmio Nobel), refletem a comunidade mundial judaica não-ortodoxa, geralmente muito menos isolada e, assim, muito mais aberta aos casamentos de indivíduos de grupos diferentes do que a comunidade ortodoxa, que contém, realmente, os reservatórios genéticos mais isolados.

# 18

# A função da culpa e a função da moralidade

"Cientistas e humanistas deviam juntar-se e considerar a possibilidade de haver chegado o momento de remover temporariamente a ética dos filósofos e torná-la biológica."[112]

E. O. WILSON

"Não existe nenhum fenômeno moral, apenas a interpretação moral dos fenômenos."

NIETZSCHE

Assim como indivíduos entre as diversas culturas têm a capacidade de sentir tristeza, todos têm também a capacidade de sentir o que chamamos de culpa, ou seja, de perceber com arrependimento que fizeram algo errado. Isso sugeriria que a experiência da culpa representa mais uma característica de nossa espécie geneticamente herdada. Podemos, assim, presumir que exista algum mecanismo neurofisiológico gerador dessa experiência e que, portanto, possuiríamos "genes de culpa", os quais fizeram nosso cérebro emergente desenvolver as conexões neurais responsáveis pelo tal mecanismo de culpa em nós. Mas qual é a origem desse sentimento tão peculiar? Qual é sua função? De que maneira esse sentimento se relaciona a nossas funções espirituais?

A fim de compreendermos a natureza da culpa, precisamos, antes de mais nada, analisar suas origens evolucionárias. No tempo do aparecimento da matéria orgânica, as formas de vida da Terra, em sua maioria, não viviam em grupos, mas separadas umas das outras. Isso devia-se, principalmente, ao fato de que todas as formas de vida reproduziam-se de modo assexual e, assim, não havia necessidade de união. Na reprodução assexual, um organismo unicelular assexuado produz outro, criando uma duplicata exata de si mesmo. Devido à natureza dessa estratégia de reprodução, não havia nenhuma necessidade de dois organismos da mesma espécie interagirem.

Mas, à medida que a vida continuou a evoluir, dois sexos distintos emergiram. Entre esses novos organismos que se reproduziam sexualmente, era necessário que dois membros da mesma espécie, um de cada sexo, misturassem seus genes a fim de procriar. Essa nova estratégia de reprodução era vantajosa para um organismo, porque promovia maior diversidade entre seus descendentes. Uma diversidade maior significava chance maior de aparecerem mais adaptações favoráveis. Quanto mais adaptações surgiam, mais aumentava a probabilidade de sobrevivência de uma espécie.

Com o advento da reprodução sexual, a maioria das espécies continuou sendo não-social, ou seja, cada organismo individual ainda levava uma existência predominantemente solitária. A diferença era que os dois sexos precisavam unir-se pelo menos uma vez na vida a fim de procriar. Tais uniões aconteciam durante a temporada de acasalamento de cada espécie, quando os dois sexos se encontravam, geralmente pela primeira e única vez, apenas para copularem e depois seguirem caminhos separados. Entre tais espécies, a mãe geralmente abandonava os ovos após a desova, jamais convivendo com a própria prole.

Enquanto a vida continuava a diversificar-se com a passagem do tempo, organismos individuais começaram a mostrar a tendência evolucionária de viver em grupos. Afinal, ao pertencer a um grupo, cada organismo estava mais seguro do que se vivesse sozinho, pois juntos defendiam-se melhor dos predadores, e as atividades de caçar e buscar novas pastagens tornavam-se mais eficientes. Por causa da força e da estabilidade alcançadas com essa adaptação social, a dinâmica de grupo tornou-se a tendência evolucionária "favorita", principalmente entre os vertebrados e, particularmente, entre os mamíferos.

Apesar de todas as vantagens proporcionadas por essa dinâmica de grupo, havia desvantagens também.* Para compreendermos essas desvantagens, precisamos examinar as origens dessa adaptação. Antes do surgimento da dinâmica de grupo, organismos individuais viviam apenas para si mesmos e, por causa dessa existência solitária, não tinham nenhuma consideração por qualquer outro membro de sua espécie. Em conseqüência, seu comportamento era governado por instintos de pura autopreservação. Era um mundo estritamente de planárias comendo planárias.

Quando os organismos evoluíram o bastante para coexistirem em grupos, os instintos egoístas deixaram de representar uma vantagem. É óbvio que, se cada criatura de um grupo cuidasse apenas da própria preservação sem qualquer consideração pelos outros indivíduos de sua comunidade, a sobrevivência do grupo seria impossível. Agora que as formas de vida estavam evoluindo para coexistirem em grupos unidos, novas adaptações tiveram de emergir para que uma espécie mantivesse o equilíbrio entre as necessidades do indivíduo e as necessidades da comunidade. Em outras palavras, os organismos desenvolveram a capacidade de compartilhar as mesmas necessidades, satisfazendo-as ao mesmo tempo em que satisfaziam as necessidades do grupo. Comportamentos estritamente egoístas de repente passaram a representar uma ameaça para o grupo que, por sua vez, representava uma ameaça a cada indivíduo do grupo. Embora cada indi-

*Não existe nenhuma característica que possa ser chamada de perfeita. Em toda adaptação, por mais vantajosa que seja, há sempre alguma desvantagem. Por exemplo, embora a célula foice tenha sido selecionada em seres humanos por sua capacidade de nos ajudar a resistir à malária, seu aparecimento trazia uma ameaça. Assim, a evolução funciona de maneira aparentemente acidental, num processo de tentativas e erros. Novas variações emergem com cada organismo individual, algumas vantajosas, outras, não, enquanto que todas são, até certo ponto, tanto uma coisa quanto outra. Em essência, cada característica que possuímos vem com sua cota de prós e contras. De acordo com as fundamentais leis físicas da natureza – por exemplo, as leis da termodinâmica –, podemos dizer que qualquer variação surgida deixa um organismo mais eficiente ou menos eficiente, no que se refere a sua energia. As variações que se revelam mais eficientes quanto à energia têm maior probabilidade de resistir às forças da extinção, enquanto as menos eficientes têm maior probabilidade de sucumbir a elas.

víduo desse sua contribuição de força ao grupo, agindo assim em sua vantagem, representava também uma ameaça em potencial, porque tinha seu próprio conjunto de instintos de autopreservação.

Esse não foi o único obstáculo a surgir com o aparecimento da dinâmica de grupo. Como os organismos individuais agora viviam muito próximos uns dos outros, aumentou a probabilidade de transmissão de doenças contagiosas. Entre as espécies menos sociáveis, era mais provável que um organismo infectado por uma doença transmissível morresse sozinho, sem infectar outros de sua espécie. Mas como os organismos sociáveis travavam contato, era grande a probabilidade de um indivíduo infectado por uma doença transmissível infectar toda a comunidade.

Um terceiro problema relacionado à dinâmica de grupo era a ameaça em potencial ao reservatório genético de uma espécie. Como o grupo procurava proteger todos os seus membros, até os mais fracos tinham maior probabilidade de sobreviver. Essa probabilidade era menor para um organismo fraco, doente ou deficiente que vivesse sozinho. Na dinâmica de grupo, porém, mesmo os mais fracos eram, pelo menos em parte, protegidos pelos outros membros de ameaças externas. Em conseqüência, nas ordens sociais, era muito mais provável que um indivíduo fraco vivesse tempo bastante para reproduzir-se e, assim, passar seus genes "inferiores" às futuras gerações, afetando negativamente o reservatório genético, não só do grupo, mas de toda a espécie.

Suponhamos, por exemplo, que um organismo de uma espécie não social nascesse com uma deficiência nas pernas ou má visão. Ele acharia difícil caçar ou procurar alimento, assim como teria dificuldade para proteger-se de predadores. Em um grupo, no entanto, um indivíduo com as mesmas deficiências teria mais chances de sobreviver, porque seria protegido pelos outros membros. Assim, embora a dinâmica de grupo represente uma adaptação altamente vantajosa, ao mesmo tempo ameaça comprometer o reservatório genético de uma espécie.

Entre os organismos que levam uma existência solitária, os mais fracos são mais vulneráveis, portanto têm menos chance de sobreviver. Dessa forma, ao longo das gerações, os membros mais fracos de uma espécie são eliminados pela extinção – juntamente com seus genes. Como resultado dessa dinâmica, cada geração torna-se mais apta a satisfazer as exigências do ambiente físico do que a geração anterior.

Nas espécies sociais, todavia, esse princípio não mais se aplica. A regra é a sobrevivência, tanto dos mais fortes quanto dos mais fracos, de maneira que a lei da sobrevivência dos mais fortes – que guia toda seleção natural, toda evolução orgânica – fica comprometida. Como resultado, fica também comprometida a chance de tais espécies sobreviverem.

Por mais vantajosa que a dinâmica de grupo possa ser, ao garantir a segurança de membros mais fracos de uma espécie social ela ameaça interromper o processo de seleção. Entre os animais sociais, o reservatório genético de uma espécie fica estagnado, em vez de tornar-se mais forte a cada geração. Para compensar isso, novas adaptações entre organismos sociais precisam emergir.

Para contornar esses novos obstáculos, os organismos sociais começaram a desenvolver novos mecanismos. Um desses mecanismos é o chamado comportamento de ostracismo, e as espécies sociais o desenvolveram para serem capazes de distinguir geneticamente os indivíduos saudáveis dos doentes, deficientes ou, de algum modo, fracos.*

*Há aqueles que levantam a hipótese de que muitos organismos detectam saúde física em outros por meio do reconhecimento visual da simetria de características físicas. Sugerem que essa simetria relaciona-se a uma boa condição física, tornando-se o mecanismo pelo qual muitos animais distinguem um indivíduo saudável de outro, doentio ou deficiente. Por exemplo, o fato de um animal estar com sua simetria comprometida, por mancar ou exibir uma corcunda, representa um indicador visual de um defeito genético. Entre nossa espécie, esse mesmo mecanismo pode ser responsável pela sensibilidade estética, que nos faz chamar alguns indivíduos de "belos" e outros de "feios". Para confirmar essa idéia, Victor Johnston, psicólogo da Universidade Estadual do Novo México, conduziu um estudo no qual usava eletrodos para ver o que acontece à eletrofisiologia do cérebro quando olhamos rostos diferentes. Ele descobriu que, quando olhamos para um rosto simétrico feminino, o cérebro fica muito mais excitado, o que não acontece quando olhamos um rosto menos simétrico. A percepção da simetria das feições, algo a que chamamos de beleza, aparentemente tem conseqüências neurofisiológicas. Assim, a atração física deve ser de natureza neuroquímica. Podemos dizer, então, que a beleza nos atrai como uma droga. Isso pode ajudar a explicar, por exemplo, por que, em quase todas as culturas, cartazes, anúncios publicitários em revistas e na televisão mostram imagens de belas mulheres, usadas para nos atrair e nos induzir a comprar seus produtos. Parece que, assim como acontece com o amor, a moralidade ou Deus, a beleza também é um conceito relativo determinado por nossa "programação".

Assim que esses animais sociais desenvolveram um mecanismo pelo qual podiam reconhecer um defeito – doença ou deficiência – em outro membro de sua espécie, um mecanismo suplementar também apareceu, fazendo com que essas criaturas sentissem repulsa por tais irregularidades físicas. Isso manifesta-se na maneira pela qual organismos saudáveis instintivamente isolam e evitam os membros de sua espécie que sejam fracos, doentes ou deficientes, podendo até mostrar-se beligerantes em relação a eles. Tal comportamento pode ser observado entre os filhotes de muitos mamíferos, que tendem a isolar, atormentar e, em alguns casos, até matar os mais fracos de sua própria ninhada. Em nossa espécie, talvez a mais discriminadora de todas, o comportamento de ostracismo é mais aparente nas crianças, porque elas ainda não foram socializadas o suficiente para comportarem-se com mais compaixão em relação a um indivíduo com deficiência mental ou física.

Esse mecanismo de ostracismo ajudou na solução de dois dos mais importantes problemas associados à dinâmica de grupo. Por muitas doenças revelarem-se ao afetar a aparência física – crostas, feridas abertas, infecções, constituição fraca, olhos injetados etc. –, os animais sociais exilam os doentios, ajudando a deter a disseminação de doenças transmissíveis. Esse reflexo de ostracismo incentiva os animais sociais a expulsar os membros de sua comunidade com genes que não satisfazem os padrões, fortalecendo o grupo, assim como todo o reservatório genético da espécie.

Mesmo com essas duas ameaças afastadas, ainda existia a ameaça interna gerada por aqueles destrutivos, embora necessários, instintos egoístas inerentes a cada indivíduo do grupo. Como poderia a natureza equilibrar as necessidades conflitantes de autopreservação individual e de preservação grupal? É óbvio, nenhum organismo sobreviveria se perdesse todos os seus instintos de autopreservação e vivesse exclusivamente em função do bem-estar dos outros. Ao mesmo tempo, nenhum grupo sobreviveria se cada membro cuidasse apenas de suprir as próprias necessidades, ignorando as dos outros membros da comunidade. Por essa razão, a natureza precisou selecionar um novo mecanismo que equilibrasse essas duas necessidades essenciais, apesar de conflitantes.

Nas ordens sociais pré-humanas, a ameaça feita ao grupo pelo comportamento egoísta foi afastada por uma estratégia evolucionária conhecida como sistema hierárquico. Nesse sistema, cada membro do grupo envolve-se com outro em uma série de competições físicas – não necessariamente pelo contato físico, mas meramente com o uso de gestos e posturas corporais –, até que o lugar de cada indivíduo na hierarquia seja determinado. O indivíduo que provar ser o mais forte de todos domina os outros na posição de líder. Esse – geralmente chamado de macho ou fêmea alfa – é o primeiro na fila para comer quando o alimento é encontrado. Mais significativo, ele ou ela também tem o direito de escolher seu parceiro antes dos demais. Isso assegura que os melhores genes masculinos se juntarão aos melhores genes femininos, garantindo a produção de uma prole saudável.

A despeito do fato de que o grupo era composto de indivíduos guiados por instintos egoístas, o sistema de hierarquia mantinha a estabilidade e a ordem. Nessa dinâmica, embora um membro do grupo pudesse, às vezes, ficar tentado a agir de acordo com seus impulsos mais egoístas, esses impulsos eram contidos pela estrutura hierárquica. Se, por exemplo, um membro tentasse pegar mais do que a parte de alimento que lhe cabia, era imediatamente desafiado por um de seus superiores. Se um indivíduo "ganancioso" desejasse disputar um posto mais alto na hierarquia, isso representava um desafio a outro membro para uma competição física. Se o desafiador vencesse, ganhava uma posição mais elevada no grupo. Se perdesse, mantinha a posição antiga ou, em alguns casos, podia ser expulso ou punido por sua comunidade por tentar usurpar o posto de um superior e perturbar a ordem. No sistema hierárquico, a dinâmica de grupo era mantida pela simples lei da dominação dos mais fortes. Em circunstância alguma podia um membro mais fraco alegar superioridade sem ser desafiado e forçado a retornar ao estado de submissão. Dessa forma, a força física estabelecia a classificação hierárquica e ajudava a manter a ordem entre as espécies sociais pré-humanas.

Com o surgimento dos humanos, todavia, tudo isso mudou. Os humanos representam o fim do sistema hierárquico físico. Diferentemente de qualquer outra espécie, por causa de nossa capacidade cerebral, cada indivíduo tem o poder de subjugar ou matar qualquer outro. Antes dos humanos, se um membro mais fraco de um grupo desafiasse um superior, seria derrotado com base na pura força física. Mas, devido à inteligência humana, até o membro fisicamente mais fraco de uma comunidade tem a capacidade de matar e, conseqüentemente, de desalojar qualquer outro. Nas sociedades humanas, até o membro fisicamente mais fraco de uma comunidade pode apanhar um objeto pesado e golpear um membro mais forte até a morte. Com nossa capacidade de inventar e fazer instrumentos, as demarcações hierárquicas tornaram-se irrevogavelmente indistintas. Devido a nossa inteligência, o poder assumiu um significado totalmente novo. Uma sociedade humana não podia mais depender de força física bruta para manter a estabilidade social. Em vez disso, alguns novos recursos foram necessários para que o grupo, para não dizer toda a espécie, pudesse sobreviver. Foi nesse ponto de nossa evolução que a função moral emergiu.

Assim como todas as culturas têm um conjunto do que poderíamos chamar de comportamentos espirituais, têm também um conjunto de comportamentos morais. Um comportamento moral caracteriza-se como aquela tendência exclusiva de nossa espécie de classificar cada ação como produtiva ou destrutiva para o bem-estar do grupo. As ações consideradas produtivas para o grupo são classificadas, em todas as culturas, como "boas", e as consideradas danosas para o grupo são classificadas como "más". Essa propensão para distinguir comportamentos "bons" e "maus" torna-se evidente pelo fato de todas as culturas criarem listas de regras – leis – pelas quais as ações "boas" são encorajadas, e as "más", desencorajadas. Assim como nossos ancestrais biológicos exilavam os indivíduos que representavam uma ameaça para o grupo, nós também os exilamos, apenas de uma maneira mais sofisticada.

Embora nossa espécie possua alguns fortes instintos comunais, ainda somos dirigidos, de modo significativo, por nossos impulsos egoístas e destrutivos. Como resultado, foi necessário que nossa espécie, de comportamentos muito mais complexos que os de nossos ancestrais, desenvolvesse uma função moral, uma capacidade de distinguir comportamentos saudáveis dos prejudiciais. Assim, definimos os comportamentos vantajosos para o grupo como "bons", e os prejudiciais, como "maus".

Pela ativação de funções de linguagem, os humanos ganharam a capacidade de compilar listas orais, posteriormente escritas, dos comportamentos considerados potencialmente prejudiciais ao grupo. Assim que essas regras foram codificadas, o grupo foi compelido a rejeitar ou punir os indivíduos que transgredissem uma de suas "leis". Em essência, os humanos desenvolveram uma função penal para complementar a moral. Essa função penal representa o impulso que temos de, sistematicamente, rejeitar e/ou punir os que transgridem as leis de nossa sociedade. Em grande parte, é o medo da punição que impede os indivíduos de nossa espécie de agir em obediência a seus impulsos mais egoístas. Assim que desenvolvemos esse instinto que dá maior força a nossas leis, a ordem do grupo pôde sobreviver, apesar de nossos impulsos mais egoístas. Imagino que, se tal função não houvesse emergido em nós, a dinâmica de grupo, para não mencionar toda nossa espécie, teria muito provavelmente sucumbido às forças da anarquia, chegando à extinção.

Embora todos os indivíduos de nossa espécie tenham os mesmos centros de linguagem no cérebro, cada cultura, baseada em suas próprias circunstâncias históricas e ambientais, desenvolveu uma língua específica. Cada língua pode ser única, mas todas têm certas características universais. Do mesmo modo, nossa espécie tem o mesmo impulso espiritual/religioso, mas cada cultura, baseada em suas próprias circunstâncias, cultiva sua própria religião. Contudo, por mais singular que uma religião possa ser, todas apresentam similaridades. Portanto, embora nossa espécie possua a mesma função moral, as distintas culturas desenvolveram seus próprios códigos morais que, sob as aparentes diferenças, apresentam similaridades. Por exemplo, homicídio e incesto representam comportamentos universalmente proibidos, conhecidos como tabus. A razão de existirem tais tabus universais é que nós, como espécie, somos neurofisiologicamente programados para abominar tais ações. Essa "programação" é necessária porque tais ações constituem uma ameaça óbvia para a dinâmica de grupo.

A primeira pista a indicar que devemos ser programados para ter um comportamento moral leva-nos até o bizarro caso de Phineas Gage, um ferroviário que, em 1848, foi vítima de um acidente com dinamite que fez uma estaca de ferro atravessar seu crânio. Embora ele sobrevivesse ao acidente sem sofrer qualquer dano perceptível a seu intelecto, sua personalidade mudou radicalmente. Antes do acidente, Gage era conhecido como homem de família, honesto, trabalhador diligente. Semanas após o acidente, porém, ele se tornou irresponsável, preguiçoso, sem senso de ética, mentiroso, propenso a enganar e a roubar. Estudos revelaram que a estaca atravessara o córtex pré-frontal, indicando que essa parte do cérebro desempenha um papel da máxima importância no raciocínio moral e social e, desse modo, abrindo caminho pra uma interpretação neurobiológica da consciência moral.

Estudos recentes, conduzidos por Antonio Damasio, da Universidade de Iowa, oferecem novas provas que sustentam essa idéia:

> Damasio e colegas encontraram dois indivíduos que sofreram dano no córtex pré-frontal antes de 16 meses de idade. Os dois pareciam recuperados, mas, à medida que cresciam, começaram a comportar-se de modo indesejável, roubando, mentindo, agredindo os outros tanto verbalmente como fisicamente e, quando adultos, foram péssimos pais para os filhos que tiveram sem se casar, exibindo total falta de remorso e incapacidade de planejar o futuro deles.[113]

Além disso, não havia nenhuma explicação contextual óbvia para o comportamento desses homens, pois foram criados por pais equilibrados, de classe média, e tinham irmãos bem-ajustados. Baseado em sua pesquisa, Damasio concluiu:

> Uma disfunção em certos setores do córtex pré-frontal parece causar desenvolvimento anormal de comportamento moral e social, independentemente de fatores sociais e psicológicos, que parecem não ter desempenhado papel importante na condição dos indivíduos estudados.[114]

Dando apoio às descobertas de Damasio, os médicos Ricardo de Oliveira-Souza e Jorge Moll, do grupo de neurologia e neuroimagem da rede de hospitais D'or, do Rio de Janeiro, Brasil, usaram imagens de ressonância magnética para revelar as partes do cérebro que são ativadas quando uma pessoa se defronta com problemas éticos. O objetivo foi alcançado quando dez sujeitos, homens e mulheres, na faixa de idade entre 24 e 43 anos, fizeram uma série de julgamentos morais durante o escaneamento por ressonância magnética.

> Usando fones de ouvido, os participantes do estudo ouviam declarações como "infringimos a lei quando necessário", "todo mundo tem o direito de viver" e "vamos lutar pela paz". Os sujeitos foram orientados a julgar cada frase em silêncio, determinando se era "certa" ou "errada". Os participantes também ouviram frases sem conteúdo moral, como "pedras são feitas de água" ou "andar faz bem à saúde", e as julgaram da mesma maneira.[115]

O resultado dos escaneamentos, feitos enquanto os sujeitos defrontavam-se com tais problemas éticos, mostrou que o processo de tomar decisões morais é associado à ativação de uma região nos pólos frontais do cérebro, conhecida como área 10 de Brodmann, ou córtex pré-frontal dorsolateral. De acordo com o resultado obtido pelo Dr. Damasio, os pesquisadores que conduziram esses experimentos também descobriram que "pessoas com dano nessa área do cérebro podem apresentar atividade anti-social grave".[116]

Aparentemente, possuímos uma propensão para projetar nossos conceitos espirituais sobre os morais. Por exemplo, comportamentos considerados "bons" são, em um contexto espiritual, vistos como "piedosos", "virtuosos" ou "santos", que angariam os favores de nossos deuses. Quanto aos atos vistos como "maus" ou destrutivos, tendemos a considerá-los condenados por esses mesmos deuses. Os atos rotulados como "maus" são, no contexto espiritual, qualificados de "demoníacos", um conceito para o qual todas as culturas têm um símbolo ou palavra. Para sustentar essa noção, todas as culturas mantêm a crença em poderes ou entidades do "mal", por exemplo, demônios, cujo propósito é tentar levar nossa alma imortal à condenação, assim como nos causar danos e sofrimento. Quase todas as culturas do mundo imaginam um lugar onde as almas dos que cometem "más" ações são condenadas a sofrer eternamente. Inferno, Niflheim, Tártaro, Geena, Jahannan, Karmavacara e Reino de Hades são exemplos desses lugares reservados para os "maus" após a morte.

Por outro lado, todas as culturas mantêm a crença de que as almas dos "bons" são recompensadas por nossos deuses. Seja Céu, Nirvana, Eterno Campo de Caçadas, Valhalla, Campos Elíseos, quase todas as culturas acreditam em um lugar onde as almas "boas" são recompensadas após a morte. Tudo isso sugere que uma consciência moral deve estar integralmente ligada à consciência espiritual. Assim, a consciência moral e a espiritual devem ser vistas como nada mais do que a manifestação de outro impulso geneticamente herdado, outro componente da cognição humana. Em conseqüência, noções de "bem" e "mal" devem ser consideradas, como todas as percepções geradas fisiologicamente, conceitos subjetivos relativos a essa maneira particular pela qual nossa espécie é "programada" para perceber e interpretar a realidade, e não algo fundamentado em uma verdade absoluta ou transcendental.

Mesmo com o surgimento de um impulso moral e penal, os instintos egoístas de nossa espécie ainda nos levavam a desafiar as leis da sociedade. Foi aí, então, que a "natureza" selecionou mais dois mecanismos para estabelecer um equilíbrio entre esses instintos e as necessidades do grupo.

O primeiro desses mecanismos a emergir foi o impulso altruísta. Para balancear o instinto egoísta de satisfazer apenas necessidades pessoais, a seleção natural instalou um dispositivo que compelisse os humanos a servir aos outros membros de sua comunidade quase que com a mesma determinação com que eram compelidos a servir a si mesmos.

Como acontece com qualquer outra característica, os indivíduos possuem esse impulso altruísta em graus diferentes. Embora a pessoa comum possa ter uma propensão normal para entregar-se a comportamentos altruístas, há aquelas que são menos ou mais propensas a isso. Em um extremo, todas as culturas têm certo percentual de indivíduos que são "programados" com um impulso altruísta subdesenvolvido, isto é, que são mais motivados por seus instintos de servir a si mesmos. Tais indivíduos podem ser representados na sociedade por pessoas gananciosas e egoístas, os ladrões, exploradores e avarentos, sem consideração pelos outros, que só buscam seus próprios interesses, dos quais podemos dizer que não têm consciência social. Para essas pessoas, o desejo de dar ou de ajudar não tem nenhum papel significativo em sua experiência consciente.

No outro extremo, cada cultura tem uma pequena porcentagem de indivíduos com impulso altruísta superdesenvolvido, que demonstra um forte impulso de dar e ajudar. Tais indivíduos podem, mais provavelmente, ser encontrados desempenhando o papel de reformadores sociais, filantropos, missionários, para citar alguns exemplos. São compelidos a se preocupar mais com o bem-estar dos outros do que com o seu.

A segunda característica que foi selecionada para nos ajudar a abrandar nossos impulsos mais egoístas foi o que chamo de função da culpa. Com já foi dito aqui, indivíduos de todas as culturas mostram a capacidade de sentir culpa, sugerindo que um mecanismo de culpa surgiu em nossa espécie para complementar nossos impulsos morais e altruístas. Enquanto as funções penal e moral nos dão meios de discernir e, assim, rejeitar e/ou punir os que agem levados por seus instintos mais egoístas, a função da culpa provê o mecanismo que nos compele a rejeitar e/ou punir a nós mesmos por cometer os mesmos atos egoístas que achamos repreensíveis nos outros. Assim como o sistema nervoso nos faz fugir de possíveis perigos, como o fogo, esse sentimento de culpa nos dá um mecanismo que nos leva instintivamente a não cometer atos sociais perigosos, como assassinato, incesto e roubo. Apesar de muitos atos egoístas poderem representar momentaneamente uma vantagem, representam uma ameaça para a dinâmica de grupo e, por fim, pelo fato de todos fazermos parte do mesmo grupo, representam uma ameaça para nós mesmos. De modo irônico, para nosso próprio bem, não devemos ser exageradamente egoístas.

Com o aparecimento da culpa, nossa função moral internalizou-se de tal maneira que nos tornamos "programados" para sentir tanta repulsa por nossa propensão egoísta quanto sentíamos pela dos outros. Levando em nós esses internalizados impulsos de autocrítica, fomos forçados a estar sempre vigilantes a respeito de nossos instintos egoístas.

Como acontece com todas as outras características, cada indivíduo é predisposto a sentir culpa em graus variados. Embora uma pessoa comum, de qualquer população, tenha uma capacidade normal de sentir culpa, cada cultura tem uma menor porcentagem de indivíduos que representam os extremos desse sentimento. Por um lado, há aqueles que nascem com uma função da culpa subdesenvolvida e que, por mais que a sociedade tente mudá-los, continuam incapazes de sentir remorso. São representados pelos sociopatas e psicopatas de uma sociedade, indivíduos com perfeita compreensão da realidade, mas capazes de cometer atos egoístas sem nenhum arrependimento, dos quais poderíamos dizer que são pessoas sem consciência moral ou social. Como tais indivíduos não são compelidos a refrear seus impulsos egoístas, muitas vezes constituem os criminosos de uma sociedade.

De acordo com Nicholas Regush, autor de *The Breaking Point: Understanding your Potential for Violence*, as pesquisas estatísticas mostram que uma amostragem de cada cultura demonstra tendências psicopatas, revelando que a origem desse distúrbio psicossocial pode estar no funcionamento do cérebro. "Numa estimativa simples, cerca de 1% da população é psicopata, assim como, talvez, 20% da população carcerária."[117]

Em apoio a uma explicação neurofisiológica do comportamento psicopata, o psicólogo Robert Hare, da Universidade de British Columbia relatou:

> Em psicopatas, parece haver um uso menor do que o normal de regiões do cérebro que unem emoções e memória a outras funções cerebrais. Os pesquisadores chegaram a essa conclusão comparando ondas cerebrais de sujeitos considerados psicopatas com ondas cerebrais de pessoas chamadas normais. Os dados foram coletados durante um teste de linguagem que provocava reações a palavras, tanto neutras, como carregadas de emoção. Pesquisas com escaneamento do cérebro mostraram que, quando psicopatas reagiam a palavras emocionais, partes de seu cérebro, como a amígdala, que regula as emoções, e a região do córtex frontal, que regula o planejamento a longo prazo, permaneciam inativas. Essas regiões, em pessoas normais, ativavam-se em reação às mesmas palavras.[118]

Assim como existem aqueles incapazes de sentir culpa, há, em todas as culturas, os que têm uma função da culpa hiperativa. Tais indivíduos sofrem de um excessivo sentimento de culpa, tenham feito algo errado ou não. Com exagerada autocrítica e cheios de culpa, sentem uma constante necessidade de se criticarem, se condenarem e se punirem. Nas palavras de Karen Horney, esses indivíduos "insistem em sentir culpa e resistem vigorosamente a qualquer tentativa que outros façam para isentá-los". Os que sofrem dessa disfunção cognitiva são freqüentemente representados por penitentes e ascetas, aqueles que tendem à autoflagelação e ao desprezo por si mesmos, levados pela constante necessidade de se punirem.

O que também apóia uma interpretação genética do comportamento de culpa é o fato dos delírios com alucinações que envolvem ações más ou "pecaminosas" representarem um sintoma comum de esquizofrenia. Por esses delírios serem conhecidos em todas as culturas como sintomas do que sabemos ser um distúrbio neurofisiológico, aparentemente a experiência da culpa é de natureza neurofisiológica, uma parte da cognição humana.

Então, que relação pode haver entre a função da culpa e a função espiritual? Falando de modo geral, quando fazemos algo errado, nossa culpa é dirigida para a vítima de nossa má ação. Ao mesmo tempo, entretanto, os humanos têm a distinta propensão de sentirem-se culpados também diante de seus deuses. Isso fica evidente pelo fato de todas as culturas conceberem a idéia de "pecado". Quando transgredimos as leis de nossa comunidade, chamamos isso de crime. Quando transgredimos o que vemos como leis de nossos deuses, consideramos tal ato um pecado. O fato de todas as culturas terem uma palavra para expressar esse conceito sugere que sentimentos de culpa, que aumentam nosso nível de ansiedade, tendem a estimular a consciência religiosa.

Concorrendo para sustentar o vínculo entre a função da culpa e as funções espiritual e religiosa está no fato de todas as culturas terem rituais pelos quais os indivíduos mostram seu arrependimento e buscam a expiação de seus pecados. Esse comportamento penitente está claramente relacionado ao sentimento de culpa.

Quando uma pessoa comum comete uma má ação, isso parece causar grande ansiedade, atribuindo-se o fato ao medo da retaliação social, assim como da divina. Essa ansiedade provocada pela culpa tende a estimular a consciência espiritual/religiosa, fazendo com que os homens se voltem para Deus. Isso pode ajudar a explicar por que é tão grande o número de conversões entre prisioneiros.

> A ansiedade moral, baseada na culpa e em sentimentos de culpa, ativa preocupações religiosas. (...) Na verdade, sem uma religião e a crença em Deus, a moralidade é impossível para muitas pessoas.[119]

Quando pensamos em cometer, ou cometemos, um ato anti-social, ou "pecado", como assassinato, experimentamos uma sensação desagradável cujo fim é impedir-nos de ceder a esse impulso. Como essa sensação emerge misteriosamente de nosso íntimo, tendemos a interpretá-la como prova de punição divina. Com resultado da natureza nata desses sentimentos, tendemos a interpretar preceitos do tipo "não roubarás e não matarás" como verdades transmitidas a nós por alguma divindade ou autoridade transcendental.

É por essa razão que muitos acreditam que moralidade só é possível se houver crença em uma religião ou um deus. E pela mesma razão os ateístas são geralmente estigmatizados como inerentemente imorais, algo que refuto como sendo nada mais do que preconceito. "O comportamento ético de um homem deve ter por base a compreensão, a educação e os laços sociais", disse Einstein, expressando esse mesmo sentimento. "Nenhuma base religiosa é necessária. O homem estaria em uma triste situação se tivesse de ser contido pelo medo da punição e pela esperança de uma recompensa após a morte."

Embora um ateísta possa não ser fisiologicamente programado para ter fortes inclinações religiosas ou espirituais, seus centros de moral podem ser mais desenvolvidos do que os de uma pessoa exageradamente religiosa e/ou espiritual. Mais uma vez, estamos falando de três tipos de inteligência, três tipos de "programação" – moral, espiritual e religiosa –, três modos de consciência que podem ser tão únicos para cada indivíduo quanto são nossas aptidões para a linguagem, a música ou a matemática. Dessa maneira, a probabilidade de um ateu ser imoral ou sociopata não é maior do que a de uma pessoa que acredita em Deus. Em conseqüência, religião e moralidade não devem ser vistas como sinônimos, da mesma forma que ateísmo não deve ser considerado sinônimo de imoralidade. Como reação a esse estigma, alguns ateístas referem-se a si mesmos como "humanistas seculares", definindo seu senso de moral e de responsabilidade social.

# 19

# A lógica de Deus: um novo paradigma "espiritual"

"Somos o que pensamos. Tudo o que somos vem de nossos pensamentos. Com nossos pensamentos, fazemos o mundo."

BUDA

"Projeção cria percepção. O mundo que vemos é o que damos a ele, nada mais. É a testemunha de nosso estado mental, a imagem externa de uma condição interna. A maneira que um homem pensa é a maneira com que ele percebe o mundo. Assim, não devemos tentar mudar o mundo, mas mudar de idéia a respeito dele."

ANÔNIMO

"A verdadeira viagem da descoberta não consiste em se buscar paisagens novas, mas em se ter olhos novos."

MARCEL PROUST

"Uma evolução da consciência é a principal evolução da existência terrena. Uma mudança de consciência é o fato mais importante da próxima transformação evolucionária."[120]

S. AUROBINDO

Então, e se Kant estava certo? E se nossos conceitos de realidade não forem mais do que produtos de cognições, sensações e percepções geradas internamente, "a imagem externa de uma condição interna"? Sob essa luz, temos de aceitar que tudo o que interpretamos como "real" ou "verdadeiro" é subjetivo, relativo à maneira pela qual nossa espécie é programada para perceber o mundo.

Como cada espécie processa informações diferentemente, cada uma interpreta a realidade por meio de seu próprio ponto de vista. Como todos os pontos de vista são relativos, nenhuma espécie, assim como nenhum indivíduo de uma espécie, pode jamais alegar que sua interpretação da realidade constitui uma verdade absoluta. Como disse Kant, nunca teremos conhecimento absoluto das "coisas em si mesmas", mas apenas um conhecimento relativo das "coisas como as percebemos". Moscas têm conhecimento de moscas, e humanos têm conhecimento de humanos. Assim como uma mosca tem verdades de mosca, um humano tem "verdades" de humano, e as verdades de um não são mais reais do que as do outro, apenas diferentes. Continuamos presos a nossas perspectivas humanas relativas, estruturadas pela maneira como nosso cérebro processa informações e, por isso, para compreendermos a natureza da realidade humana, precisamos primeiro compreender a natureza do funcionamento de nosso cérebro.

O cérebro humano consiste de uma rede interativa de regiões separadas que processam informações de maneira única. Essas são nossas funções cognitivas. Temos a função da linguagem, baseada na área de Wernicke, na área de Broca e no giro angular; a função da ansiedade, com base na amígdala; a função da moralidade, baseada no córtex pré-frontal médio-dorsolateral; e essa lista é longa. Em resumo, para cada sensação, percepção, cognição ou comportamento experimentados por nossa espécie, em todas as culturas, há uma região cerebral específica responsável por gerar essa função. Desse modo, para compreendermos melhor como nosso cérebro processa informações, precisamos conhecer a natureza de cada uma dessas funções cognitivas das quais extraímos a soma de nossa experiência consciente. O papel de cada uma dessas funções cognitivas é processar uma infinidade de dados, cada uma à sua própria maneira. Só depois de integrar todos os dados processados separadamente obtemos um quadro completo daquilo a que nos referimos como realidade.

E se aplicarmos esse mesmo processo à espiritualidade humana? E se a espiritualidade representar a manifestação de uma dessas funções cognitivas, ou seja, uma das maneiras que o cérebro usa para processar nossas cognições? Já que todas as culturas têm a percepção de um reino espiritual, não seria cabível pensar que a espiritualidade pode representar um dos modos pelos quais nossa espécie é "programada" para processar informações e, conseqüentemente, interpretar a realidade? Se for assim, isso significa que as crenças "espirituais" em conceitos como deus, alma e vida após a morte, que são comuns a todas as culturas, constituem nada mais do que manifestações da maneira como nossa espécie processa informações e, portanto, interpreta e realidade. Nesse caso, Deus não representaria mais um ser absoluto, mas uma concepção humana subjetiva, gerada cognitivamente, um fenômeno orgânico, não divino. Em essência, Deus, como o temos interpretado – uma entidade real e absoluta –, está morto, como Nietzsche sugeriu. Não sendo mais uma realidade absoluta, Deus reduz-se simplesmente a mais uma das percepções relativas de nossa espécie, a manifestação de uma adaptação evolucionária, um mecanismo que nos ajuda a suportar as asperezas da vida e a lidar com a consciência debilitante de que vamos, inevitavelmente, morrer.

Entendo que pode ser difícil para muitas pessoas aceitar essa interpretação reducionista, baseada em fatos evolucionários, orgânicos e cognitivos, isto é, uma interpretação científica de Deus. Como a maioria dos indivíduos de nossa espécie é programada para ter a percepção de um reino espiritual, pode ser impossível, para muitos, compreender esse conceito, pois ele estará em conflito com sua percepção da realidade. Por isso, tentar convencer alguém que está programado para acreditar em uma realidade espiritual de que tal realidade não existe é tão inútil quanto tentar convencer um esquizofrênico de que as vozes que ele ouve vêm de sua cabeça, não de uma realidade externa. Não estou sugerindo que nossas percepções espirituais representem uma disfunção física, como é a esquizofrenia. Pelo contrário, a consciência espiritual representa uma parte normal da experiência cognitiva humana.

E se pudéssemos, de alguma forma, fazer um esquizofrênico reconhecer que suas alucinações são meramente produtos de percepções falsas geradas internamente? E se pudéssemos ensiná-lo a raciocinar em meio a seus delírios? Da mesma maneira, e se toda nossa espécie pudesse ser ensinada a raciocinar em meio a suas crenças ilusórias no sobrenatural? E se pudéssemos chegar a reconhecer que tais crenças não representam uma realidade transcendental, mas a manifestação de falsas percepções geradas internamente, chegar a ver Deus como uma ilusão cognitiva? E se reconhecêssemos que a consciência espiritual existe como conseqüência de um reflexo neurofisiológico? Assim como as planárias, que, por reflexo, viram-se para a luz, a humanidade, por reflexo, volta-se para poderes imaginários.

Imaginemos um andróide programado para acreditar que é humano. Para isso, seu criador instalou um chip de computador no sistema de circuitos, fornecendo ao andróide lembranças fictícias de um passado fabricado – como no filme *Blade Runner, o caçador de andróides*. Agora, imaginemos que o andróide, repentinamente, tome consciência de sua verdadeira natureza – o que também acontece no filme – e descubra que é um andróide e que suas lembranças não passam de efeitos de um chip de computador que o compele a ter a percepção de um passado ilusório. Diante dessa descoberta, ele se sente livre para explorar as possibilidades de um paradigma totalmente novo. Não mais preso à falsa realidade para a qual foi programado, o andróide agora pode redefinir seu próprio destino, pode explorar novas possibilidades de acordo com sua natureza mais "verdadeira".

De modo análogo, imaginemos que os humanos, de repente, se conscientizassem do fato de serem programados pelas forças da natureza para perceber uma realidade espiritual fabricada, como o passado fictício de nosso andróide. Assim como o andróide foi equipado com chips que formam suas percepções ilusórias, nós, humanos, fomos equipados com uma rede neural que forma as nossas. E se, assim como o andróide reconheceu que suas lembranças eram apenas a conseqüência de um programa de computador instalado em seus circuitos, nós chegássemos a reconhecer que a consciência espiritual existe não como efeito de uma realidade transcendental, mas como conseqüência de um programa orgânico, um reflexo instalado nos circuitos neurais de nossa espécie? Talvez, se víssemos a espiritualidade dessa maneira, fôssemos capazes de criar um paradigma totalmente novo para nós mesmos pelo qual poderíamos redefinir nosso destino baseados em nossa natureza mais "verdadeira". Em vez de ficarmos presos à consciência falsa que a natureza forjou pra nós, poderíamos usar esse autoconhecimento recém-descoberto para criar uma visão mais saudável e produtiva de nós mesmos.

Como outra metáfora, imaginemos que estamos olhando em um espelho capaz de oferecer um reflexo límpido de nós mesmos. Entre nós e esse reflexo, porém, existem várias lentes que, de alguma forma, distorcem a visão, adulterando-a. Como não sabemos que essas lentes existem, não podemos saber que nossas percepções foram distorcidas. Embora possamos acreditar que a visão representa um perfeito reflexo de nós mesmos, na verdade estamos enganados. Até que percebamos a existência dessas lentes, até que aprendamos a olhar para além delas, não teremos um reflexo verdadeiro do que realmente somos.

Acredito que a espiritualidade humana representa uma dessas lentes, que distorce nossa visão da realidade fazendo-nos perceber um elemento espiritual, quando, na verdade, não existe nenhum. Mas, e se descobríssemos que essas lentes existem? E se as retirássemos, revelando essas distorções "espirituais", provendo a nós mesmos uma visão da realidade muito mais clara? É óbvio que, no começo, isso nos causaria desconforto, até mesmo angústia, pois teríamos de ajustar nossas percepções de modo radical. Mas não seria melhor termos uma visão mais perfeita da realidade do que uma distorcida? Não seria melhor vermos a verdade, em vez de continuarmos enganados?

A consciência espiritual é uma "mentirinha inofensiva da natureza", um mecanismo selecionado em nossa espécie para aliviar a ansiedade debilitante causada pela consciência da morte. Mas a natureza programaria uma espécie, embutindo nela uma mentira? Verdade, mentiras, realidade. Esses são conceitos humanos que não têm nada a ver com a maneira pela qual a natureza nos formou. O processo de seleção natural não se importa com idéias humanas como "real" ou "verdadeiro". O único impulso da natureza é criar um organismo mais capaz de sobreviver, que possa transmitir seu material genético a futuras gerações. Nada mais que isso. Como Richard Dawkins, autor de *O gene egoísta*, disse: "Nós e todos os outros animais somos máquinas criadas por nossos genes. Somos máquinas sobreviventes, veículos-robôs programados, cuja tarefa é preservar as moléculas conhecidas como genes."

Então, por mais aterrorizante que seja a idéia da morte inevitável, se essa teoria orgânica de espírito e de Deus estiver correta, não será muito mais vantajoso aceitá-la? E se todos os paradigmas das várias religiões existentes estiverem errados? Temos alguma coisa a ganhar vivendo numa consciente negação da verdade? Talvez tenhamos. Sem o benefício dessas lentes que distorcem a realidade, talvez perdêssemos nossa capacidade de sobreviver. Assim, antes de pensarmos em eliminar todos os nossos velhos paradigmas, parece que devemos pesar os prós e os contras, perguntando: o que temos a ganhar aceitando uma interpretação científica da espiritualidade e de Deus?

# 20

# O que ganharemos, se há algo a ganhar, com uma interpretação científica de Deus e da espiritualidade?

"A religião é a fonte de inimagináveis distúrbios e atos insensatos. É a mãe do fanatismo e da discórdia civil. É inimiga da humanidade."

VOLTAIRE

"A ciência é o grande antídoto para o veneno da superstição. Um mundo doente faria bem ao tirar o frasco certo do armário de remédios."

ADAM SMITH

"Uma ciência que aceita a natureza espiritual da humanidade pode muito bem superar a antiga ciência tecnológica no que diz respeito à contribuição para o bem-estar humano."

DR. BENJAMIN SADOCK

"Ou aceitamos nossos impulsos inconscientes e instintos – em relação à vida e à morte –, ou morremos."

NORMAN O. BROWN

Suponhamos, por um momento, que o que estou sugerindo é ridículo, que não passa de algo escrito por um ateu frustrado. Suponhamos que um reino espiritual, um criador, uma alma e uma vida após a morte realmente existam. Suponhamos que a essência da consciência seja na verdade uma alma que existirá por toda a eternidade. Se for o caso, a humanidade está livre da ameaça da morte. Se somos imortais, os corpos que atualmente habitamos são apenas coberturas superficiais que, uma vez descartadas, serão substituídas por outras ou, melhor ainda, não serão substituídas por coisa alguma, deixando-nos como espíritos livres para explorar o cosmos, eternamente aliviados do fardo de qualquer realidade física restritiva. Não importa o que uma vida eterna possa trazer, pois, contanto que Deus exista, contanto que haja alguma suprema força transcendental, a humanidade estará salva.

Então, presumindo-se que Deus existe, que mal pode fazer considerar a possibilidade de Ele não existir? Se existe, o que temos a perder, supondo Sua possível não-existência? Por que simplesmente não nos permitimos fazer uma pequena exploração mental usando um pouco de nosso tempo infinito?

Então, vamos presumir por um momento que Deus não existe, que todas as idéias sobre Ele e sobre o espírito sejam meramente ilusões, mentiras cognitivas instaladas em nosso cérebro. Se for assim, o que isso significa para nós, como indivíduos e como espécie? Quais são as implicações de se viver em um universo sem espírito e sem um deus? Sem Deus, como vamos avaliar nossa conduta? Onde vamos encontrar propósito ou sentido para nossas vidas? Sem Deus, tudo está necessariamente perdido? Não há esperança para nós, ou será possível encontrar, de outro modo, um propósito e um sentido para a vida? Podemos usar essa nova compreensão para melhorar nossa existência? Em resumo, o que ganharemos, se há alguma coisa para ganhar, com uma interpretação científica da espiritualidade humana e de Deus?

Para responder a isso, primeiro temos de perguntar: O que queremos da vida? O que queremos ganhar? Existe algo sobre o qual todos precisamos concordar? Existe tal meta universal? Se existe, está associada à existência de Deus?

Existe alguma coisa que todos os membros de nossa espécie, sem exceção, desejam da vida? Aceitando a recomendação de Aristóteles, um dos maiores pensadores da história, vou sugerir que tal meta universal existe. Como ele disse mais de 2 mil anos atrás, todos os humanos esforçam-se para alcançar o mais alto grau de felicidade que a vida pode oferecer. Isso, ele postulava, era o bem maior da humanidade. De acordo com ele, fazemos tudo com a esperança de que nossas ações nos trarão mais felicidade – ou, de acordo com uma concepção mais budista, pelo menos diminuirão nosso sofrimento. Isso, concordo, representa a finalidade de toda ação humana. E mais, parece que esse princípio pode ser considerado verdadeiro, quer exista um deus ou não. Afinal, sob que condições os humanos procurariam ser menos felizes ou sofrer mais? Podemos assim dizer que, mesmo se Deus existir, ou não, nossa meta mais alta é a mesma. Em conseqüência, tudo não está necessariamente perdido, mesmo que não exista um deus.

Presumindo-se que o propósito de toda ação humana seja o de aumentar a felicidade ao máximo e diminuir o sofrimento ao mínimo, como vamos realizá-lo num universo onde pode não existir um deus? Assim como a busca da felicidade pode ser o objetivo universal da ação humana, existe um meio universal de alcançá-lo? Como essa breve permanência na Terra pode representar nossa única chance de existência, parece essencial sermos capazes de responder a essa pergunta durante nosso tempo de vida.

Nesse assunto da busca universal pela felicidade, sou novamente atraído por um dos grandes filósofos antigos. Por mais que discordassem uns dos outros, praticamente todos os aclamados filósofos concordavam que a chave da felicidade está na aquisição de conhecimento – afinal, "filosofia" significa "amor pelo conhecimento". E de todas as várias formas de conhecimento, a maior, disseram-nos, é a do autoconhecimento. Como disse Sócrates, antes de tudo, *gnothi seauton* – conhece-te a ti mesmo.

É por possuírem essa capacidade cognitiva única de autopercepção que os humanos podem aspirar a adquirir autoconhecimento, isto é, a conhecerem-se cada vez melhor. Nenhuma outra espécie tem essa capacidade, logo nenhuma outra criatura pode reconhecer suas deficiências. Uma vez que nós, humanos, podemos reconhecer nossas falhas e fraquezas, temos a capacidade de modificá-las de tal maneira que podemos transformar uma deficiência em uma força. Por exemplo, decidimos que não poder voar era uma deficiência, então, construímos asas. Decidimos que não podíamos andar depressa o suficiente, e inventamos a roda e o motor, o que fez de nós as criaturas mais velozes do planeta. Como resultado dessa capacidade, procuramos nos adaptar da melhor forma ao nosso ambiente e, quanto mais bem-adaptados, mais aptos nos tornamos a sobreviver. Quanto mais aptos a sobreviver, mais seguros nos sentimos no mundo. Quanto mais seguros, menos ansiosos nos sentimos. E quanto menos ansiosos, mais felizes somos. Dessa maneira, temos a capacidade única de nos modificarmos do modo que for necessário para sermos mais felizes.

Conforme mencionado anteriormente, outro exemplo de como podemos nos modificar fisicamente é o fato de, se ocorresse uma nova era do gelo, não precisarmos esperar milhões de anos até que a natureza selecionasse para nós uma pelagem mais espessa, porque costuraríamos roupas mais quentes em questão de algumas horas. Em um nível mais individual, um homem reconhece que é fisicamente mais fraco do que outros. Para compensar essa desvantagem física, ele pode realizar diversas ações, desde treinar levantamento de peso para tornar-se mais forte até desenvolver qualquer outra capacidade, como o intelecto, como um meio de competir de maneira mais eficiente com seus iguais. Quanto mais eficiente o modo de uma pessoa competir com seus iguais, mais segura ela se sente e, sentindo-se mais segura, é mais feliz.

Vejamos um exemplo de como podemos nos modificar mudando de comportamento. Um homem se vê sozinho no mundo e, por isso, é infeliz. Depois de analisar sua situação, ele percebe que grande parte de seu estado de solidão é devido a suas tendências egoístas, que afastaram familiares e amigos. Reconhecendo que seu egoísmo representa a principal causa de sua solidão e da resultante infelicidade, o homem pode usar o conhecimento que tem de si mesmo para mudar a situação. Pode, por exemplo, decidir agir com mais generosidade, e isso o fará ganhar amigos e, em conseqüência, sentir-se feliz. Só os humanos têm esse poder de se transformar. Na verdade, esse poder constitui uma das maiores vantagens da autoconsciência.

Não temos essa capacidade apenas individualmente, mas também como espécie. Com um só pensamento, uma idéia, uma tecnologia, qualquer humano pode alterar o curso de toda a espécie. Como poderia uma criatura ser mais versátil? Conhecimento é poder, e o autoconhecimento é o mais potente de todos os conhecimentos. Como o antigo filósofo chinês Lao Tsé disse de modo muito eloqüente: "Conhecer os outros é inteligência, conhecer a si mesmo é sabedoria; dominar os outros é força, dominar a si mesmo é poder."

Se aceitamos a fusão dos preceitos aristotélicos e socráticos, temos de concordar que o meio universal de maximizar a felicidade e minimizar o sofrimento reside em aumentarmos o conhecimento que temos de nós mesmos, não apenas como indivíduos, mas também como espécie. Se muito de nosso comportamento é guiado por impulsos geneticamente herdados, devemos, para maximizar nossa capacidade de autoconhecimento e, portanto, nosso grau de felicidade, procurar ampliar a compreensão desses impulsos que determinam grande parte do que fazemos e pensamos. Sendo que alguns impulsos biológicos, principalmente em seus extremos, podem nos levar a comportamentos destrutivos, nos tornamos mais aptos a dominá-los quando os compreendemos. Concordo que impulsos biológicos não podem ser completamente erradicados, mas, compreendendo sua natureza, podemos tentar canalizar suas energias potencialmente perigosas, tornando-as mais produtivas. Como o geneticista comportamental Richard Dawkins expressou em seu livro *O gene egoísta*:

> Se quisermos construir uma sociedade em que os indivíduos colaborem para o bem comum generosamente, sem egoísmo, receberemos pouca ajuda de nossa natureza biológica. Tentemos ensinar generosidade e altruísmo, porque nascemos egoís-

> tas. Vamos tentar compreender o que nossos genes egoístas estão tramando, porque, então, poderemos ter uma chance de estragar seus planos, algo que nenhuma outra espécie jamais aspirou fazer.[121]

Então, e se a espiritualidade e a religiosidade humanas não passarem de conseqüências de um impulso herdado biologicamente? Se esse for o caso, não devemos pelo menos procurar conhecer melhor a natureza dessa parte tão essencial de todos nós?

Como já foi dito, nenhuma característica é perfeita. Embora cada uma de nossas características físicas tenha alguma utilidade adaptativa, também tem seus defeitos. Assim, se espiritualidade e religiosidade constituem características físicas de nossa espécie, quais seriam seus defeitos? Que impacto negativo em nossa espécie poderia causar uma função espiritual ou religiosa? Só quando determinarmos isso é que seremos capazes de maximizar os aspectos positivos desses impulsos e minimizar os negativos. Quando virmos as consciências espiritual e religiosa como adaptações evolucionárias, poderemos determinar objetivamente o impacto negativo que elas podem causar e, a partir daí, começar a trabalhar para transformá-las em forças.

Falando de modo geral, a propensão da humanidade para a espiritualidade é bastante inofensiva, é apenas um meio que os humanos podem usar para, temporariamente, diminuir o estresse psíquico-emocional inerente à condição humana. É apenas quando nossas tendências espirituais são contidas por algum credo dogmático e restritivo que surgem os problemas. Assim, concentrarei minha crítica nas possíveis desvantagens do impulso religioso.

Apesar das vantagens de um instinto religioso, por toda a coesão social que ele traz, pelo senso de comunidade que cria e pelo suposto propósito que fornece, ficou provado, vezes sem conta, que ele pode ser perigoso. Como disse o filósofo Alfred North Whitehead:

> A história, até os dias de hoje, é um registro melancólico dos horrores que podem acompanhar a religião: sacrifícios humanos, em particular o massacre de crianças, canibalismo, orgias sexuais, superstição abjeta, ódio entre raças, a manutenção de costumes degradantes, histeria, intolerância cega. A religião é o último refúgio da crueldade humana.[122]

É certo que nenhuma das atuais religiões predominantes pratica sacrifícios humanos ou canibalismo. Contudo, mesmo com o banimento de tão bárbaros rituais, a religião continua a agir como força divisória, estimulando discriminação, intolerância, inimizade, agressão e guerra.

Mas por que as religiões, cujas doutrinas são geralmente baseadas em princípios de justiça e amor, voltam-se de modo tão perverso umas contra as outras, incitando seus seguidores a atos de hostilidade, agressão e até ao genocídio? Embora todas as culturas tenham o mesmo impulso religioso nato por terem emergido das mesmas circunstâncias históricas e ambientais, esse impulso é manifestado de maneira diferente em cada uma delas. Como cada uma das religiões acredita que apenas suas crenças representam a "verdade", seus preceitos contradizem os de todas as outras. Por exemplo, se meu Deus é verdadeiro, como pode o seu ser também? Se as leis e princípios que você adota são de Deus, de quem são os que eu adoto? Como resultado dessa infeliz psicodinâmica, as religiões mantêm um arraigado antagonismo entre si.

Além disso, nossa função religiosa instila em nós a crença de que somos imortais. Como cada religião tem sua própria interpretação do que a imortalidade representa, cada uma delas vê as outras como uma ameaça a sua idéia de alma imortal, isto é, "se minha idéia a respeito do céu é verdadeira, como a sua pode ser também"? Em conseqüência, cada sistema de crença vê o outro como uma ameaça a seu conceito de imortalidade, e qualquer ameaça à alma imortal de alguém não é algo que um indivíduo ou uma sociedade aceitem tranqüilamente. Como resultado, nossa espécie tende a envolver-se no que poderia ser chamado de tribalismo religioso, uma predisposição para justificar a conquista de territórios em nome do Deus de cada um, uma tendência que tem marcado com sangue a violenta história de nossa espécie.

Talvez, se pudéssemos aprender a ver a religiosidade como um simples impulso herdado geneticamente, poderíamos ser mais eficientes na contenção de suas influências mais destrutivas. Se compreendêssemos a natureza desse instinto, talvez aprendêssemos a abrandar o inevitável antagonismo entre as religiões. Se reconhecermos que nossos medos e antipatias gerados pela religiosidade são apenas efeitos de um impulso herdado, e não algo fundamentado na razão, talvez possamos conter esse impulso que tem lançado nossa espécie numa guerra religiosa que está sempre se repetindo. Quantas vezes mais teremos de justificar atos de crueldade, assassinatos e genocídios em nome de Deus e da religião antes de aprendermos a domar esse nosso impulso destrutivo? Hoje, basta olharmos para o Oriente Médio, a Índia, o Paquistão, a Irlanda do Norte, o Timor e a Sérvia/Croácia – sem mencionar o 11 de Setembro –, para testemunharmos a força destrutiva de nosso instinto religioso.

Apenas quando o ser humano aceitar que nasceu com uma matriz mental – uma rede neurológica enganosa –, ele terá chance de contrabalançar esse impulso, que pode ser perigoso. Saber é poder, e está na hora de a ciência da espiritualidade e da religiosidade colocar-se à disposição do mundo de modo que nossa espécie possa ver que existe um outro caminho. Está na hora de tirarmos das mãos de filósofos, metafísicos e teólogos o estudo da espiritualidade e da religiosidade e torná-lo um estudo biológico.

Isso não é para sugerir que devamos erradicar a religiosidade completamente, mas que tentemos vê-la sob uma perspectiva científica. Não há nada de errado com o impulso religioso em si, pois ele nos une a nossas comunidades e, por meio da fé, ajuda a reduzir o nível de estresse, melhorando a saúde geral. São os excessos desse impulso que representam a maior ameaça. Na verdade, os excessos de qualquer impulso, seja o de comer, amar, fazer sexo, ou de obter coisas materiais, podem ser perigosos, se não letais. No caso do impulso religioso em excesso, podem surgir ideologias radicais que promovem comportamentos perigosos como discriminação, fanatismo e ódio.

Nos primeiros tempos de nossa espécie, quando os humanos viviam em pequenas tribos nômades, talvez um impulso religioso fosse necessário. A consciência religiosa não apenas nos dava um meio de lidar com a ansiedade e a morte, como também de nos organizarmos socialmente. Seja como for, as coisas mudaram desde então. Nós, humanos, povoamos o planeta e evoluímos tanto que nossas comunidades pequenas, fechadas, isoladas e nômades, transformaram-se em diversas e grandes civilizações.

Em um período de tempo relativamente curto, transformamos nosso ambiente em algo muito diferente daquele em que emergimos. No início, éramos pouco mais do que "macacos nus", como disse Desmond Morris: pessoas simiescas que viviam em cavernas e eram capazes de fazer fogo e lascar pedras. E vejam como estamos agora, apenas 100 mil anos depois, um período muito curto em termos de tempo evolucionário, vivendo em megalópoles de concreto e usando métodos avançados de uso de energia, de transporte e de comunicação. As condições físicas nas quais nossa espécie foi inicialmente selecionada foram drasticamente alteradas. Como resultado, certos aspectos de nossa "programação" não mais se adaptam a nossas condições, fazendo de nós uma espécie ambientalmente mal ajustada.

No alvorecer da espécie, quando os humanos mal povoavam o planeta e ainda viviam em comunidades isoladas, o tribalismo religioso talvez não representasse a mesma ameaça que representa agora mas, ao contrário, ajudasse a preservar a identidade de um grupo e garantir sua sobrevivência. À medida que o tempo passava e o número de humanos crescia, porém, várias culturas, com suas numerosas religiões e ideologias, começaram a se expandir, invadindo o território de outras, tornando o tribalismo religioso uma ameaça cada vez maior à estrutura de nossa nova organização social. O escritor Hermann Hesse expressou o mesmo sentimento em termos um pouco mais duros, quando disse "a vida humana é reduzida ao verdadeiro sofrimento – ao inferno –, quando duas épocas, duas culturas e religiões coincidem". Assim, quando estamos vivendo em uma comunidade global, manter uma diversidade de sistemas de crença não mais representa uma opção viável para nossa espécie. Talvez possamos aprender a adotar um conjunto unificado de princípios religiosos e espirituais pelo qual alcançaremos harmonia global. Talvez, se abraçássemos uma única ideologia humanística baseada em princípios como igualdade, tolerância, compaixão e perdão, pudéssemos otimizar nosso potencial para a felicidade, minimizando o potencial para provocar sofrimento no mundo.

Os humanos estão destinados a continuar sendo animais religiosos e espirituais porque assim fomos "programados". Precisamos, portanto, encontrar soluções práticas para o problema do tribalismo religioso. Uma sugestão que eu faria é a de que os líderes das várias religiões criassem uma associação e redigissem um tipo de constituição, um livro que reunisse os princípios espirituais universalmente aceitos e que todas as religiões concordassem em obedecer. Por exemplo, se todos os líderes concordassem em obedecer à lei básica de ética de "não matarás" – sob nenhuma circunstância –, só isso faria nossa espécie avançar a grandes saltos. Então, se alguém desafiasse essa Constituição religiosa, seria universalmente condenado como terrorista e, assim, lhe seria negada qualquer plataforma para a defesa de sua causa rebelde. Como existe a Organização das Nações Unidas, pela qual as nações buscam manter a paz, a colaboração e a estabilidade, as religiões precisarão criar algo semelhante. Não podemos subestimar o poder que a religião exerce sobre as pessoas. Portanto, precisamos fazer com que as instituições religiosas sejam tão responsáveis por manter leis internacionais quanto são as nações.

Enquanto não pararmos de ensinar nossos filhos a honrar e respeitar apenas aqueles com quem compartilhamos a mesma ideologia religiosa, continuaremos a encorajar valores e comportamentos discriminatórios que só podem levar, mais cedo ou mais tarde, a nossa própria destruição. O que mais pode resultar quando as pessoas, geração após geração, sofrem lavagem cerebral para acreditar que a vida daqueles que professam uma fé diferente é menos sagrada do que a delas? As fronteiras do respeito pelos outros devem estender-se para além das margens estreitas de qualquer modelo religioso e aplicar-se ao todo da humanidade. Do mesmo modo como os europeus abriram mão de sua própria moeda nacional, substituindo-a pela moeda unificada do euro, sugiro que as nações substituam suas ideologias religiosas por um único modelo espiritual escolhido por comum acordo, uma religião mundial baseada na fraternidade entre os homens. Unida, nossa espécie pode ter uma chance de manter-se de pé; mas, dividida, um dia certamente tombará. Como declarou Einstein em seu apaixonado apelo às nações depois da última guerra mundial: "Temos poucos anos para descobrir alguma base espiritual para a fraternidade mundial, ou a civilização, como a conhecemos, com certeza, destruirá a si mesma."

A idéia de que temos impulsos autodestrutivos parece ainda mais importante hoje, num mundo em que cresce a disponibilidade de armas de destruição em massa. Em tempos tão precários, podemos ficar desacautelados, à mercê de nossos instintos mais primitivos? Se é necessário conter os excessos de todos os nossos instintos, não deveríamos procurar fazer o mesmo em relação também ao instinto religioso? Em vez de simplesmente aprendermos novas maneiras de negociar a guerra, não seria melhor se procurássemos entender e conter os impulsos que continuam a fazer com que nos envolvamos em conflitos? Não há mais tempo para negociações. Gastamos até nossa última ficha no jogo da guerra. Uma futura guerra mundial que imite as de nosso passado marcaria o fim da vida que conhecemos. Mais uma vez citando Einstein: "Não sei que armas serão usadas numa Terceira Guerra Mundial, mas as da quarta certamente serão paus e pedras."

Como nossa espécie é, por enquanto, a rainha de todas, presumimos que somos invencíveis. É como se houvéssemos depositado confiança incondicional nas forças da natureza para nos preservar, acreditando que somos imunes às forças da extinção por causa do grande poder que agora possuímos. Talvez nos sintamos assim porque continuamos a acreditar no mito de que somos as "criaturas escolhidas" de Deus. Para entendermos como é pueril esse pensamento, só precisamos olhar para a história de 3,5 bilhões de anos da vida terrestre para vermos que ela não passa de um relato de extinções em massa. Na verdade, para cada espécie que existe hoje, outras incontáveis foram extintas.

Como estamos vivendo em um tempo de paz e calma relativas – se é que ainda podemos dizer isso –, não devemos presumir que as coisas permanecerão assim para sempre. A história de nossa espécie é um épico de guerra que muitas vezes acompanha as condições econômicas do mundo, que são cíclicas por natureza, flutuando entre períodos de prosperidade e de recessão. Na prosperidade, somos complacentes. Na recessão, vamos à guerra. Coloquemos cem pães diante de cem pessoas famintas de duas religiões diferentes, e teremos paz. Mas coloquemos dez pães diante de cem pessoas famintas de duas religiões diferentes, e teremos um genocídio. Com nossas avançadas tecnologias médicas, que diminuem a taxa de mortalidade infantil e aumentam a expectativa de vida, o continuado crescimento da população mundial apenas aumenta a possibilidade de uma recessão mundial.

Além disso, pelo fato de que nossa função religiosa nos compele a acreditar na vida após a morte, nos permitimos ser negligentes. Como acreditamos que somos imortais, nos preocupamos menos com nosso aperfeiçoamento nesta vida atual e com a preservação de nosso ambiente terreno. Afinal, por que nos preocuparmos com a Terra já que passaremos o resto da eternidade em outro lugar? Que outra explicação podemos dar para o modo como continuamos, imprudentemente, a explorar e maltratar este planeta, como se fôssemos a última geração a viver nele?

Então, por que não usar a mesma metodologia – ciência – que nos permitiu dominar nosso ambiente, para dominar a nós mesmos? Não está na hora de começarmos a dar a nosso próprio aperfeiçoamento a mesma importância que damos ao aperfeiçoamento de nossos brinquedos, naves espaciais, computadores e automóveis? Por quanto tempo ainda seremos escravos de credos religiosos destrutivos antes de transferirmos nossa fé para as ciências naturais? Por que essa necessidade de nos agarrarmos aos mesmos antiquados modelos pelos quais fomos criados? E se nossos avós, bisavós e os outros antes deles, estavam errados? E se aqueles que acreditavam que a chuva era maná caindo do céu, e que os relâmpagos eram a expressão da ira de Deus, não sabiam do que estavam falando?

Então, o que vamos escolher? Vamos aceitar os princípios concebidos através do método científico, através da razão, ou obstinadamente continuar com os antiquados sistemas de crença que emergiram de nosso passado ignorante, pré-científico? Houve tempo em que acreditar que a Terra girava em torno do sol era considerado blasfêmia. Mas, desde então, a ciência mandou o homem à lua e trouxe-o de volta. No passado, achavam que era pecado fazer autópsias, estudar anatomia e fisiologia. Agora, como resultado das ciências fisiológicas, desenvolvemos tecnologias médicas que aliviam nossas dores e ampliam nossa expectativa de vida. No entanto, em uma sociedade moderna como a nossa, ainda estamos batalhando contra as forças repressivas do exagerado conservadorismo religioso e do fundamentalismo. Nesta era moderna, ainda há quem não aceite que sejam ensinados nas escolas os mesmos princípios evolucionários que nos trouxeram tantas tecnologias. Por quê? Porque os valores religiosos, que muitas vezes tentam impedir o progresso científico, desempenham um papel importante na natureza humana e, portanto, na política.

Esperamos que nossa religião nos diga o que é aceitável ou inaceitável, o que devemos ou não devemos fazer, o que podemos ou não podemos dizer ou pensar. A religião age como uma força repressiva que tenta obstruir o fluxo das informações, que vê como uma ameaça a sua obsoleta ideologia. Dessa forma, a religião nos confina. Limita nosso campo de visão. Coloca-nos numa caixa apertada, onde nos amarra e, se tentamos sair dos limites da caixa, nem que seja para dar uma olhadinha no mundo de possibilidades lá fora, somos rejeitados ou punidos. Então, por que, se esta pode ser nossa única vida, devemos nos deixar limitar dessa maneira?

Não estou querendo dizer que não deve haver limites para o comportamento humano. Como somos animais sociais com freqüentes impulsos de fuga, não há nada de errado em um pouco de freio saudável. De modo algum estou sugerindo que todos os códigos de conduta devam ser eliminados. Mas queremos que esses códigos sejam baseados em mitologias antiquadas? Pela aplicação cuidadosa do método científico, sabemos muito mais do que jamais soubemos sobre as origens e a natureza do comportamento humano. Por que, então, haveríamos de querer que sistemas baseados em fantasias da imaginação do homem, em teorias que não foram testadas e aprovadas, decidam qual deve ser a doutrina social? Uma pessoa que sofre de psicose deve procurar um psiquiatra ou um exorcista? De quantas provas mais precisamos para finalmente abandonar nossos paradigmas antiquados e substituí-los por métodos que podem, pelo menos, ser validados? De quantas provas mais precisamos para finalmente adotar o processo científico? E, adotando-o, não devemos procurar resolver nossos problemas éticos e sociais por intermédio desse processo? O sociólogo Auguste Comte disse: "Apenas aqueles que estão dispostos a submeter-se à rigorosa restrição da metodologia científica e aos cânones da prova científica poderão pretender ter alguma influência na orientação dos assuntos humanos. Assim como a liberdade de opinião não faz sentido na astronomia ou na física, é igualmente inadequada no campo das ciências sociais."[123]

Suponhamos que não exista uma realidade espiritual. Suponhamos que não somos mais do que entidades estritamente físicas, uma combinação de moléculas ao acaso, máquinas sem espírito. Certo, a energia não pode ser criada, nem destruída. Certo, a mesma energia que nos compõe agora existirá até o final dos tempos. Todavia, quando nosso cérebro morre, assim que seus processos cognitivos param de funcionar, nossa experiência consciente acaba. Seja qual for o modo pelo qual nosso estoque de energia será distribuído após a morte, se em forma de solo, gás ou poeira cósmica, isso não terá nenhuma relação com quem somos ou com o que experimentamos hoje. Nunca mais existiremos com esta exata combinação molecular. Em conseqüência, nunca mais teremos a mesma experiência consciente. Por mais que queiramos acreditar que somos algo mais do que a soma de nossas partes físicas, o mais provável é que não somos. Assim, é muito mais provável que, quando essas partes param de funcionar, o todo pára também. Queiramos acreditar ou não, a morte é, muito provavelmente, o fim definitivo da identidade pessoal. Já que esta pode ser nossa única chance de existir, não deveríamos dar prioridade ao desenvolvimento máximo de nosso potencial aqui na Terra em vez de depositarmos todas as nossas esperanças em um futuro duvidoso?

Suponhamos que somos compostos de matéria e nada mais. Se for assim, devemos aprender a ver a nós mesmos como máquinas orgânicas. Só quando conseguirmos isso é que seremos capazes de agir como nossos próprios mecânicos. Se de fato temos uma função religiosa que instilou em nossa espécie um impulso que nos leva a atos de agressão, hostilidade e guerra, não devemos procurar dominá-la? Se somos realmente bombas-relógio biológicas, não devemos tentar nos desmontar?*

Se não há nenhuma realidade espiritual, pensem no tempo e na energia que desperdiçamos praticando nossas crenças ilusórias. Pensem em todos os rituais e cerimônias inúteis que praticamos, nos sacrifícios que fizemos, nas bolsas que enchemos de dinheiro, nos prédios que construímos, nas pessoas que oprimimos, exilamos, espancamos e matamos, nas fantasias de nossa imaginação às quais nos dobramos. Se não há nenhum

*Tendo em vista a natureza possivelmente perigosa desse impulso, poderíamos perguntar se não seria uma boa medida usar os futuros avanços da ciência genética para erradicar os genes responsáveis por gerar tais comportamentos divisórios. Devemos tentar eliminar a religiosidade da consciência humana de uma vez por todas? Considerando os perigos da manipulação genética, eu, particularmente, não encorajaria tão drástica estratégia. Mas tenho ouvido outros falarem da possibilidade de uma remoção cirúrgica da parte "Deus" do cérebro, um procedimento que tem sido chamado jocosamente de "deustomia". Outra solução poderia ser uma pílula que, quimicamente, ajudaria a suprimir os excessos desse impulso, de tal maneira que um dia consideraríamos o fanatismo um tipo de "distúrbio religioso". Deixando de lado essas soluções mais invasivas, é provável que solucionaremos o problema do tribalismo religioso pelos meios antigos da razão e da diplomacia, se já não for tarde demais para isso.

reino espiritual, somos pouco mais do que a "espécie absurda" programada para prestar homenagem ao nada.

Imaginem um grupo de extraterrestres observando-nos. O que pensariam de nosso comportamento? "Olhem os homens-macacos", eles diriam. "Oferecem sacrifícios ao vazio. Matam, violam e guerreiam por causa de literalmente nada, batem no peito e lamentam-se, tudo na vã esperança de que podem convencer um ser imaginário a salvá-los de seu inevitável destino."

Pela primeira vez na história de nossa espécie temos uma explicação racional para Deus. Pela primeira vez, podemos ver nossos antigos paradigmas religiosos e metafísicos como impedimentos para o progresso e para a prosperidade. Nietzsche lançou a hipótese de Deus estar morto, e a ciência confirmou-a. Agora que podemos dissipar nossos velhos mitos, vamos acabar com as ideologias primitivas que nos ensinam a oprimir mulheres, pensadores livres e homossexuais; que nos encorajam a discriminar aqueles a quem ensinaram coisas diferentes das que nos foram transmitidas. Abracemos, sem receio, uma filosofia humanística para que possamos, finalmente, fazer avançar nossa evolução social.

Se é verdade que não há nenhuma realidade espiritual, nenhum Deus, nenhuma alma, nenhuma vida após a morte, vamos nos aceitar pelo que somos e tirar o maior proveito disso. Uma mudança no modo como nos vemos talvez nos ajude a estabelecer como prioridade a vida que temos aqui e agora, e não uma futura, a eliminar a intolerância, a antipatia e a guerra, assim minimizando nosso sofrimento e aumentando ao máximo a chance de alcançar um grau maior de felicidade. Isso, mais do que qualquer outra coisa, é o que eu esperaria obter de uma interpretação científica da espiritualidade e de Deus.

Que comece a revolução secular...

EPÍLOGO

# O fim da busca

"Não somos agora aquela força que,
nos velhos tempos,
movia os céus e a Terra.
Somos o que somos,
uma mistura de corações heróicos
enfraquecidos pelo tempo e pelo destino,
mas fortes na determinação de lutar, buscar,
encontrar, e nunca capitular."

LORD ALFRED TENNYSON, EM *ULISSES*

"O segredo para alcançar a imortalidade é viver uma vida
digna de ser lembrada."

SANTO AGOSTINHO

Aqui termina minha busca pelo conhecimento de Deus. Sempre estarei aberto à possibilidade de existir um reino espiritual, transcendental, mas, até então, continuarei confiando – isto é, tendo fé – na solução que encontrei para mim mesmo.

Eu preferiria que minha pesquisa resultasse na prova de que existe um Deus e algum reino transcendental no qual meu ser consciente viveria para sempre. Claro, seria muito mais agradável saber que a vida é eterna, do que esperar pela morte inevitável. Seria, mesmo? Imagino as ramificações da eternidade. Nunca haveria um momento de descanso, uma pausa no decorrer eterno da existência.

Além disso, que objetivos ou motivações poderíamos ter na eternidade? Que importância as coisas teriam? Horas, anos, eras se mesclariam num borrão indefinido, tornando a existência um esforço sem sentido. Seria como uma corrida sem fim, sem vencedores ou perdedores, sem nada, apenas existindo. Em tais condições, o que nos impediria de perder o interesse, de ficar entediados pelo fato de não termos nenhum objetivo para alcançar? E se houvesse um objetivo, qual seria? Então, talvez, é bom que as coisas sejam como são. Penso que é melhor brilharmos rapidamente, mas com intensidade, do que eternamente, emitindo luz mortiça. Sem a morte, a vida talvez perdesse o brilho e o significado. Talvez sim, talvez não. Estou simplesmente tentando racionalizar meu medo subconsciente da morte inevitável.

E agora, o que acontece? Sabendo que estou destinado a envelhecer, ficar debilitado e, um dia, morrer, sabendo que vou perder tudo o que tenho e amo, inclusive meu próprio ser, às vezes me pergunto se vale a pena continuar vivendo. Por que, num universo sem Deus, devo seguir empurrando para cima a pesada rocha de Sísifo, dia após dia? Por que não acabar com isso, matando-me agora? Embora nas horas mais difíceis de minha vida eu possa brincar com essa idéia, consolo-me, dizendo a mim mesmo que, se não há reino espiritual, alma e vida após a morte, terei a eternidade toda para não existir, para não ter de suportar os caprichos da realidade. Com isso em mente, proponho-me a tirar o máximo de proveito dessa experiência fugaz chamada vida enquanto ainda posso. Mesmo que eu conhecesse apenas um único momento mais de genuína felicidade, isso seria melhor do que nada.

O mero fato de termos conhecimento de tantas coisas talvez seja razão suficiente para celebrarmos a vida. Quantas outras combinações de matéria podem fazer o que fazemos? Que outras entidades moleculares têm a capacidade de rir, amar, refletir sobre a própria existência, apreciar a arte, a música e a literatura, ter aspirações e esperança, sonhar? Mesmo que sejamos apenas átomos sem espírito dando cambalhotas no vazio, ainda sim continuamos a ser a mais alta forma de matéria, o grau máximo de sua complexidade, as macromoléculas preferidas da natureza.

Mesmo se o que chamamos de felicidade não for mais do que a manifestação de processos estritamente fisiológicos, que diferença isso faz? Sentimos a felicidade menos intensamente por causa disso? Seja eu mortal ou imortal, uma entidade espiritual ou uma máquina orgânica sem espírito, essas não são minhas experiências? Eu sou menos *eu*? Além disso, o simples fato de eu nunca saber o que o momento seguinte me reserva significa que, por mais mecânica que seja a vida, ela ainda continua sendo um lindo e fascinante mistério.

ADENDO

# Experimentos que podem ajudar a provar a existência de uma função espiritual

"O método científico, hoje, tem uma compreensão da mente humana quase igual à que tinha da eletricidade no tempo de Galvani e Ampère. Os Faraday e os Clerk Maxwell da psicologia ainda estão por vir. Podemos estar certos de que novos instrumentos de investigação terão de ser descobertos antes que possamos ter uma compreensão mais profunda, assim como o telescópio e o cálculo foram precursores necessários às grandes generalizações de Newton na mecânica."

JULIAN HUXLEY

"A verdade aparecerá!"

SHAKESPEARE

1) Tomemos dez indivíduos espirituais e/ou religiosos, de dez ramos religiosos distintamente únicos – desde culturas isoladas que praticam um animismo bruto, até culturas ocidentais tecnologicamente avançadas que praticam tanto religiões organizadas como espiritualismo do tipo nova era – e façamos com que se submetam a um exame de ressonância magnética funcional (RMF) enquanto eles oram ou meditam. Vejam se isso produz efeitos similares na atividade neural de cada um dos participantes.

1a) Conduzamos o mesmo exame nos mesmos indivíduos, mas, em vez de submetê-los à RMF, tiremos amostras de seu sangue para ver se a atividade espiritual ou religiosa produz qualquer diferença na química do sangue.

1b) Apliquemos os mesmos testes acima a um grupo de indivíduos não-religiosos ou ateus de diferentes culturas e comparemos os resultados com os do primeiro grupo.

2) Tomemos algumas crianças de 1 ano, submetendo-as a um exame de RMF. Repitamos esse exame uma vez por ano, até elas chegarem aos 20 anos. Assim que for identificada uma região que represente a sede da cognição religiosa, procuremos, em todos os escaneamentos feitos ano após ano em todas as crianças, mudanças nessa região. Dessa maneira, talvez possamos registrar o desenvolvimento das funções espiritual e religiosa no cérebro humano.

2a) Na leitura dos escaneamentos, prestemos especial atenção aos dos indivíduos que passaram por uma conversão religiosa. Comparemos os resultados com os escaneamentos anteriores à conversão e com os escaneamentos dos indivíduos que nunca se converteram.

3) Assim que for identificada uma região que represente a sede da consciência religiosa e/ou espiritual, estudemos os casos de indivíduos que tiveram aquela parte removida cirurgicamente ou que sofreram algum tipo de dano na região – por exemplo, um derrame ou trauma craniano – e vejamos até que ponto isso pode ter afetado sua sensibilidade espiritual e/ou seu comportamento religioso. Tais testes devem confirmar se é possível ou não humanos sofrerem de afasias espirituais ou religiosas.

# Notas finais


1. KEETON, William. *Biological Science.* Nova York: W. W. Norton and Company, 1980, p. 896.
2. *Ibid* A8.
3. *Ibid* 65.
4. *Ibid* 491.
5. ASANO, Yoshiya *et al.* "Rhodopsin-like proteins in planarian eye and auricle: detection and functional analysis". *Journal of Experimental Biology.* Inglaterra: The Company of Biologists, 1998.
6. HINDE, R. A. *Biological Bases of Human Social Behavior.* Nova York: McGraw-Hill, 1974, p. 38.
7. KEETON, William. *Biological Science.* Nova York: W. W. Norton and Company, 1980, 492.
8. LINTON, Ralph. *Science of Man in the World Crisis.* Nova York: Octagon Books, 1978, p. 123.
9. BLACKING, John. *How Musical Is Man?* Londres: Faber & Faber, 1976, p. 7.
10. STORR, Anthony. *Music and the Mind.* Nova York: Ballantine Books, 1992, p. 1.
11. Ibid 29.
12. Ibid 35.
13. LISSNER, Ivar. *Man, God and Magic.* Nova York: Putnam's Sons, 1961, p. 12.
14. WILSON, E. O. *On Human Nature.* Nova York: Bantam Books, 1976, p. 176.
15. BENSON, Herbert. *Timeless Healing.* Scribner: 1996, p. 198.
16. JUNG, Carl. *Collected Works.* Vol. 9 Parte 1, pp. 4–5.
17. FORDHAM, Frieda. *An Introduction to Jung's Psychology.* Nova York: Penguin Books, 1953, p. 70.
18. ELIADE, Mircea. *O sagrado e o profano.* São Paulo: Martins Fontes, 2004.

19. FROST & HEOBEL, E. *Antropologia cultural e social.* São Paulo: Cultrix, 1981.
20. MALINOWSKI, Bronislaw. 'The Group and the Individual in Functional Analysis." *American Journal of Sociology.* Nº 44. Chicago: University of Chicago Press, maio 1939.
21. *Enciclopédia Britânica,* 15ª ed., p. 127.
22. ELIADE, Mircea. *O sagrado e o profano.* São Paulo: Martins Fontes, 2001.
23. STEVEN, Anthony. *On Jung.* Londres: Routledge, 1990, p. 143.
24. WILSON, E. O. *On Human Nature.* Nova York: Bantam Books, 1976, p. 1.
25. FOX, Robin. *The Cultural Animal,* pp. 273-96.
26. PERSAUD, Raj. "God's in Your Cranial Lobes." *The Financial Times.* Londres: Financial Times Group, maio, 1999.
27. FREUD, Sigmund. *O mal-estar na civilização.* Rio de Janeiro: Imago, 1997.
28. BECKER, Ernest. *A negação da morte.* Rio de Janeiro: Editora Record, 2001.
29. HOOD Jr., Ralph W. *et al. The Psychology of Religion.* The Guilford Press: 1996, p. 153.
30. ZILBOORG, G. "Fear of Death." *Psychoanalytic Quarterly.* 1943, 12:465-67.
31. *Enciclopédia Britânica,* 15ª ed.
32. BENSON, Herbert. *Timeless Healing.* Scribner: 1996, p. 198.
33. FREUD, Sigmund. *O futuro de uma ilusão.* Rio de Janeiro: Imago, 1997.
34. FREUD, Sigmund. *O mal-estar na civilização.* Rio de Janeiro: Imago, 1997.
35. HOOD Jr., Ralph W. *et al. The Psychology of Religion.* Nova York: The Guilford Press, 1996, p. 161.
36. OSTOW, M.; SCHARFSTEIN, B. A. *The Need to Believe.* International University Press: 1953, p. 23.
37. ARMSTRONG, Karen. *Uma história de Deus.* São Paulo: Companhia das Letras, 2008.
38. FREUD, Sigmund. *O mal-estar na civilização.* Rio de Janeiro: Imago, 1997.
39. *Ibid.*

40. MERKUR, Dan. *Gnosis: An Esoteric Tradition of Mystical Visions.* Nova York: State University of New York Press, 1993, p. 8.
41. *Ibid* 9.
42. EINSTEIN, Albert. *Ideas and Opinions.* Nova York: Crown Publishers, 1954, p. 64.
43. FREUD, Sigmund. *O mal-estar na civilização.* Rio de Janeiro: Imago, 1997.
44. HOOD Jr., R. W. *Mysticism.* Pp. 285-297.
45. FORMAN, R. K. *The Problem of Pure Consciousness.* Inglaterra: Oxford University Press, 1990, p. 8.
46. BUCKE, R. M. *Cosmic Consciousness: A Study of the Evolution of the Human Mind.* Nova York: Cosimo Books, 2007.
47. PALOMAR, M. M.; PENDLETON, B. F. *Review of Religious Research.* Religious Research Association: 1989, p. 48.
48. SAVAGE, Hoffman, Fadiman e Savage, 1971.
49. JAYNES, J. *The Origin of Consciousness in the Breakdown of the Bicameral Mind.*, p. 360.
50. LAING, R. D. de. *The Ecstatic Experience*, de Ralph Metner, p. 15.
51. WILSON; Elgin; Vaughan; Wilber. "Paradigms in Collision." In: *Beyond Ego: Transpersonal Dimensions in Psychology*, p. 47.
52. *Ibid* 47.
53. GOLEMAN, Daniel. "A Map for Inner Space" de *Beyond Ego*, p. 147.
54. BATSON, C. D.; VENTIS, W. L. *The Religious Experience.* Oxford University Press: 1982, p. 98.
55. PAFFORD, M. *Inglorious Wordsworths,* p. 262.
56. WALSH, R.; Elgin, D.; Vaughan, F.; Wilber, K. "Paradigms in Collision." *Beyond Ego*, p. 41.
57. STARK, R. "A Taxonomy of Religious Experience". *Journal for the Scientific Study of Religion*, 5, 1965, pp. 165-176.
58. JAMES, W. *Varieties of the Religious Experience*, p. 315.
59. WOODRUFF (1993). Relatório: Eletroencefalograma do Pastor Linton Pack. In: BURTON, T. "Serpent-Handling Believers." pp. 142-144.
60. GROF, Stanislav. *Realms of the Human Unconscious.* The Viking Press: 1975, p. 204.
61. BLOFELD, J. *The Tantric Mysticism of Tibet*, p. 24

62. HOOD Jr., Ralph W. *et al.*, *The Psychology of Religion*. The Guilford Press: 1996, p. 229.
63. KAPLAN; SADOCK. *The Comprehensive Textbook of Psychiatry*. 7ª ed., p. 445.
64. KIERKEGAARD, Soren. *Sickness Unto Death*. P. 146.
65. RAMACHANDRAN, V. S. *Fantasmas no cérebro*. Rio de Janeiro: Record, 2002.
66. *Ibid* 252.
67. *Ibid* 225.
68. FREUD, S. *O mal-estar na civilização,* Rio de Janeiro: Imago, 1997.
69. BROWN, Norman O. *Life Against Death*. Vintage Books: 1959, p. 159.
70. FREUD, S. *O mal-estar na civilização,* Rio de Janeiro: Imago, 1997.
71. ANAND, B. K.; Chhina, G. S.; Singh, B. "Electroencephalography and Clinical Neurophysiology." 13, 1961, nº 452–456.
72. ROSE, Steven. *The Conscious Brain*. Vintage Books: 1976, p. 335.
73. BATSON; VENTIS, *The Religious Experience*. Oxford University Press: 1982, p. 98.
74. JESSES, Robert. "Entheogens: A Brief History of Their Spiritual Use." *Tricycle*. Vol. 6, Nº 1, outono, 1996, p. 60.
75. *Ibid* 62.
76. FREUD, S. *O mal-estar na civilização*, Rio de Janeiro: Imago, 1997.
77. PEYSER, M.; UNDERWOOD, A. "Shyness, Sadness, Curiosity, Joy. Is it Nature or Nurture?" *Newsweek*. Edição especial, primavera/verão, 1998, p. 62.
78. NASH, M. "Fertile Minds." *Time*. 3 de fev., 1997, p. 50.
79. BEGLEY, Sharon. "How to Build a Baby's Brain." *Newsweek*. Edição especial, primavera/verão, 1998, p. 30.
80. PEYSER, M.; UNDERWOOD, A. "Shyness, Sadness, Curiosity, Joy. Is it Nature or Nurture?" *Newsweek*. Edição especial, primavera/verão, 1998, p. 62.
81. *Journal of Personality*: 67:6, dezembro, 1999, p. 957.
82. *Ibid* 962.
83. *Ibid* 952.
84. *Ibid* 952.

85. *Ibid* 964.
86. PERSAUD, Dr. Raj. *Financial Times.* 8 de maio/9 de maio, 1999.
87. BENSON. *Timeless Healing.* Scribner: 1996, p. 157.
88. *Ibid* 157.
89. JAMES, W. *Varieties of the Religious Experience.* P. 162.
90. HOOD Jr., Ralph W. *et al. The Psychology of Religion.* The Guilford Press: 1996, p. 279.
91. *Ibid* 117.
92. DE SANCTIS, S. *Religious Conversion: A Bio-Psychological Study.* P. 67.
93. HOOD Jr., Ralph W. *et al. The Psychology of Religion.* The Guilford Press: 1996, p. 289.
94. *Ibid* 280.
95. PRATT, J.B. *The Religious Consciousness: A Psychological Study.* Nova York: MacMillan, 1920, p. 113.
96. OSTOW; SCHARFSTEIN. *The Need to Believe.* International University Press: 1953, p. 102.
97. HOOD Jr., Ralph W. *et al. The Psychology of Religion.* The Guilford Press: 1996, p. 279.
98. *Ibid* 399.
99. *International Journal for the Psychology of Religion*: 2000, 10 (3), p. 185.
100. *Journal of Neuropsychiatry*: Clinical Neuroscience: 1997, Verão, 9 (3), p. 498.
101. JANSEN, M.D., K. L. R. *Using Ketamine to Induce the Near-Death Experience,* p. 64.
102. *Ibid* 73.
103. ECK, Diana. *A New Religious America: How a "Christian Country" Has Become the World's Most Religiously Diverse Nation.* Harper San Francisco: 2001.
104. CLAUSON, Zorach V. 343 U.S. 306, 313, 1952.
105. ZUCKERMAN, Phil. *Atheism: Contemporary Rates and Patterns, Cambridge Companion to Atheism.* Ed. Michael Martin. Cambridge University Press: 2005.
106. ZUCKERMAN, Phil. *Atheism: Contemporary Rates and Patterns, Cambridge Companion to Atheism.* Ed. Michael Martin. Cambridge University Press: 2005.

107. SUZUKI, D. T.; Griffiths, A. J. F.; Miller, J. H.; Lewontin, R. C. *An Introduction to Genetic Analysis.* 4ª ed. W. H. Freeman: 1989.
108. JORDE, L. B. *et al.* "Gene Mapping in Isolated Populations." *Journal of Human Heredity.* 2000, 50, pp. 57-65.
109. *Enciclopédia Britânica,* 15ª ed., vol., 18, p. 924.
110. CURRENT, Richard *et al. American History.* 7ª ed. Nova York: Alfred A. Knopf, 1987, p. 224.
111. *Enciclopédia Britânica,* 15ª ed., vol., 18, p. 928.
112. WILSON, E. O. *Sociobiology.* Londres: Belknap Press; Harvard University Press, 1980, p. 287.
113. STEIN, Rob. *Sociality, Morality and the Brain.* Segunda-feira, 25 de outubro, 1999. A 13.
114. *Ibid.*
115. Reuters Health. "Researchers Identify Brain's Moral Center." Quarta-feira, 3 de maio de 2000.
116. Reuters Health. "Researchers Identify Brain's Moral Center." Quarta-feira, 3 de maio de 2000.
117. REGUSH, Nicholas. *The Breaking Point.* Toronto: Key Porter Books Limited, 1997, p. 101.
118. *Ibid* 102.
119. HOOD Jr. Ralph W. *et al. The Psychology of Religion.* The Guilford Press: 1996, p. 19.
120. AUROBINDO, S. *The Future Evolution of Man.* All India Press: 1963, p. 27.
121. DAWKINS, Richard. *O gene egoísta.*
122. WHITEHEAD, A. N. *Religion in the Making.* Macmillan: 1926, p. 37.
123. COSER, A. L. *Masters of Sociological Thought.* Harcourt Brace Jovanovich: 1997, p. 5.

# Bibliografia


American Psychiatric Association. *Diagnostic and Statistical Manual of Mental Disorders*. 4ª ed. Washington, D.C.: American Psychiatric Association, 1994.

ARMSTRONG, Karen. *Uma história de Deus*. São Paulo: Companhia da Letras, 2008.

AUROBINDO, S. *The Future Evolution of Man*. All India Press: 1963.

BARRETT, David, KURIAN, George & JOHNSON, Todd. *World Christian Encyclopedia*. Oxford University Press: 2001.

BATESON, G. *Mind and Nature*. E. P. Dutton: 1979.

BATSON, C. D.; VENTIS, W. L. *The Religious Experience*. Oxford University Press:1982.

BECKER, E. *A negação da morte*. Rio de Janeiro: Editora Record, 2006.

BENEDICT, R. *Patterns of Culture*. Houston Mifflin: 1989.

BENSON, H. *The Relaxation Response*. Nova York: Morrow, 1975.

______. *Timeless Healing*. Scribner: 1996.

BLACKING, J. *How Musical is Man?* Faber & Faber: 1976.

BOOTZIN, R.; ACOCELLA, J. R.; ALLOY, L. B. *Abnormal Psychology*. McGraw-Hill: 1993.

BROOKS, J. S.; SCARANO, T. "Transcendental Meditation in the Treatment of Post-Vietnam Adjustment." *Journal of Counseling and Development,* nº 65: 1985, pp. 212-215.

BROWN, N. O. *Life Against Death*. Vintage Books: 1959.

BUCKE, R. M. *Cosmic Consciousness: A Study of the Evolution of the Human Mind*. University Books: 1961.

CAMPBELL, J. *Transformations of Myth Through Time*. Harper and Row: 1990.

CAVENDISH, R. *Mythology*. Rizzoli International Publications Inc.: 1980.

CHANCE, M. R. A. "Social Behavior and Primate Evolution." In MONTAGU, M. F. Ashley, ed. *Culture and the Evolution of Man*. Oxford University Press: 1962.

CHORON, J. *Death and Western Thought*. Collier Books: 1963.

CLARK, W. H. *Chemical Ecstasy: Psychedelic Drugs and Religion*. Sheed and Ward: 1969.

COREN, S.; PORAC, C.; WARD, L. *Sensation and Perception*. Academic Press: Nova York, 1978.

COHEN, D. *The Circle of Life: Rituals from the Human Family Album*. Harper San Francisco: 1991.

COOPER, M.; AYGEN, M. "Effect of Meditation on Blood Cholesterol and Blood Pressure." *Journal of the Israel Medical Association*. Nº 95: 1978, pp. 1-2.

COSER, A. L. *Masters of Sociological Thought: Ideas in Historical and Social Context*. Harcourt Brace Jovanovich: 1997.

DAVIDSON, J.; DAVIDSON, R. *The Psychology of Consciousness*. Plenum: 1979.

DAVIE, Grace. *Religion in Modern Europe*. Oxford University Press: 2000.

DOBZHANSKY, T. "Anthropology and the Natural Sciences: The Problem of Human Evolution." *Current Anthropology*. Nº 4: 1963, pp. 138, 146-148.

D'ONOFRIO, B.; EAVES, L.; MURRELLE, L.; MAES, H.; SPILKA, B. *Journal of Personality: Understanding Biological and Social Influences on Religious Affiliation, Attitudes, and Behaviors: A Behavioral Genetic Perspective. Nº* 67. Blackwell: 1999.

DURANT, W. *The Story of Philosophy*. Washington Square Press: 1961.

ECCLES, J. C. *The Neurophysiological Basis of Mind*. Clarendon Press: 1953.

ECK, Diana. *A New Religious America: How a "Christian Country" Has Become the World's Most Religiously Diverse Nation*. Harper San Francisco: 2001.

ELIADE, M. *The Encyclopedia of Religion*. MacMillan: 1987.

_____. *O sagrado e o profano*. São Paulo: Martins Fontes, 2004.

EINSTEIN, Albert. *Ideas and Opinions*. Nova York: Crown Publishers, 1954.

ETCOFF, Nancy. *Survival of the Prettiest: The Science of Beauty*. Nova York: Random House, 1999.

FORDHAM, F. *An Introduction to Jung's Psychology*. Nova York: Penguin Books, 1953.

FORMAN, R. K. *The Problem of Pure Consciousness*. Oxford University Press: 1980.

FREUD, S. *O futuro de uma ilusão*. Rio de Janeiro: Imago, 1997.

______. *Inibições, sintomas e angústia*. Rio de Janeiro: Imago, s/d.

_____. *O mal-estar na civilização*. Rio de Janeiro: Imago, 1997.

FROESE, Paul. "After Atheism: An Analysis of Religion Monopolies in the Post-Communist World." *Sociology of Religion.* Nº 65: 2004, pp. 57-75.

FROMM, E. *The Sane Society*. Fawcett Publications: 1955.

FOUCAULT, M. *História da loucura*. São Paulo: Perspectiva, 2003.

FOX, Robin. *The Cultural Animal.* Smithsonian Institution Press: 1971.

FURST, P. *Flesh of the Gods: The Ritual Use of Hallucinogens*. Praeger Publishers: 1972.

GALLUP, George; LINDSAY, Michael. *Surveying the Religious Landscape*. Harrisburg: Morehouse Publishing, 1999.

GALLUP, G. G., Jr. "Chimpanzees: Self-recognition." *Science* (1970): 167: 86-7.

_____. "Mirror-Image Stimulation." *Psychological Bulletin*. (1972): 70: 782-93.

GESCHWIND, N. "Language and the brain." *Scientific American* (1972): 226: 76-83

GOLEMAN, D. *The Varieties of the Meditative Experience.* Nova York: Irvington Publishers, 1977.

GOLEMAN, D.; Davison, R. *Consciousness: Brain, States of Awareness and Mysticism*. Harper and Row: 1979.

GREELEY, Andrew. *Religion in Europe at the End of the Second Millennium.* New Brunswick, NJ: Transaction Publishers, 2003.

GREYSON, B. "The Psychodynamics of a Near-Death Experience." *Journal of Nervous and Mental Disease.* (1983): 376-80

GROF, S. *Realms of the Human Unconscious*. The Viking Press: 1975.

HAMILTON, W. D. "The Genetical Theory of Social Behavior." I, II. *Journal of Theoretical Biology* (1964): 7:1-52.

HAMILTON, W. D. "Selfish and Spiteful Behavior in an Evolutionary Model." (1970) 228: 1218-20.

HEELAS, P. *Social Anthropology and the Psychology of Religion*. Elsmsford, NY: Pergamon Press: 1985.

HEOBEL, E.; Frost, E. *Cultural and Social Anthropology*. McGraw-Hill Book Company: 1976.

HILL, P. C. *Affective Theory and Religious Experience*. Birmingham, AL: Religious Education Press: 1995.

HINDE, R. A. *Animal Behavior.* McGraw-Hill Press: Nova York, 1970

_____. *Biological Bases of Human Social Behavior.* McGraw-Hill Press: Nova York, 1974.

HOOD, R. W. Jr., Spilka, B.; Hunsberger, B.; e Gorsuch, R. *The Psychology of Religion.* The Guilford Press: 1996.

HUTCHISON, R. William. *Religious Pluralism in America: The Contentious History of a Founding Ideal.* New Haven: Yale University Press, 2003.

INGELHART, Ronald, ed. *Human Values and Social Change.* Boston: Brill, 2003.

JANSEN, K. L. R. "The Ketamine Model of the Near-Death Experience: A Central Role for the NMDA Receptor." *Journal of Near-Death Studies* (1996). Ed. B. Greyson.

_____. *Neuroscience, Ketamine and the Near-Death Experience; The Role of Glutamate and the NMDA Receptor in the Near-Death Experience.* Nova York: Routledge, 1995.

_____. "Non-Medical Use of Ketamine." *British Medical Journal.* (1993): 298, 4708-4709.

_____. "Transcendental Explanations and the Near-Death Experience." *The Lancet.* (1991): 337, 207-43.

JANSSEN, J.; Hart, J. de; Gerhadts, M. "Images of God in Adolescence." *International Joumal of the Psychology of Religion.* (1994): 4, 105-121.

JOHNSTONE, Patrick. *Operation World.* Grand Rapids: Zondervan Publishing House: 1993.

JORDE, L. B., W. S. Watkins,J. Kere, D. Nyman, and A. W. Eriksson. "Gene Mapping in Isolated Populations." *Journal of Human Heredity* (2000): 50:57-65.

JOSELIT WEISMANN, Jenna. *Immigration and American Religion.* Oxford University Press: 2001.

JUNG, C. G. *O homem e seus símbolos.* Rio de Janeiro: Nova Fronteira, 1987

_____. *The Portable Jung.* Edited by Joseph Campbell. Translated by R. F. C. Hull. Penguin Books: Nova York, 1976.

_____. *Psicologia e religião.* Petrópolis, Rio de Janeiro: Vozes, 1990.

_____. *The Undiscovered Self.* Mentor: 1958.

_____. *A vida simbólica.* Petrópolis, Rio de Janeiro: Vozes, 1998

JAMES, W. *Varieties of the Religious Experience*. Collier Books: 1902.

JENNINGS, J. George. "An Ethnological Study of Glossolalia." *Journal of the American Scientific Affiliation* (Março de 1968).

JESSES, R. "Entheogens: A Brief History of Their Spiritual Use." *Tricycle* (1996): 6: 1.

JONES, W. L. *A Psychological Study of Conversion*. Londres: Epworth, 1937.

KABAT-ZINN, J., L. Lipworth, *et al.* "Four-Year Follow-Up of a Meditation-Based Program for the Self-Regulation of Chronic Pain." *Clin. J. Pain* (1986): 2:150-173.

KATZ, S. T. *Mysticism and Language*. Oxford University Press: 1992.

KEDEM, Peri. "Dimensions of Jewish Religiosity." *Israeli Judaism*. Eds. Shlomo Deshen, Charles Liebman e Mishe Shokeid. Londres: Transaction Publishers, 1995.

KEETON, William. *Biological Science*. Nova York: W. W. Norton and Company, Inc., 1980.

KIERKEGAARD, S. *Sickness Unto Death*. Princeton University Press: 1974.

KOENIG, H. G. *Aging and God: Spiritual Pathways to Mental Health in Midlife and Later Years*. Nova York: Haworth Press, 1994.

KOHLBERG, L. *Essays on Moral Development*. Vol. 2. "The Psychology of Moral Development: The Nature and Validity of Moral Stages." São Francisco: Harper and Row, 1984.

KOLB, B.; Whishaw, I. Q. *Fundamentals of Human Neuropsychology*. 3ª ed. Nova York: W. H. Freeman, 1990.

LAMBERT, Frank. *The Founding Fathers and the Place of Religion in America*. Princeton University Press: 2003.

LEARY, T. F. *Flashbacks, an Autobiography*. Los Angeles: J. P. Tarcher, 1983.

LEE HOTZ, Robert. "Seeking the Biological Origins of Spirituality." *Los Angeles Times* (April 26, 1998).

LE DOUX, Joseph. "Emotion, Memory and the Brain." *Scientific American* (1994): 270: 32-9.

_____. *The Emotional Brain*. Nova York: Simon & Schuster, 1996.

LEIMAN, A.; Rosenzweig, M. *Physiological Psychology*. D.C. Heath and Company: 1982.

MACKENZIE, N. *Dreams and Dreaming*. Londres: Aldus Books, 1965.

MAHESH YOGI, M. *Transcendental Meditation*. Nova York: New American Library, 1963.

MALINOWSKI, B. "The Group and the Individual in Functional Analysis." *American Journal of Sociology* (1939): 959,44.

MARTIN, W. T. "Religiosity and United States Suicide Rates, 1972-1978." *Journal of Clinical Psychology* (1984): 40, 1166-1169.

MAY, R. *The Meaning of Anxiety*. Ronald Press: 1950.

MAYR, E. *Animal Species and Evolution*. Harvard University Press: 1963.

MELTON, J. G *Encyclopedia of American Religion*. 6ª ed. Dale Publishing: 1999.

MERKUR, Dan. *Gnosis: An Esoteric Tradition of Mystical Visions and Unions*. Albany: State University of New York Press, 1993.

MORRIS, D. *The Human Zoo*. Jonathan Cape: 1970.

_____. *The Naked Ape*. Jonathan Cape: 1969.

NOELLE, C. David. "Searching for God in the Machine." *Free Inquiry*. Verão de 1998.

NOLL, Mark. *Religion and American Politics: From the Colonial Period to the 1980s*. Oxford University Press: 1989.

OSTOW, M.; Scharfstein, B. A. *The Need to Believe*. International University Press: 1953.

PARRINDER, G. *World Religions: From Ancient History to the Present*. Facts on File Publications: 1971.

PERSAUD, Raj. "God's in Your Cranial Lobes." *The Financial Times,* 8 de maio/9 de maio, 1999.

PERSINGER, Michael. *Neuropsychological Bases of Belief*. Nova York: Praeger, 1987

PFEIFFER, F. *The Emergence of Man*. McGraw-Hill: 1977.

PRATT, J. B. *The Religious Consciousness: A Psychological Study*. Nova York: MacMillan, 1920.

PRINCE, R. H. *Religious Experience and Psychopathology*. Oxford University Press: 1992.

PRUYSER, P. W. *A Dynamic Psychology of Religion*. Nova York: Harper, 1968.

PUGH, G. *The Biological Origin of Human Values*. Basic Books: 1977.

RAMACHANDRAN, V. S. *Fantasmas no cérebro*. Rio de Janeiro: Editora Record, 2002.

RANK, O. *Psychology and the Soul*. Perpetua Books: 1961.

REGUSH, Nicholas. *The Breaking Point: Understanding Your Potential for Violence*. Toronto: Key Porter Books Limited, 1997.

REYNOLDS, F. E.; Waugh, E. H. *Religious Encounters with Death: Insights from the History and Anthropology of Religion*. Pennsylvania State University Press: 1977.

RICHMOND, P. G. *An Introduction to Piaget*. Routledge and Kegan Paul: 1970.

ROSE, Steven. *The Conscious Brain*. Vintage Books: 1976.

ROSENBLEUTH, A. *Mind and Brain*. The M.I.T. Press: 1970.

SACKS, O. *Awakenings*. Duckworth: 1973.

SADOCK, Benjamin; Sadock, Virginia. *The Comprehensive Textbook of Psychiatry*. 7ª ed. Lippincott, Williams and Wilkins: 2000.

SHAND, Jack. "The Decline of Traditional Christian Beliefs in Germany." *Sociology of Religion* (1998): 59(2):179-184.

SPUTZ, R. "I Never Met a Reality I Didn't Like: A Report on 'Vitamin K'." *High Times* (October 1989): 64-82.

STACK, S.; Wasserman, I. "The Effect of Religion on Suicide." *Journal for the Scientific Study of Religion* (1992): 31, 457-466.

STARK, R. "A Taxonomy of Religious Experience." *Journal for the Scientific Study of Religion* (1965): 5.

STEVENS, Anthony. *On Jung*. Routledge: 1990.

STORR, A. *Music and the Mind*. Nova York: Ballantine: 1992.

SUZUKI, D. T.; Griffiths, A. J. F.; Miller, J. H.; Lewontin, R. C. *An Introduction to Genetic Analysis*. 4ª ed. W. H. Freeman: 1989.

TILLICH, Paul. *The Courage to Be*. Yale University Press: 1952.

TURNBULL, C. *The Human Cycle*. Simon and Schuster: 1983.

TURNER, V. *The Ritual Process*. Aldine Publishing Company: 1969.

VAN GENNEP, A. *The Rites of Passage*. The University of Chicago Press: 1960.

WALSH, R.; Vaughan, F. *Beyond Ego: Transpersonal Dimensions in Psychology*. J.P. Tarcher, Inc.: 1980.

WHITEHEAD, A. N. *Religion in the Making*. Nova York: Macmillan, 1926.

WILLIAMS, Peter. *America's Religions: From Their Origins to the Twenty-First Century*. 2ª ed. University of Illinois Press: 2001.

WILSON, E. O. *On Human Nature*. Nova York: Bantam Books, 1976.

_____. *Sociobiology*. Londres: Belknap Press; Harvard University Press, 1980.

YOUNG, J. Z. *A Model of the Brain*. Clarendon Press: 1964.

ZILBOORG, G. "Fear of Death." *Psychanalytic Quarterly* (1943): 12:465-467.

ZUCKERMAN, Phil. "Atheism: Contemporary Rates and Patterns." *Cambridge Companion to Atheism*. Ed. Michael Martin. Cambridge University Press: 2005.

# Índice remissivo

## Sobre o autor

Quando, ainda na infância, percebeu que um dia morreria, Matthew Alper iniciou a jornada de uma vida para descobrir se existe ou não uma realidade espiritual, se existe um Deus. Era ele meramente um mortal de carne e osso, ou algo mais que, talvez, transcendesse as restrições de sua frágil e efêmera existência física? Depois de graduar-se em Filosofia, Matthew continuou sua busca enquanto trabalhava, exercendo várias funções, de fotógrafo-assistente na cidade de Nova York a professor de história para alunos de ensino fundamental e médio num curso do Brooklyn, de contrabandista de caminhões na África central a roteirista de filmes na Alemanha. Então, voltou para Nova York, onde escreveu *The "God" Part of the Brain*, que considera a obra de sua vida. Desde a primeira publicação do livro, em 1996, Matthew ministra palestras por todos os Estados Unidos, apareceu na rede de televisão NBC, participou de numerosos programas de rádio, viu seu livro sendo usado em várias faculdades, foi elogiado por ganhadores do prêmio Pulitzer e importantes acadêmicos e cientistas. Ele é colaborador da antologia *Neurotheology*, obra sobre a nova ciência que está surgindo e da qual é um dos fundadores. Mora atualmente em Park Slope, Brooklyn, com seu gato, Sucio.

Este livro foi composto na tipologia Adobe Garamond Pro,
em corpo 12/16.1 e impresso em papel off-white 80g/m$^2$
no Sistema Cameron da Divisão Gráfica da Distribuidora Record.